AF273514

Verdolatría

Santiago Beruete (Pamplona, 1961) es antropólogo y doctor en Filosofía. Desde hace tres décadas reside en la isla de Ibiza, donde compagina su actividad docente e investigadora con la creación literaria. Ha escrito varios poemarios, colecciones de relatos, novelas y ensayos que han merecido diferentes premios nacionales e internacionales. Sus libros *Jardinosofía*, *Verdolatría*, *Aprendívoros* y el conjunto de narraciones *Un trozo de tierra* son fruto de la polinización cruzada entre literatura, jardinería, filosofía y educación.

SANTIAGO BERUETE

Verdolatría

La naturaleza nos enseña a ser humanos

DEBOLS!LLO

Papel certificado por el Forest Stewardship Council®

Primera edición: febrero de 2026

© 2018, Santiago Beruete Valencia
© 2018, Turner Publicaciones S. L.
© 2026, Penguin Random House Grupo Editorial, S.A.U.
Travessera de Gràcia, 47-49. 08021 Barcelona
Diseño de la cubierta: Penguin Random House Grupo Editorial / Claudia Sánchez
Imagen de la cubierta: © Shutterstock

Penguin Random House Grupo Editorial apoya la protección de la propiedad intelectual. La propiedad intelectual estimula la creatividad, defiende la diversidad en el ámbito de las ideas y el conocimiento, promueve la libre expresión y favorece una cultura viva. Gracias por comprar una edición autorizada de este libro y por respetar las leyes de propiedad intelectual al no reproducir ni distribuir ninguna parte de esta obra por ningún medio sin permiso. Al hacerlo está respaldando a los autores y permitiendo que PRHGE continúe publicando libros para todos los lectores. Ninguna parte de este libro puede ser utilizada o reproducida con el propósito de entrenar tecnologías o sistemas de inteligencia artificial. PRHGE se reserva expresamente la reproducción, la extracción y el uso de esta obra y de cualquiera de sus elementos para fines de minería de textos y datos y el uso a medios de lectura mecánica u otros medios que resulten adecuados (art. 67.3 del Real Decreto Ley 24/2021). Diríjase a CEDRO (Centro Español de Derechos Reprográficos, http://www.cedro.org) si necesita reproducir algún fragmento de esta obra.
En caso de necesidad, contacte con: seguridadproductos@penguinrandomhouse.com

Printed in Spain – Impreso en España

ISBN: 978-84-663-9029-3
Depósito legal: B-21.535-2025

Impreso en Novoprint
Sant Andreu de la Barca (Barcelona)

P 390293

ÍNDICE

Para Montse, Fermín y Cristina,
que con su cariño, inteligencia y ayuda
contribuyeron a que este libro germinara

UNA FOTOSÍNTESIS FILOSÓFICA

> Un libro es un bosque de hojas.
>
> PROVERBIO ZEN

*L*a primera imagen que acude a nuestra mente a la hora de expresar, por una parte, la unidad de lo viviente y, por la otra, el sistema del conocimiento es la de un árbol. No por nada la biología y la filosofía, la ciencia de la vida y la sabiduría acerca de cómo vivir, recurren habitualmente a esta fecunda metáfora visual para ilustrar la interdependencia tanto de las especies como de los saberes. En el árbol genealógico evolutivo todos y cada uno de los seres están emparentados y comparten un origen común, que se remonta a la noche de los tiempos, al paso de las células procariotas a eucariotas en la sopa caliente de los mares primigenios. Hace la friolera de dos mil millones de años, una cifra que escapa a nuestra comprensión. Nadie ignora que el animal humano apenas constituye una pequeña rama de esa frondosa copa. Análogamente, una forma de visualizar la épica conquista del conocimiento es de nuevo la figura de un árbol. Las raíces que se hunden en el suelo representarían el pensamiento mítico; y el tronco, el logos filosófico que, pasado el tiempo, se ramificó dando origen a las distintas ciencias o ramas del saber.

El símbolo sagrado del árbol nos recuerda, en definitiva, que la naturaleza es un todo, del que forma parte el ser humano. En la búsqueda sin término de "esa ardua ciencia del saber vivir bien", como definió Montaigne a la filosofía, tenemos aún muchas cosas que aprender de nuestros remotos antepasados filogenéticos, las plantas, y no es la menor de ellas el apoyo mutuo. La historia de la civilización puede verse desde una perspectiva *naturocéntrica* como una parábola acerca de quién cultiva a quién, que comienza con la revolución agraria y termina con la verdolatría contemporánea.

Vivimos una época en que resulta imposible no darle importancia a la crisis medioambiental. La naturaleza se sitúa en el centro de casi todas nuestras preocupaciones, y el único desarrollo verdaderamente sostenible pasa por la innovación permanente. Si queremos idear soluciones imaginativas e ir más allá de los límites que cercan nuestra creatividad, debemos salir de nuestro ensimismamiento, trascender el individualismo y superar los prejuicios zoocéntricos. Quizá algún día lleguemos a considerar este cambio de perspectiva como uno de los logros más trascendentales de la historia.

Todas las criaturas del planeta estamos emparentadas, tenemos un origen común, compartimos el mismo código genético. Mucho antes de que los animales se arrastraran, pisaran o volaran, las plantas ya proliferaban por doquier sobre la faz de la tierra. Las primeras formas de vida fueron las algas procariotas de un color verde azulado que poblaban los mares primitivos. Durante más tiempo del que podemos imaginar no tuvieron compañía, mientras preparaban la atmósfera gracias a la callada labor de la fotosíntesis para que surgieran nuevas criaturas.

Piense el lector que la mosca impertinente que sobrevuela su cabeza, las plantas de interior de su salón y su vecino tienen más en común de lo que podría parecer: el ADN. Hay algo extraordinario en el hecho de que las instrucciones genéticas que regulan el desarrollo y el funcionamiento de todos los organismos vivos estén escritas con el mismo alfabeto genético, con la grafía sinuosa de las cinco principales bases nitrogenadas: adenina, citosina, guanina, timina y uracilo. Es difícil imaginar un mensaje con más calado espiritual y mayor fuerza de concienciación que este. Tal vez sea lo más parecido a una fe universal y un mandato sagrado. Puede que, siguiendo las enseñanzas de esa filosofía perenne, la tribu humana consiga traicionar su destructiva trayectoria, apostar por la supervivencia del planeta y fabricar su propia medicina del alma.

El hecho insólito de que todos los seres estén hermanados, de que la biodiversidad sea más grande de lo que jamás nos hubiéramos atrevido a soñar y de que en la naturaleza no haya nada superfluo, ni existan los vacíos, nos devuelve también al origen de la filosofía. Si hemos de creer a Aristóteles, "los hombres comienzan y comenzaron a razonar movidos por el estupor". Esa es la emoción filosófica por excelencia, a la que intentan ser fieles estas páginas. Mi propósito al escribirlas no ha sido cosechar certezas sino sembrar dudas. Hablando del amor a la sabiduría, las preguntas siempre son más importantes que las respuestas. Además, por más que los argumentos varíen, los temas siempre se repiten. En el fértil humus de las contradicciones humanas enraíza este libro, del que nos gustaría se pudiera decir lo que Lucrecio escribió hace poco más de dos mil años: "Al pie de ese árbol se disfruta de los placeres que cuestan poco" y valen mucho.

PRIMERA PARTE

QUÉ PUEDO SABER

1
LA NARRATIVA CONCÉNTRICA DE LOS ÁRBOLES
(EL TIEMPO)

> Nosotros hablamos un lenguaje de animales que no resulta apropiado para relatar una verdad vegetal.
>
> FRANCIS HALLÉ

> En el origen del acto de escribir está el gusto de mirar y aprender y la convicción de que las cosas y los seres merecen existir: un sentimiento de respeto y a la vez de gratitud, una curiosidad que es sobre todo una celebración de la pluralidad de las vidas y del valor irreductible de cada una de ellas.
>
> ANTONIO MUÑOZ MOLINA

*L*os árboles dejan constancia de su paso por la Tierra dibujando círculos concéntricos, escriben corteza adentro sus secretos con el pulso firme, los trazos sinuosos y la caligrafía ligada y paciente de la savia seca; llevan la contabilidad precisa de sus años grabada en la piel. Mucho antes de que los seres humanos inventaran el alfabeto, los árboles ya practicaban su propia escritura. La trama de ese relato, pródigo en detalles, puede leerse en los surcos de su tronco mucho tiempo después de que el recuerdo de los acontecimientos que los inspiraron se haya disipado. Algunos de los ejemplares más longevos del planeta ya existían hace cinco mil años, cuando los primeros escribas sumerios y egipcios garabateaban con sus punzones signos e ideogramas en tablillas.

La corteza de un árbol no para de engrosar, dando lugar cada año a un anillo de crecimiento. Su número nos informa de su edad, y la amplitud y las tonalidades de las bandas nos aportan valiosa información acerca de las condiciones climatológicas, las catástrofes naturales y los fenómenos geológicos de ese período. Si no escasearon las lluvias ni las horas de sol, las anillas concéntricas serán anchas. Si, por el contrario, se han producido sequías y heladas, se verán más estrechas. La franja clara de cada banda se desarrolla durante los meses de primavera y verano, cuando las circunstancias atmosféricas propician el crecimiento, mientras que la franja oscura se forma a lo largo del otoño y el invierno. Dado que estas son documentos tan fiables como las piezas del registro fósil, parece lógico que se hayan convertido en el objeto de estudio de un nuevo campo científico. La rama de la botánica que investiga los anillos de crecimiento de un tronco leñoso para determinar la edad del árbol y las condiciones ambientales de su hábitat se conoce como dendrocronología. Este término deriva de las voces griegas *dendron*, "árbol"; *cronos*, "tiempo"; y *logia*, "ciencia" o "estudio". Fue en 1937 cuando A. E. Douglas fundó el primer Laboratorio de Investigación de Anillos de los Árboles en la Universidad de Arizona, lo que marcó el inicio de esta disciplina académica llamada a alcanzar grandes logros científicos. Finalmente había quien podía descifrar la escritura de los árboles, hasta entonces silenciosos y misteriosos como libros cerrados. Era como si una biblioteca de incunables abriera sus puertas por primera vez. Grabada en su madera estaban las claves para descifrar y comprender muchos acontecimientos significativos del pasado, como lo sucedido en 1816, cuando pareció que el invierno no acabaría nunca, por lo que ese año ha pasado a la historia como "el año sin verano".

La explicación a aquella ola de frío glacial que arruinó cosechas y provocó hambrunas por doquier hay que buscarla en la violenta erupción del Tambora, un volcán situado en la remota isla de Sumbawa en el archipiélago indonesio, a la que habían precedido otras no menos destructivas en un corto lapso. Entre el 5 y el 10 de abril liberó tantas toneladas de gases, polvo y cenizas a la atmósfera que durante meses una neblina rojiza cubrió el cielo en todas las latitudes, dando lugar a amaneceres y ocasos de una rara belleza. Los rayos del sol se reflejaban en las partículas de dióxido de azufre en suspensión y no lograban caldear con suficiente intensidad la superficie de la Tierra para que germinasen las semillas y madurasen los cereales y las frutas. La severa caída de las temperaturas quedó registrada en los anillos de crecimiento de los robles europeos, más estrechos y pequeños que de ordinario. Los que de esto saben afirman que fue el segundo invierno más crudo desde 1400, y aportan como prueba que los círculos concéntricos grabados en los troncos se hallan significativamente más próximos y, por lo tanto, su madera resulta más compacta.

Tal vez este hecho permita descifrar uno de los secretos mejor guardados de la historia de la música: el timbre sin igual y aún hoy irrepetible de los Stradivarius. Se ha especulado mucho acerca de las misteriosas técnicas que utilizó el maestro lutier de Cremona para fabricar sus legendarios violines de valor incalculable, únicos en su género. Tras someter algunos de ellos a pruebas de rayos X, exámenes bioquímicos y espectográficos y otros sofisticados métodos de análisis digital, los expertos han descartado que la razón de sus irrepetibles cualidades tonales sean el barniz con que fue tratada la madera o la calidad de la cola con la que se ensamblaron las piezas del instrumento, y han concluido que el secreto de su extraordinaria sonoridad reside en la densidad de la madera, proveniente de arces y abetos que habían vivido inviernos extremadamente gélidos. Por la época que nació Antonio Stradivarius (1644-1737) y durante los siguientes setenta años se sucedieron inviernos tremendamente fríos en Europa. Ese período, enmarcado dentro de la Pequeña Edad de Hielo, recibe el nombre de Mínimo Maunder (1645-1715), en honor al astrónomo que aventuró la controvertida hipótesis de que la escasa presencia de manchas solares era la causante de las bajas temperaturas durante aquellos años, pero los árboles fueron testigos fiables de lo sucedido y nos han dejado pruebas escritas en su madera. Claro está que, si lo pensamos científicamente, esta constituye lisa y llanamente los excrementos de los árboles. Vista de ese modo, la poética narrativa de sus anillos queda reducida a las prosaicas fases de crecimiento de su biomasa vegetal.

Todos los seres vivos generan desechos, que deben eliminar eficientemente si no quieren comprometer su supervivencia. Poco importa si se trata de animales, plantas o seres humanos, de individuos o comunidades de individuos, desprenderse de los detritus es la mitad de la salud de un organismo. De lo contrario, sus propias toxinas lo envenenarían. Como escribió el poeta William Blake: "Quien desea y no actúa, cría pestilencia". Pero no es fácil determinar qué residuos generan los vegetales. Su manera de evacuar los excrementos consiste, según arguyen algunos expertos como Vincent Savolainen, en transformarlos en *incrementos*. Para ser más precisos, se deshacen de los compuestos fenólicos nocivos almacenándolos en las células vasculares en forma de lignina, lo que mejora su resistencia mecánica y contribuye a su crecimiento. Los árboles, como el resto de las plantas, no dejan de engrosar su tronco. Esa es su razón de ser. En circunstancias desfavorables o excepcionales pueden, eso sí, interrumpir temporalmente su desarrollo para retomarlo más tarde. Tanto es así que, si se les impide medrar por la fuerza, inexorablemente mueren. La metamorfosis sin fin de las proteicas plantas no tiene comparación posible más que con la plasticidad de la psique humana en permanente proceso de construcción.

Conviene recordar que los organismos vivos más grandes, longevos y con más biomasa del planeta son, con independencia de la variedad a la que pertenezcan, árboles. Las secuoyas gigantes, de la familia de las cupresáceas, son los más altos del mundo. Cuarenta de ellos se elevan majestuosamente por encima de los cien metros de altura y siguen creciendo mientras escribo estas líneas. Otro miembro de esa especie, conocido popularmente como General Sherman, pasa por ser el más pesado y voluminoso, el que acumula más metros cúbicos de madera a juzgar por el grosor de su tronco y su colosal copa. Y entre los más viejos se encuentra un pino, bautizado como Matusalén, de las Montañas Blancas de California, al que se le atribuyen 4.841 años de antigüedad; un ciprés, más conocido como Zoroastrian Sarv, de la provincia de Yartz en Irán con una edad estimada de al menos 4.000 años; el tejo que crece en un pequeño cementerio parroquial junto a la iglesia de St. Digan en Llangernyw, Gales, que supera de largo los 3.000 años; el Castaño de los Cien Caballos localizado en las laderas del monte Etna en Sicilia, el más anciano de su especie, con una edad comprendida entre los 2.000 y los 4.000 años; o el olivo de Vouves en la isla de Creta asimismo de más de 3.000 años de vida, entre otros muchos árboles milenarios repartidos por los cinco continentes.

La mayoría de los países cuenta con algún ejemplar emblemático, que desempeña un papel importante en sus mitos fundacionales. Los credos religiosos más diversos los han convertido en un símbolo sagrado. En todas las épocas, los profetas, los hombres santos y los maestros espirituales se han cobijado bajo sus sombras protectoras y han invocado su sabiduría silenciosa para ilustrar sus parábolas. En sus enfervorizadas prédicas han revestido múltiples significados. Un árbol sostiene el cielo; otro crece en medio del jardín del Edén; un tercero representa el eje del mundo; un cuarto personifica a la diosa madre o la inmortalidad. Y otro tanto ocurre con sus flores, sus frutos, sus ramas o sus raíces. Su poder de fascinación tal vez derive de que, como escribe Paul Valéry, "exponen en el espacio un misterio del tiempo". Pero mientras que los seres humanos vivimos en un eterno presente, ellos fluyen en el curso cíclico, circular, estacional de los años, en el que todo regresa sin repetirse. Puede que su narrativa carezca de argumento y personajes, pero revela claramente su voluntad de perdurar, de dejar testimonio de su existencia. Se limitan a escribir para la posteridad una crónica sin fingimientos ni aspiraciones de gloria, pura y simplemente hacen un honesto relato de sus fatigas y días a la intemperie. A su manera son consumados escritores. Esa es su segunda naturaleza. Su otro yo. Sus obras se ven, el tiempo no.

El más insondable de los misterios, que los calendarios solo explican parcialmente, es la naturaleza huidiza del tiempo. Así lo daba a entender san Agustín en sus *Confesiones*: "Si me lo pregunto, lo sé; si quiero explicárselo a quien me lo pregunta, no lo sé". El tiempo es el ingrediente secreto de todas las fórmulas magistrales de la buena vida, hasta el punto de que disponer de él significa el mayor lujo y, sin duda, es una de las credenciales del sabio. A pesar de que nada permanece y todo cambia, o quizá por eso mismo, llevamos un cómputo obsesivo del tiempo. El tictac de los relojes rige, mal que nos pese, nuestras existencias. Frente a esa representación del tiempo circular y geométrica, se halla la lineal, aritmética y cronológica de los calendarios. En sus hojas físicas o virtuales se percibe este como una sucesión, que va del pasado al futuro, pasando por el presente. Pero una cosa es la medición objetiva e imparcial de los días y otra bien distinta su experiencia subjetiva. A veces las horas se nos hacen eternas y otras discurren veloces, pero nunca salimos de la cárcel con la puerta abierta del ahora. Aunque nuestra vida suceda en un punto de no retorno, irónicamente todo regresa sin repetirse. Y digo irónicamente porque el lector como yo, como cualquiera, padece la enfermedad del tiempo. Si nos hacemos la falsa ilusión de controlarlo, es tal vez para consolarnos de no saber qué nos deparará el mañana. Cuántos años nos serán concedidos antes de que nos sorprenda la muerte. Así se explica que quien más quien menos busque dejar constancia de su existencia.

REFERENCIAS BIBLIOGRÁFICAS

CAVALLO, Guglielmo y CHANTIER, Roger (dirs.) (2001): *Historia de la lectura en el mundo occidental*, María Barberán, Mari Pepa Palomero, Fernando Borrajo y Cristina García (trads.), Madrid, Taurus.

DUNCAN, David Ewing (1998): *El calendario*, María Luz García de la Hoz (trad.), Barcelona, Emecé.

ELIADE, Mircea (1999): *El mito del eterno retorno*, Ricardo Anaya (trad.), Madrid, Alianza/Emecé, El Libro de Bolsillo, n.º 379.

FOWLES, John (2015): *El árbol. Un ensayo sobre la naturaleza*, Pilar Adón (trad.), Madrid, Impedimenta.

HALLÉ, Francis (2011): *La vie des arbres*, París, Bayard Éditions, Les petites conférences.

HASKELL, David George (2017): *Las canciones de los árboles*, Guillem Usandizaga (trad.), Madrid, Turner, Noema.

JÜNGER, Ernst (1985): *El libro del reloj de arena*, Pilar Giralt (trad.), Barcelona, Argos Vergara.

MANGEL, Alberto (1998): *Una historia de la lectura*, José Luis López Muñoz (trad.), Madrid, Alianza, Libros singulares.

WEINRICH, Harald (1999): *Leteo. Arte y crítica del olvido*, Carlos Fortea (trad.), Madrid, Siruela, Biblioteca de Ensayo n.º 13.

WOHLLEBEN, Peter (2016): *La vida secreta de los árboles*, Margarita Gutiérrez (trad.), Barcelona, Obelisco.

2

DE LA FILOSOFÍA OCULTA DE LAS PLANTAS
(LA VERDAD)

El jardín es un lugar para 'los entusiasmos filosóficos'.

JOHN EVERLYN

*E*n todos los tiempos y bajo todos los cielos los seres humanos se han servido de la magia oculta de las plantas y los hongos de su entorno para alterar la química cerebral, escapar del aquí y el ahora, soñar despiertos y ponerse en contacto con los dioses, las musas, los muertos, los espíritus del lugar o su verdadero yo. Allá por el siglo V a. C. en el templo de Apolo, en Delfos, la Pitia, una sacerdotisa o sibila, inhalaba el humo del beleño para inspirarse a la hora de anunciar sus oráculos. Sin salir de la Grecia clásica, durante las orgías dionisíacas el vino era adulterado con el jugo de la belladona. Y otro tanto ocurría con la pócima secreta que libaban los aspirantes a conocer los misterios de Eleusis, enriquecida con cornezuelo, un hongo alucinógeno que parasita e infecta las espigas de centeno y ciertas hierbas silvestres. Muchos de los más relevantes filósofos de la Antigüedad, Sócrates, Platón, Aristóteles, Epicuro…, participaron en estos u otros rituales iniciáticos en los que se solían ingerir plantas y setas con propiedades psicoactivas, mezcladas o no con vino, como mensajeros divinos. Nunca sabremos a ciencia cierta en qué consistían esas ceremonias, pero está documentado que los intervinientes experimentaban un estado de muerte aparente y un renacimiento simbólico. Algunos han descrito esa experiencia como éxtasis, palabra de origen griego que significa literalmente "estar fuera de sí".

Durante el medievo las brujas preparaban ungüentos y bebedizos con belladona, beleño y mandrágora, plantas que contienen alcaloides psicotrópicos. Y, por su parte, los alquimistas utilizaron otras como la lunaria, la celidonia y el lentisco en la fabricación del *lapis*

philosophorum o piedra filosofal, que, además de transmutar los viles metales en oro puro, servía de elixir de la eterna juventud. La sabiduría enigmática de los vegetales ha ejercido un gran poder de fascinación, al que no ha escapado ninguna cultura, ningún pueblo, ninguna época. Las tribus de Siberia ingieren hongos alucinógenos dentro de sus ceremoniales religioso-mágicos para comunicarse con los antepasados y ver el futuro. Los indios yaquis del desierto de Sonora se embriagan con pulque, una cerveza de pita aderezada con extractos de *Datura*, una planta con propiedades alucinógenas, y danzan hasta la extenuación. Los aborígenes australianos utilizan resinas de las acacias como aditivo de un brebaje llamado *pituri* que provoca visiones. Los jíbaros de la Amazonía creen que, bajo los efectos de la ayahuasca, el alma puede abandonar el cuerpo y vagar libremente. Los tarahumara de México ingieren crudo, seco, en pasta o infusión el peyote, un cactus psicoactivo, como parte de rituales sagrados y ceremonias de sanación. En la medicina tradicional china se utilizan desde tiempo inmemorial las flores y las raíces de *Ma huang*, que contienen efedrina, un potente estimulante.

Podemos ver a muchos de los grandes filósofos, de Pitágoras a Nietzsche y de Parménides a Foucault, pasando por Epicuro, Ficino y Wittgenstein, como los descendientes directos de los viejos taumaturgos, los magos, los alquimistas y los adivinos, como los legítimos herederos de una tradición chamánica que, paradójicamente, han contribuido a hacer desaparecer a lo largo de los siglos. Mientras impulsaban el pensamiento racional y colaboraban en el desarrollo del método científico, se convertían en los últimos portadores del fuego secreto y en los depositarios del antiguo ideal de una sabiduría a la par curativa y catártica. En un mundo progresivamente despojado de misterio y magia, ellos han desempeñado, consciente o inconscientemente, el papel de guías espirituales, de mensajeros entre el mundo de arriba y el de abajo, de médicos del alma. Más que de pensadores, cabría calificarlos de *magistri vitae*, maestros de vida. Sus enseñanzas son eminentemente prácticas, no positivas ni productivas, sino útiles para vivir sin amos y alcanzar la tranquila posesión de uno mismo sin la ansiosa espera de bienes o males futuros. Practicar la ética del diálogo, vivir conforme a la razón y adiestrarse en el desapego material y la perfecta indiferencia fueron sus particulares ejercicios espirituales y sus ritos de purificación y renovación interior.

Al principio del diálogo platónico *Fedro*, Sócrates afirma que "nuestras mayores bendiciones nos vienen por medio de la locura". Y qué mejor manera de inducir un estado de enajenación transitoria que a través de la ebriedad. La experiencia del éxtasis, de la posesión divina y del rapto psíquico provoca una ruptura con la normalidad, abre una brecha en la realidad por la que se advierte el espejismo en el que vivimos y, de paso que cae la venda de los ojos, se tiene la aterradora, maravillosamente aterradora, impresión de viajar sin moverse del sitio. Quien se ha acercado a las fronteras de lo real, ha traspasado el umbral de las apariencias y se ha asomado a los abismos sin fondo del ser no puede seguir viviendo como antes. Una manera efectiva de rebasar los propios límites y acceder a un estado de conciencia superior es embriagarse. Dejarse llevar por los efectos imprevistos de los estupefacientes vegetales abre el camino hacia una comprensión más penetrante y sutil de las cosas. La lucidez de la que hacen gala algunos pensadores y artistas parece indisociable del consumo de ciertos tóxicos.

Es difícil saber qué valor se debe conceder a los testimonios que aseguran que algunas de las intuiciones, las ideas y los conceptos más originales de renombrados filósofos fueron concebidos en estado de trance, bajo el influjo de narcóticos, estimulantes, alucinógenos o hipnóticos. Nos desconcierta imaginar que Sócrates, Platón, Aristóteles, Epicuro y otras sacrosantas figuras del olimpo filosófico se drogaran, si es que esta expresión resulta aceptable, con plantas psicoactivas o, planteándolo de forma aún más irreverente, concibieran algunas de sus teorías "colocados". Quizá la única manera de explicar su clarividencia, su inventiva y sus proezas intelectuales sea admitiendo que ciertas sustancias de origen vegetal sirvieron de combustible a su raciocinio, desataron sus dotes creativas y proporcionaron alas a su mente. Así se explica que se aventuraran a pensar más allá de sí mismos y a expresar lo que nunca fue dicho por nadie. La "idea" platónica, la "sustancia" aristotélica, el "genio maligno" cartesiano, el "noúmeno" kantiano, la "voluntad de poder" nietzscheana y un sinfín de conceptos por el estilo, que sería muy prolijo enumerar aquí, parecerían puros desvaríos si no fueran también hallazgos decisivos.

Aceptamos sin demasiada oposición que los filósofos exhiban facultades proféticas, ofrezcan visiones reveladoras e inspiradas intuiciones, y nos hablen con esa autoridad que únicamente concedemos a quien vive coherentemente, en armonía con sus propias convicciones, de un mundo de esencias puras, entes invisibles y realidades sobrenaturales. Algunas de sus frases más conocidas parecen escritas en un lenguaje iniciático y suenan como conjuros. Su poder para transformar nuestra percepción de la realidad, transmitir mensajes codificados del inconsciente e invocar las fuerzas irracionales es propio de los oráculos. Baste recordar algunas memorables: "La angustia es el vértigo de la libertad" (Kierkegaard), "Un hombre puede hacer lo que quiere, pero no elegir lo que quiere" (Schopenhauer), "Tenemos el arte para no morir de la verdad" (Nietzsche), "Solo hay mundo donde hay lenguaje" (Heidegger), "Nada es tan difícil como no engañarse" (Wittgenstein), "El hombre está condenado a ser libre" (Sartre) y podríamos seguir y seguir.

La llave maestra con la que las plantas y hongos psicoactivos consiguen abrir las puertas de nuestra percepción y el candado de las estancias más secretas de nuestra mente son sus principios activos, en la mayoría de los casos alcaloides, cuya composición química es afín a la de los neurotransmisores cerebrales. Como señalan dos de las más renombradas autoridades mundiales en la materia, el doctor Richard Evans, uno de los fundadores de la etnobotánica, y Albert Hofmann, el descubridor del LSD, en la obra ya clásica *Plantas de los dioses* (1979): "No es casual que los alucinógenos más importantes de los vegetales y las hormonas cerebrales, serotonina y noradrenalina, tengan la misma estructura. Esta asombrosa relación puede ayudar a explicar la potencia psicotrópica de estos alucinógenos". Este extraordinario parentesco explica el cómo pero no el porqué las semillas, las hojas, las raíces, las flores, los frutos e, incluso, la savia, la resina o el néctar de ciertas plantas u hongos son capaces de distorsionar nuestra percepción del tiempo, aguzar nuestros sentidos, alterar y ampliar nuestra conciencia y provocar intensas emociones.

Albert Hofmann (1906-2008) ha pasado a la historia por sintetizar en 1943 el LSD (dietilamida de ácido lisérgico) durante una investigación sobre el cornezuelo (*Claviceps purpurea*), un hongo parásito que infecta los cultivos de gramíneas. Esa sustancia psicotrópica empezó a utilizarse con fines terapéuticos en el tratamiento de trastornos mentales como la esquizofrenia antes de convertirse en una de las drogas más populares de nuestro tiempo. Lo más asombroso de ese accidental descubrimiento es que el susodicho cornezuelo ya se ingería en la Grecia clásica dentro de los rituales anuales de iniciación de los Misterios de Eleusis, llamados así porque nadie podía revelar, so pena de cometer un crimen y ser condenado a muerte, lo que sucedía en el santuario. Hofmann, entre otros expertos, especuló con la posibilidad de que, en el transcurso de los ceremoniales en honor de Deméter, la Diosa Madre, y de su única hija Perséfone, raptada por Hades y conducida al reino de los muertos para convertirse en su esposa según la mitología griega, los participantes libasen una poción sagrada (*kykeon*), que entre otros ingredientes contenía este hongo alucinógeno. Bajo sus efectos, tenían reveladoras visiones del más allá, descendían al mundo subterráneo y entraban en comunión con las deidades. Esa sobrecogedora e inefable experiencia de posesión espiritual, muerte simbólica y resurrección, que solía ir acompañada de síntomas físicos como temblores, vértigos, náuseas, fiebres y sudores fríos, transfiguraba a los iniciados.

Algunos estudiosos de la cultura griega como Carl A. P. Ruck propusieron acuñar el término "enteógeno", que significa literalmente "dios dentro de nosotros", para designar esas experiencias trascendentales (éxtasis místicos, trances proféticos, epifanías, arrebatos eróticos y otros estados de enajenación transitoria) causadas por la ingesta de sustancias vegetales, con frecuencia fúngicas, en el contexto de ritos o ceremoniales religiosos o chamánicos, y distinguirlas así de las alteraciones de conciencia producidas por las drogas consumidas con fines recreativos. Hay muchas plantas enteogénicas que la humanidad todavía no ha descubierto, y cuyos efectos narcóticos, hipnóticos, eufóricos, psicodélicos, alucinógenos o tranquilizantes no podemos ni imaginar. No está de más recordar que la flora terrestre abarca alrededor de medio millón de especies, y aproximadamente dos tercios siguen siendo desconocidas. Y del tercio que hemos catalogado, por lo menos un millar poseen propiedades psicoactivas.

REFERENCIAS BIBLIOGRÁFICAS

BATAILLE, Georges (1981): *La experiencia interior*, Fernando Savater (trad.), Madrid, Taurus, Ensayistas n.° 92.

CAMPBELL, Joseph (2017): *Las máscaras de Dios*, Isabel Cardona (trad.), Gerona, Atalanta, Memoria Mundi.

DAVENPORT-HINES, Richard (2003): *La búsqueda del olvido. Historia global de las drogas, 1500-2000*, José Adrián Vitier (trad.), Madrid, Turner/Fondo de Cultura Económica.

ELIADE, Mircea (1973): *Lo sagrado y lo profano*, Luis Gil (trad.) Madrid, Guadarrama/Punto Omega.

ESCOHOTADO, Antonio (1999): *Historia general de las drogas*, Madrid, Espasa Fórum.

– (2015): *Aprendiendo de las drogas*, Barcelona, Anagrama, Compactos.

VANS, Richard y HOFMANN, Albert (2012): *Plantas de los dioses. Orígenes del uso de los alucinógenos*, Alberto Blanco (trad.), México, Fondo de Cultura Económica.

FERICGLA, Josep María (1999): *Los enteógenos y la ciencia*, Barcelona, La Liebre de Marzo.

HARPUR, Patrick (2007): *Realidad daimónica*, Isabel Margelí (trad.), Gerona, Atalanta, Imaginatio Vera.

– (2016): *El fuego secreto de los filósofos*, Fernando Almanza (trad.), Gerona, Atalanta, Imaginatio Vera.

HOFMANN, Albert (1995): *Mundo interior, mundo exterior. Pensamientos y perspectivas del descubridor del LSD*, José Almaraz (trad.), Barcelona, La Liebre de Marzo.

– (2013): *Las historia del LSD. Cómo descubrí el ácido y qué pasó después en el mundo*, Roberto Bein (trad.), Barcelona, Gedisa.

HUXLEY, Aldous (1977): *Las puertas de la percepción. Cielo e infierno*, Miguel de Hernani (trad.), Barcelona, Edhasa.

KINGSLEY, Peter (2010): *En los oscuros lugares del saber*, Carmen Francí (trad.), Gerona, Atalanta, Memoria Mundi.

– (2008): *Filosofía antigua, misterios y magia*, Alejandro Coroleu (trad.), Gerona, Atalanta, Memoria Mundi.

NARANJO, Claudio (2012): *Ayahuasca, La enredadera del río celestial*, Núria Rodó y Marta Nieto (trads.), Barcelona, La Llave.

OLMOS, R.; CABRERA, P. y MONTERO, S. (coords.) (2005): *Paraíso cerrado, jardín abierto. El reino vegetal en el imaginario religioso del Mediterráneo*, Madrid, Ediciones Polifemo, El Espejo Navegante.

TIMOTHY, Leary (2015): *Flashbacks, Una autobiografía*, Gabriel Dolls (trad.), Barcelona. Alpha Decay, Héroes Modernos.

VALENTE, José Ángel (1991): *Variaciones sobre el pájaro y la red. La piedra y el centro*, Barcelona, Tusquets.

WASSON, Robert Gordon; HOFMANN, Albert y RUCK, Carl A. P. (1980): *El camino de Eleusis. Una solución al enigma de los misterios*, Felipe Garrido (trad.), México, Fondo de Cultura Económica n.º 305.

WASSON, Robert Gordon; KRAMRISCH, Stella; OTT, Jonathan y RUCK, Carl A. P. (1996): *La búsqueda de Perséfone, los enteógenos y los orígenes de la religión*, Omar Álvarez (trad.), México, Fondo de Cultura Económica.

3

PASTORAL PARA INCRÉDULOS
(EL PASO DEL MITO AL LOGOS)

> Los futuros no realizados son solo ramas
> del pasado: ramas secas.
>
> ITALO CALVINO

*S*i el bosque representaba para los románticos el templo de la filosofía, sin duda el jardín constituía su refugio. El primero que se construyó en el continente europeo con vocación claramente filosófica fue Ermenonville. Ese parque paisajista, concebido por el marqués René-Louis de Girardin en las tierras que rodeaban su castillo entre 1763 y 1774, refleja a la perfección la nueva concepción de la naturaleza del siglo XVIII. Imbuido del espíritu de Las Luces, su creador puso allí las ideas clásicas al servicio de una estética revolucionaria. Si *dominar* había sido el verbo más importante del lenguaje jardinero hasta entonces ahora se trataba, por el contrario, de fundirse con el paisaje, de conferir, valga la paradoja, una apariencia natural a la propia naturaleza.

La fuente de placer sensorial e intelectual que brinda esa obra de arte viva ya no será la supremacía del hombre sobre la naturaleza sometida a un tratamiento arquitectónico y un orden geométrico, sino la celebración de su belleza salvaje, cuidadosamente perfeccionada por el diseño y enfatizada por construcciones pintorescas, cargadas de referencias literarias y resonancias filosóficas, que invitan a una visión secuencial y dinámica del parque. Abundan en estos nuevos parques paisajistas los decorados y las tramoyas para pensar: grutas, ermitas, templos, cabañas y demás construcciones o *fabriques* de reminiscencias clásicas destinadas a provocar asociaciones filosóficas y celebrar las ideas de quienes, como escribe William Gilpin, "hicieron de la virtud su único anhelo y del bienestar de la humanidad su único afán". Se trata de una concepción teatral del parque, donde se suceden escenas cargadas de

dramatismo e intensidad emocional, en las que el visitante representa a un mismo tiempo el papel de espectador y actor. Esa dualidad evidencia su carácter de *jeu d'esprit*, de artefacto filosófico. Pasearse por el jardín ya no significa únicamente estirar las piernas y oxigenar los pulmones sino también observar y actuar, interrogarse a uno mismo y entablar un diálogo con el paisaje. Al puro y simple placer de respirar, a la dicha elemental de existir y a la alegría sin sombras del cuerpo en movimiento se suman otras fuentes de gozo: la despreocupada concentración en el presente y la reconexión vital y espiritual con la tierra que pisamos.

Los parques paisajistas exclaustraron la filosofía y transformaron el paseo en una práctica estética, donde la imaginación creativa participa en la salud del cuerpo y la psique. Y en ese sentido puede decirse que hicieron realidad el antiguo ideal de la filosofía como medicina del alma formulado por Sócrates. El amor a la sabiduría, entendido como lúcida serenidad, libertad interior y conciencia de pertenecer a un Todo, que alumbra y orienta el camino de los sabios, formará parte también de la experiencia del jardín. Sea como fragmentos del paraíso o como esbozos de la Arcadia soñada, los jardines invocan las intemporales aspiraciones de la filosofía y nos permiten visualizar cómo sería una vida más plena y gozosa. En ellos, hoy como antaño, se escucha el eco de tiempos mejores, se percibe la fragancia de las flores del Edén perdido, se respira la utopía de un mundo mejor. Los seres humanos siempre han ajardinado sus sueños, han engalanado con flores y árboles sus ideas de una buena vida, como si no pudieran imaginar la esquiva felicidad sin el verdor de las plantas.

Al pasear por Ermenonville se tiene la impresión de que, como sugirió Christian Hirschfeld, ninguna de las ciencias del espíritu se halla tan cerca del arte de los jardines como la filosofía. Tal vez porque esos oasis de verdor expresan mejor que otras creaciones intelectuales la relación entre lo bello, lo bueno y lo útil. Diseminadas por el microcosmos del parque se suceden una serie de construcciones pintorescas, entre las que destacan el Templo de la Filosofía Moderna, el Altar de la Ensoñación, la Gruta de las Náyades, el Teatro de Verdura..., que constituyen hitos o paradas obligatorias de un paseo de ronda convertido en un itinerario físico y mental. Esas escenografías entre lo arcádico y lo utópico enfatizan la belleza natural y aportan una narrativa al proyecto de Ermenonville que expresa no solo una cosmovisión y un programa estético sino también un modelo de sociedad y un ideal de vida.

Mientras que el jardín formal impone al visitante los trayectos a seguir, así como los puntos de vista y los enclaves desde donde se debe contemplar el paisaje, Ermenonville invita, por el contrario, a pensar con los pies, a la deambulación filosófica, a sumergirse en el entorno y a gozar con el descubrimiento de los diferentes cuadros paisajistas y vistas panorámicas; en suma, a seguir el ejemplo de su más ilustre huésped, Jean-Jacques Rousseau, y entregarse a las ensoñaciones del paseante solitario. El autor del *Emilio* pasó sus últimos días precisamente en Ermenonville, invitado por el marqués de Girardin, su ferviente admirador. Llegó el 20 de mayo de 1778 y entregó su alma a Dios o la Nada el 2 de julio. Sus fatigados huesos recibieron sepultura en una recoleta y encantadora isla situada en medio de un estanque. Hasta esa tumba a la sombra de unos frondosos álamos temblones, convertida en un lugar de la memoria, peregrinarán para rendir testimonio de su admiración al "filósofo de la naturaleza y la verdad", según reza la inscripción de la lápida, célebres personajes como Robespierre, madame de Staël, Victor Hugo o Napoleón, mucho tiempo después incluso de que sus restos mortales fueran trasladados por orden de las nuevas autoridades republicanas al Panteón de París, junto a los grandes hombres de la nación.

Ermenonville hizo suyo el ideario paisajista e importó a Francia la estética irregular y desgeometrizada de los jardines morales ingleses, muy especialmente de The Leasowes (Shropshire) en el corazón de Inglaterra, que visitó el marqués en 1763 al poco de fallecer su creador, el poeta William Shenstone (1714-1763). Cuando este heredó la hacienda familiar, volcó sus energías creativas, muy por encima, todo hay que decirlo, de sus recursos financieros, más bien modestos, en transformar las tierras de labor y pasto en un poema visual o, por usar una expresión de su agrado, una granja ornamental (*ferme ornée, ornamental farm*). The Leasowes concilia un idílico paisaje pastoril con una explotación agropecuaria eficiente y los placeres de la imaginación con las virtudes de la productividad.

Ermenonville rinde homenaje a ese jardín-poema y a su creador de muchas maneras. De Shenstone son los versos que se reproducen en la pared rocosa de la Gruta de las Náyades, dedicada a las ninfas de la mitología griega, situada junto a la presa que embalsa las aguas de un arroyo para formar el estanque donde se encuentra la Isla de los Álamos. Esa inscripción recuerda a la que figuraba en la casa de raíces de la Arboleda de Virgilio (*Virgil's Grove*), uno de los elementos visuales más emblemático de The Leasowes y que, a su vez, homenajea a este poeta latino, autor de la *Eneida* e inspirador de la utopía poética de la Arcadia, donde, según escribió Arthur Schopenhauer, "todos hemos nacido".

Resulta curioso pensar que Ermenonville intentó reproducir en tierras francesas el bucólico encanto del jardín paisajista inglés, que, a su vez, emulaba la campiña italiana pintada por Claude Lorraine, Nicolas Poussin, Salvatore Rosa y otros miembros de la escuela de Roma. En los lienzos de estos artistas de diversa procedencia esos pintorescos parajes aparecían retratados con los rasgos de la Arcadia feliz. Pero esa agreste región central del Peloponeso, rodeada de montañas, escasamente poblada y de un clima inclemente, nunca estuvo a la altura de su leyenda. La Arcadia griega, tantas veces soñada y revisitada, poco o nada tiene que ver con el paraíso pastoril, de rústica simplicidad y primitiva belleza, que retrataron los poetas renacentistas en sus versos inspirándose, por otra parte, en Teócrito y Virgilio.

Esa tierra, cuna del amor y de la poesía, habitada por pastores de refinada sensibilidad, nunca existió más que en la exaltada fantasía de los literatos y artistas. Ese nombre de resonancias clásicas invoca el anhelo de retornar a la pureza de los orígenes, un mito de nunca acabar que no ha perdido su poder de evocación, ni ha dejado de metamorfosearse desde el romanticismo. Cada generación se ha dejado seducir por ese anhelo de rústica simplicidad, ha sido presa de la nostalgia de lo primitivo y del impulso de huir de lo real en pos de la inocencia primordial, y se ha imaginado ese paraíso terrenal de una manera diferente.

Herederos de esa tradición arcádica son, por ejemplo, los parques públicos de muchas ciudades occidentales. Desde la segunda mitad del siglo XIX se crearon de acuerdo con los ideales democráticos y los principios en vigor del urbanismo moderno para atender las demandas de recreo y esparcimiento de la pujante clase trabajadora siguiendo la estética del jardín paisajista, solo que, por lo general, de mayores dimensiones. No faltan en ellos, junto a las construcciones pintorescas de antaño, nuevas edificaciones de acero y cristal como los invernaderos. Las ciudades jardín y las diferentes *ecotopías* surgidas a lo largo del siglo XX se seguirán mirando en el espejo de la Arcadia. Y ese nombre probablemente seguirá conjurando la elegíaca añoranza de la naturaleza en las *ciberpolis* masificadas del futuro.

En un permanente juego de espejos y referencias cruzadas, de citas visuales y resonancias espaciales, de ecos de ecos y lugares que remiten a otros lugares de una geografía sentimental e intelectual, los jardines paisajistas trenzan una tupida red de significados. Las sombras de la caverna platónica se pasean por los muros de los ninfeos, las grutas y los manantiales. La presencia del sabio solitario, retirado del mundo y consagrado únicamente al conocimiento, se adivina más que verse en las ermitas y cabañas. La sola visión de un templo en ruinas sume al paseante en sombrías reflexiones sobre las usuras del tiempo. El murmullo de las aguas del arroyo que serpentea por los prados trae a la mente las palabras de Heráclito: "no te bañarás dos veces en las aguas del mismo río". Al contemplar el reflejo de las nubes que arrastra el viento sobre la superficie rizada de la laguna, despertamos del espejismo de las apariencias y nos asomamos súbitamente al fondo inasible del ser.

Esas y otras escenografías de gran densidad simbólica y carga emocional transforman el paisaje en un discurso filosófico; y el sendero zigzagueante que recorre el parque en un camino iniciático. Al descifrar los mensajes ocultos en esas representaciones, el paseante se siente tocado en lo más profundo y le embarga una emoción que se parece mucho al asombro que, según Aristóteles, hizo nacer en los seres humanos el deseo de hacerse preguntas, pues estos "comienzan y comenzaron a filosofar movidos por el estupor" ante el hecho insólito de que las cosas sean lo que son. Revivir ese deslumbramiento, que no tiene cabida en las palabras, es el propósito de todo verdadero jardín, que, pese a su condición efímera, constituye uno de los símbolos más perdurables de la eternidad.

Ahora bien, el paso del mito al logos dista mucho de ser una etapa superada de la civilización. Todavía no ha culminado el proceso iniciado en el siglo VII a. C. en las polis griegas que condujo a la paulatina renuncia de las explicaciones de carácter mítico acerca de los hechos en beneficio de otras de tipo racional. El comienzo de la filosofía y de la ciencia no supuso, ni mucho menos, el abandono del pensamiento mágico. En muchos sentidos la humanidad aún no ha salido de la infancia o, si se prefiere, alcanzado la madurez intelectual. La suficiencia racional, que predicaban las antiguas escuelas socráticas, continúa siendo una aspiración más que una realidad.

El nacimiento de la filosofía, por lo demás, resulta indisociable de la noción de una naturaleza o *physis* gobernada por leyes, cuyo comportamiento se torna predecible para aquel que las conoce. No por nada el primer filósofo del que se tiene noticia, Tales de Mileto, fue también el primer hombre que pronosticó un eclipse de sol. Cuando el ser humano fue capaz de leer el libro de la Naturaleza con los ojos del entendimiento, dio comienzo un nuevo capítulo de su historia, pero eso no significó que los mitos y las presencias sobrenaturales desaparecieran de su vida. Sustituidos por fuerzas físicas, mensurables y cuantificables, y principios matemáticos universales, las divinidades se retiraron del mundo visible y se refugiaron en los recovecos de la imaginación y las profundidades del inconsciente.

A medida que se impuso una visión materialista de la realidad, se hizo innecesario honrar a los dioses, aplacar su cólera o atraer su favor con sacrificios, plegarias o celebraciones periódicas. Pero contrariamente a lo que podría pensarse, estos no dejaron de ejercer su poderoso influjo sobre el destino de los mortales. El conocimiento científico ha convivido siempre con ficciones colectivas, fantasías compensatorias y mitos de la tribu. La necesidad de justificar con argumentos racionales nuestras afirmaciones no nos ha vacunado contra el autoengaño y el miedo a la libertad. A menudo estamos más dispuestos a mentirnos que a modificar nuestras creencias. Con más frecuencia de la que nos gustaría reconocer, nos negamos a aceptar las evidencias que contradicen nuestras convicciones más arraigadas y rebaten nuestras emociones. Cada cual ha de realizar su particular *paso del mito al logos*, recorrer por su propio pie el arduo trayecto que conduce del narcisismo infantil a aceptar que el mundo es como es, y alcanzar una conciencia desencantada y realista de uno mismo. Se mire como se mire, esa es la tarea primordial de la vida. Cuanto menos diste lo que creemos ser de lo que verdaderamente somos, más inmunes nos volveremos a la decepción y menos necesitaremos para ser felices.

REFERENCIAS BIBLIOGRÁFICAS

ASSUNTO, Rosario (1981): *Filosofia del Giardino e Filosofia nel Giardino. Saggi di teoria e storia dell'Estetica*, Roma, Bulzoni.
— (1991): *Ontología y teleología del jardín*, Madrid, Tecnos, Metrópolis.
— (2003): *Retour au jardin, Essais pour une philosophie de la nature, 1976-1987*, *Textes réunis*, H. Brunon (trad. del italiano y pról.), París, Les Éditions de l'imprimeur, Jardins et Paysages.
BODEI, Remo (2011): *Paisajes sublimes. El hombre ante la naturaleza salvaje*, María Condor (trad.), Madrid, Siruela, Biblioteca de Ensayo n.º 73.
COOPER, David E. (2006): *A Philosophy of Gardens*, Nueva York, Oxford University Press Inc.
DELUMEAU, Jean (2005): *Historia del Paraíso 1. El jardín de las delicias*, Sergio Ugalde (trad.), Madrid, Taurus.
— (2005): *Historia del paraíso 2. Mil años de felicidad*, Sergio Ugalde (trad.), Madrid, Taurus.
DIXON, John (1976): *The Figure in the Landscape, Poetry, Painting, and Gardening during the Eighteenth Century*, Baltimore, The Johns Hopkins University Press.
— (1994): *Gardens and the Picturesque. Studies in the History of Landscape Architecture*, Cambridge y Londres, The MIT Press.
— (1996): *L'art du jardin et son histoire*, París, Odile Jacob.
— (2000): *Greater Perfections. The Practise of the Garden Theory*, Londres, Thames and Hudson.
DIXON, John y WILLIS, Peter (eds.) (1988): *The Genius of the Place. The English Landscape Garden 1620-1820*, Cambridge y Londres, The MIT Press.

HADOT, Pierre (2015): *El velo de Isis. Ensayo sobre la historia de la idea de naturaleza*, María Cucurella Miquel (trad.), Barcelona, Alpha, Bet & Gimmel n.º 25.

FRANCIS, Mark y HESTER Randolph T. (eds.) (1990): *The Meaning of Gardens*, Cambridge y Londres, The MIT Press.

JACOB, Michael (2010): *El jardín y la representación. Pintura, cine y fotografía*, María Cóndor (trad.), Madrid, Siruela, La Biblioteca Azul.

– (2016): *El banco en el jardín*, Rodrigo de la O Cabrera (trad.), Madrid, Abada Editores, Lecturas de paisaje.

JONES, Louisa (2008): *L'art de visiter un jardin*, Arlés, Actes Sud.

LANE FOX, Robin (2010): *Thoughtful Gardening. Great Plants, Great Gardens, Great Gardeners*, Londres, Penguin, Particular Books.

MARTÍN SALVÁN, Paula (comp.) (2006): *El espíritu del lugar. Jardín y paisaje en la Inglaterra moderna*, Madrid, Abada Editores.

MILANI, Raffaele (2007): *El arte del paisaje*, Federico López Silvestre (ed.), Madrid, Biblioteca Nueva, Paisaje y Teoría.

MONTAIGNE, Michel de (2010): *Diario de viaje a Italia*, Santiago R. Santerbás (ed. y trad.), Madrid, Cátedra Letras Universales n.º 427.

MOORE, Charles W.; MITCHELL, William J. y TURNBULL, William (1993): *Poetics of Gardens*, Cambridge y Londres, The MIT Press.

PÁEZ DE LA CADENA, Francisco (1982): *Historia de los estilos en jardinería*, Madrid, Istmo.

PRÉVÔT, Philippe (2006): *Histoire des jardins*, Luzón, Éditions Sud Ouest.

ROGER, Alain (2007): *Breve tratado del paisaje*, Javier Maderuelo (ed.), María Luisa Veuthey Martínez (trad.), Madrid, Biblioteca Nueva, Paisaje y Teoría.

ROSS, Stephanie (1998): *What gardens mean*, Chicago y Londres, The University of Chicago Press.

STREET, Arthur G. (1983): *Farmer's Glory*, Nueva York, Oxford University Press.

TUAN, Yi-Fu (2015): *Geografía romántica. En busca del paisaje sublime*, Joan Nogué (ed.), Borja Nogué (trad.), Madrid, Biblioteca Nueva, Paisaje y Teoría.

WULF, Andrea (2017): *La invención de la naturaleza. El nuevo mundo de Alexander von Humboldt*, María Luisa Rodríguez Tapia (trad.), Madrid, Taurus, Memorias y biografías.

4
RAÍCES
(LA IDENTIDAD)

> Echar raíces quizá sea la necesidad más
> importante e ignorada del alma humana.
> SIMONE WEILL

> Las plantas saben mucho sobre las pro-
> fundidades y sobre lo que en ellas se
> maquina.
> PIERRE LIEUTAGHI

*L*a tarde del 27 de julio de 1890, durante un período de interna-
miento en el sanatorio para enfermos mentales de Auvers-sur-Oise,
Van Gogh puso fin a su existencia descerrajándose un tiro en el pe-
cho. A pesar de que estaba convencido de que había fracasado como
artista, pasó su última semana en este mundo trabajando con una
perseverancia no exenta de desesperación en un óleo que se conoce
como *Raíces.* Su crisis creativa y vital se resume en esta frase que escribió poco antes de suicidarse: "Mi vida está herida en su misma raíz".

Esa afirmación rotunda como una nota de despedida parece revelar
también el significado profundo de ese cuadro. Más que de un paisaje
se trata de una radiografía de la atribulada alma de Van Gogh, el testamento de alguien que padeció el desarraigo de múltiples formas y,
por más que lo intentó, no consiguió que enraizaran sus esperanzas.
Mientras acariciaba la idea de cortar de raíz su vida, pintaba esas tor-
tuosas formas vegetales hundiéndose en la tierra arcillosa del bosque,
con la vibrante pincelada y la tensión cromática del maestro que no
sabe que lo es.

Los humanos nos debatimos permanentemente entre el anhelo de
echar raíces y el de liberarnos de las ataduras, entre el sentimiento
de pertenencia y el principio de individuación, entre ser fieles a nosotros mismos y encajar en los moldes establecidos. Por una ironía

del destino no podemos crecer sin cortar con las raíces, como bien sabía Van Gogh. La única manera de engendrarse a sí mismo, y no hay cometido más importante, es desarraigándose. En una sociedad tan desquiciada y enferma como la nuestra, una persona debe permanecer hasta cierto punto inadaptada para mantenerse sana. No se puede infravalorar la dificultad de ser yo dentro de un nosotros en una época que, con la misma insistencia y sin aparente contradicción, promueve al unísono el individualismo consumista, el gregarismo uniformizador y el sentimentalismo identitario.

Mientras intentamos conocernos a nosotros mismos siguiendo el viejo mandato filosófico, nuestra identidad irremediablemente cambia. Una de las preguntas más difíciles de responder es quién soy, porque no admite una sino muchas respuestas, y a menudo estas resultan contradictorias. La esencia de nuestro yo es de una naturaleza tan sutil que se descompone al exponerla en palabras, a la luz de la fría lógica. Si alguien afirma saber lo que hay detrás de su máscara, podemos estar seguros de que es un impostor. Por cualquier lado que se mire, la identidad es una pura abstracción, una ficción individual y colectiva consagrada por el uso de la costumbre y un espejismo, en que, digámoslo de una vez, nos prestamos a caer de buena gana para seguir creyendo en la realidad.

Los defensores de las raíces colectivas a menudo olvidan que los seres humanos no están anclados al suelo en el que nacieron, no tienen una identidad única y estática sino fluida y mestiza; y que escudarse en el grupo para no hacerse cargo de la ardua e inexcusable tarea de construir la propia singularidad constituye la peor de todas las traiciones, la que se comete contra uno mismo. Tampoco conviene olvidar que gran parte de las criaturas con las que compartimos este planeta no son individuos, término latino que, literalmente, significa indivisible. Nos cuesta sobre manera escapar a nuestros condicionamientos antropocéntricos y ponernos en el lugar de las plantas sin poetizar ni fantasear. Por más difícil que nos resulte imaginar un ser vivo capaz de perder partes importantes de su organismo y subsistir como si nada, enfrentarse a las mayores dificultades sin mover un solo músculo, cumplir años sin envejecer y tener una descendencia de clones entre otras muchas asombrosas cosas, estamos rodeados de ellos.

Si no nos identificamos con las plantas es porque, pese a convivir con ellas desde siempre, no se parecen a nosotros. Sus patrones de crecimiento semejan a los de los corales, las colonias de hormigas o los enjambres de abejas, y sus estrategias de supervivencia recuerdan a las de los superorganismos más que a las de los organismos. Su manera de estar en el mundo dista mucho de la nuestra. Tanto es así que lo peor que se puede decir de una persona es que es o está hecho un vegetal. Recordemos que "vegetar" significa, según el diccionario, "vivir maquinalmente, con vida meramente orgánica, comparable a las plantas". Ese verbo cargado de connotaciones peyorativas y resabios zoocéntricos pone de manifiesto nuestro complejo de superioridad. Nos resistimos a considerar inteligente a un ser vivo sin cerebro ni corazón. Pero dependemos de las plantas en tantos sentidos que sería no solo erróneo sino también ingenuo considerarlas como formas inferiores de vida. Sin su provisión de alimento y oxígeno simplemente no existiríamos. Incluso el papel en que están escritas estas palabras es de procedencia vegetal.

He aquí, si no la única, una de las más importantes razones de por qué los seres humanos a lo largo de su historia han sentido la necesidad de construir jardines. Estos no son únicamente una construcción material sino también una refinada creación intelectual, en la que, unidos por su profundo antagonismo, los seres humanos cultivan las plantas mientras se dejan cultivar por ellas. Por algo se dice que una persona educada es una persona cultivada.

Tan absurdo es pensar que las plantas están quietas como que guardan un anodino mutismo. Experimentos recientes han demostrado que las plantas emiten sonidos involuntarios durante su crecimiento. Esos clics ultrasónicos, de una frecuencia fuera del alcance del oído humano, serían el resultado de la rotura de las paredes de celulosa de las células vegetales. Aunque seguramente sería exagerado llamar a ese fenómeno, bautizado de forma provisional como *clicking*, un lenguaje vegetal, se trata sin duda de un tipo de comunicación, lo que, tal vez, pueda explicar cómo se las arreglan las plantas para explorar el

43

territorio, escoger las vías más eficientes hacia los nutrientes y esquivar obstáculos y peligros. Esas estrategias de coordinación, de las que no sabemos prácticamente nada, evidencian una extraña forma de inteligencia, descentralizada y difusa, completamente diferente a la nuestra. Se ha especulado incluso con la posibilidad de que los ápices radicales trabajen en red, conectándose unos con los otros mediante señales químicas subterráneas o guiándose por campos electromagnéticos.

En la mayoría de los vegetales, las raíces se ramifican más rápidamente que los tallos aéreos. El sistema radicular supera muchas veces en extensión la superficie visible de las plantas. Valga como ejemplo de lo que venimos diciendo una simple espiga de centeno: la parte enterrada es treinta veces mayor que la expuesta a la luz del día. El jardín que se extiende delante de nuestros ojos resulta casi insignificante comparado con la exuberante y laberíntica floresta que crece bajo nuestros pies. Oculta tras las bambalinas de ese teatro de verdor, tiene lugar otra representación de la que no sabemos nada. Tal vez la ancestral creencia en la música de las esferas celestes tenga su reverso en el canto subterráneo de las raíces. De la misma manera que, como sugirieron los pitagóricos y ha corroborado la NASA, los astros emiten ondas ultrasónicas al describir sus órbitas, las raíces horadan el subsuelo interpretando un concierto armónico. La sincronía sonora de las estrellas y los planetas reverbera en el cadencioso coro del interior de la tierra. Quizá Van Gogh escuchó sus acordes mientras daba las últimas pinceladas al cuadro con que se despidió de este mundo, confortado por la idea de que morir es regresar.

REFERENCIAS BIBLIOGRÁFICAS

DE LA ENCINA, Juan (1961): *Van Gogh. Historia de un alma en pena*, Buenos Aires, Austral.

HERNANDO, Almudena (2012): *La fantasía de la individualidad. Sobre la construcción sociohistórica del sujeto moderno*, Madrid, Katz.

MANCUSO, Stefano y VIOLA, Alessandra (2015): *Sensibilidad e inteligencia en el mundo vegetal*, David Pardela (trad.), Barcelona, Galaxia Gutenberg.

METZGER, Rainer y WALTHER, Ingo F. (2015): *Van Gogh. La obra completa de pintura*, Taschen, Bibliotheca Universalis.

NAIFEH, Steven y WHITE SMITH, Gregory (2012): *Van Gogh. La vida*, Sandra Chaparro (trad.), Madrid, Taurus, Memorias y Biografías.

SCHNEEDE, Uwe M. (2012): *Vincent van Gogh. Vida y obra*, José Luis Gil Aristu (trad.), Madrid, Alianza Editorial, El Libro de Bolsillo.

VAN GOGH, Vincent (2012): *Cartas a Theo*, Antonio Rabinad (trad.), Barcelona, Paidós, Estética.

WEIL, Simone (2014): *Echar raíces*, Juan Ramón Capella (trad.), Madrid, Trotta, Estructuras y procesos.

5

MEMORIAL DE BOMARZO
(EL SER)

> Cada roca encerraba un enigma en su
> estructura, y cada uno de esos enigmas
> era también un secreto de mi pasado y
> de mi carácter. Había que descubrirlos.
> Había que despojar a cada roca de la
> corteza que cubría la imagen esencial.
>
> MANUEL MUJICA LÁINEZ, *Bomarzo*

*C*orría el año 1970 cuando, siendo apenas un mocoso, visité por primera vez, en el curso de un viaje familiar a Roma, el Parque de los Monstruos, también conocido como Parque de las Maravillas, el Sacro Bosco o, simplemente, Bomarzo. No se parecía a ningún otro sitio en el que yo hubiera estado antes. A mi corta edad tenía poca, por no decir ninguna, experiencia del mundo, y lo más parecido a aquel despliegue de grotescas figuras talladas en la roca volcánica originaria del terreno, el *peperino*, era un parque de atracciones. Y así recuerdo aquel reino del absurdo, poblado de monstruos y prodigios que parecían salidos de los cuentos que por entonces leía: una sirena, un gigante, un dragón, un león, una tortuga-ballena, un perro de tres cabezas y, muy especialmente, un orco. Nada más ver aquella enorme cabeza de piedra con las fauces abiertas, de las que parecía escapar un mudo grito de espanto, se me encogió el ombligo. Inútilmente busqué en el rostro de mi madre algún signo que revelase preocupación. Con un tono entre solemne y burlón leyó el cartel informativo que rezaba: "La garganta del infierno". Y sin más demora, me cogió de la mano y, tirando de mí sin contemplaciones, me condujo subiendo un tramo de escaleras hasta la boca de aquel ogro que sobresalía de la pendiente boscosa. Un poco aturdido por tantas novedades no vi nada extraño en que dentro hubiese un pequeño altar a modo de mesa y un banco corrido de piedra. El cráneo hueco de aquel monstruo resultó ser un confortable refugio para descansar a la sombra y merendar. Hasta que no dimos el último bocado a los sándwiches y engullimos el último gajo de naranja, nuestros padres no nos dieron permiso para explorar por nuestra cuenta aquel extraño parque de juegos.

Pasarían muchos años antes de que volviera a poner el pie en Bomarzo. Fue en el transcurso del viaje de final de carrera cuando, junto a otros jóvenes licenciados en arquitectura, visité el parque que el príncipe renacentista Pier Francesco Orsini, más conocido como Vicino Orsini, había encargado a Pirro Ligorio. Nos habían explicado en la facultad que, tras la muerte de Miguel Ángel, nuestro ilustre colega había rematado la cúpula de la basílica de San Pedro en el Vaticano, además de haber iniciado las excavaciones de villa Adriana en Tívoli y diseñado los juegos de agua de villa d'Este y villa Lante.

Aunque, según el calendario, era junio, soplaba un viento racheado y frío que se colaba por las rendijas de mi corazón. Antes de emprender el viaje había roto por despecho la relación con mi novia, al saber que había otra persona en su vida. Pensé erróneamente que poner tierra por medio, correrme alguna juerga que otra y acostarme con más chicas me ayudaría a olvidarme de ella. Me engañaba fingiendo un desapego que no sentía para protegerme del miedo al rechazo. El orgullo herido, apaciguado por la distancia, se fue transformando en el curso de las jornadas fuera de casa en una añoranza cada vez mayor y en un incipiente temor a que se fuera con otro. Caminaba como un sonámbulo, sin despegarme del grupo pero sin prestar demasiada atención a las explicaciones de nuestro guía, a través de aquel parque de pesadilla, cuya construcción se había prolongado cerca de treinta años, desde 1552 hasta 1582 aproximadamente. En esas estábamos cuando llegó a mis oídos algo que, bruscamente, me arrebató de mis sombrías ensoñaciones y me trajo de vuelta a la realidad. El nombre de Julia retumbó con fuerza en mi cabeza. Así se llamaba la esposa, prematuramente muerta, del príncipe Orsini y también la mujer por la que yo suspiraba. Sus restos mortales reposaban en un templo mausoleo, de planta octogonal, proyectado por otro de los *illustri uomini* del *cinquecento*, Giacomo Barozzi da Vignola, que se alzaba en un recodo del camino. Mientras oía la voz grave del guía decir que Bomarzo era "una elegía de piedra y árboles", se apoderó de mí un raro desconsuelo y comprendí de pronto cuánto la echaba de menos. Hasta entonces me había resistido a formalizar la relación, pero en ese preciso momento lo vi claro. No podía imaginar mi futuro sin ella. De todas las mujeres que habían pasado por mi vida, esta no quería dejarla pasar. Aquella misma noche, desde el albergue romano en el que nos hospedábamos, la telefoneé para confesarle mis sentimientos. Creo que aquella decisión marcó el final de mi juventud y el comienzo de mi vida adulta.

Con cincuenta años cumplidos, instalado ya en la vida y medio calvo, volví a Bomarzo junto a la que había sido mi compañera durante los últimos veinticinco años. Quería recorrer en su compañía aquel parque que formaba ya parte de nuestra geografía sentimental. Julia me había oído contar muchas veces la historia de lo que ella llamaba con una ironía no exenta de cariño "mi conversión". Era una mujer de rasgos finos, carácter duro y reacciones imprevisibles, chapada a la antigua modernidad de los años ochenta, casi guapa a no ser por unas manchas de impétigo en la piel de la cara. Su corte de pelo y su indumentaria de un estudiado desaliño le hacían parecer más joven de lo que era.

Como suele ocurrir con los escenarios que se han recreado en la imaginación muchas veces, la visita a Bomarzo no estaba siendo tan agradable como habíamos supuesto. O tal vez el problema fuéramos nosotros: hacía demasiado tiempo que vivíamos de recuerdos y no realizábamos planes de futuro. Se nos ocurrían pocas cosas que decirnos mientras deambulábamos por aquel teatro de la memoria. A la luz cada vez más escasa del crepúsculo las figuras de piedra se iban tornando tenebrosas, casi amenazantes. Llevábamos una hora o más sin intercambiar palabra cuando nuestros pasos nos condujeron frente a una casa inclinada, de proporciones distorsionadas, que, a decir de la guía de viaje que llevábamos con nosotros, producía en el visitante una vívida impresión de desequilibrio, vértigo y desasosiego para que este pudiera experimentar en carne propia el caos que late tras el velo del orden clásico. Al salir le llamé la atención sobre la inscripción latina que figuraba en el dintel de la puerta: "Para que el alma gane prudencia, hay que buscar la tranquilidad".

—¡Vaya tontería! No estoy de acuerdo —replicó Julia sin que viniera a cuento.

—¿Por qué lo dices? ¿Quieres explicarte…?

—Está claro. Ya sabes a qué me refiero… —Tardó en responder. Su voz se oscureció, una sonrisa cansada se dibujó en sus labios y, como si buscara sin encontrar las palabras adecuadas, afirmó con un tono entreverado de rabia y desencanto—: Tanta tranquilidad me exaspera. Quiero algo más antes de que nuestra casa también se hunda.

—¡Oh, vamos! Ya salió otra vez. Me agotas. ¿Sabes cuál es tu problema? —le increpé y, sin darle tiempo a responder, agregué reanudando una vieja conversación tan estéril como dolorosa—: Siempre estás quejándote. Nada te satisface. Vas por la vida como si todo el mundo te debiera algo.

Antes de acabar la última frase ya me había arrepentido.

—Si tú lo dices… De modo que eso piensas de mí. Ya deberías haberte acostumbrado a cómo soy —contestó poniéndose a la defensiva e hizo una pausa antes de soltar con aire contrariado—. ¿No esperarás que cambie a estas alturas?

—Nunca es demasiado tarde para intentarlo.

—No te empeñes —zanjó cortante.

La brusquedad de su respuesta me quitó las ganas de continuar conversando. En su voz anidaba una tristeza antigua. No supe qué decir y se produjo un nuevo silencio cargado de resquemor e implicaciones. Me asustaba la idea de perderla, pero aún era mayor mi miedo a dejar de amarla si continuábamos juntos. La luz metálica de la luna se colaba entre las nubes mientras nos encaminábamos con paso cansino hacia la salida. Hacía rato que había sonado la sirena que anunciaba la hora de cierre, pero ninguno de los dos teníamos prisa por abandonar el recinto del parque; tal vez porque presentíamos que era un ensayo de la despedida definitiva.

No regresé a Bomarzo hasta mucho tiempo después de que su recuerdo dejara de dolerme. Para entonces había cumplido los ochenta años y había superado un cáncer. Me acompañaba en aquella ocasión uno de mis nietos, al que, como premio por haber obtenido el título de bachillerato con buenas notas, había invitado a pasar unos días en Italia conmigo. Era un día frío de finales de octubre, que había amanecido con el cielo cubierto de nubarrones amenazantes, pero ninguno de los dos quisimos suspender la visita. Mientras nos adentrábamos en el bosque por un sendero cubierto de hojas secas que amortiguaban nuestros pasos, iba relatando al muchacho larguirucho, con barba de chivo y varios pendientes en una oreja que, enfundado en una sudadera deportiva, caminaba a mi lado, el argumento de la novela homónima de Manuel Mujica Láinez sobre la creación de Bomarzo que leía por las noches. A preguntas suyas, iba desgranando las industrias y andanzas de su artífice, un hombre contrahecho y repudiado por su familia, que se sumió en la más honda melancolía tras la prematura muerte de su esposa Giulia Farnese. Había proyectado aquel parque inverosímil, único en su especie, según algunos expertos, para desahogar su atormentado corazón y, según otros, para escenificar simbólicamente su búsqueda de la inmortalidad. Habla que te habla, recorrimos el tortuoso camino, jalonado de una treintena de enigmáticos conjuntos escultóricos, inspirados, a decir de algunos estudiosos, en *El sueño de Polífilo*, la obra escrita en secreto por el fraile dominico Francesco Colonna en la que se describe el viaje iniciático del protagonista en busca de su amada Polía a través de una sucesión de jardines a cada cual más misterioso y la huida juntos hacia la isla de Citerea. Otros han señalado el parentesco de Bomarzo con los teatros de la memoria renacentistas, que asociaban imágenes y lugares como parte de un *itinerarium mentis*. Es difícil saber qué valor conceder a estas interpretaciones. Apenas podemos especular sobre las intenciones del príncipe Orsini, de las que, justo es reconocerlo, no conocemos prácticamente nada.

Después de conversar largo rato sobre qué pudo inspirar ese delirio hecho parque, nos encontramos hablando del genio o, mejor sería decir, demonio del lugar, lo cual nos arrastró a una discusión sobre si nos producía o no una "plácida claustrofobia" contemplar ese paisaje del alma atormentada de su creador. Está claro que Bomarzo no resulta hermoso, pero aún menos feo. Tampoco es lo que suele llamarse un jardín secreto y menos todavía un parque de recreo. Poco importa si se trata de una arcadia manierista, del laberinto de la soledad de un genio incomprendido o de la creación sin descendencia de un lunático, el misterio sutilísimo de Bomarzo es de los que se descomponen al ponerlos en palabras, y nos conmociona como un secreto largamente callado que no debiera haber llegado a nuestros oídos.

Anochecía cuando, sin casi darnos cuenta, nuestros pasos nos trajeron de vuelta a la entrada. Antes de franquear la verja y dejar atrás el parque, me dio por pensar que seguramente no volvería a pasear mis fatigados huesos por Bomarzo. Dada mi edad, con toda probabilidad aquella sería mi última visita al Sacro Bosco. No podía ahuyentar tampoco de mi cabeza la idea de que se cerraba el círculo, como si toda mi vida me hubiera conducido hasta allí, como si hubiera entrado siendo un niño y saliera convertido en un anciano. Mientras me hacía estas reflexiones, tuve de pronto la intuición de que se me había revelado la oculta filosofía de Bomarzo. Y al fin podía responder al interrogante que una inscripción tallada en piedra plantea al visitante nada más entrar: "Tú que llegas hasta aquí, presta atención y luego dime si todas estas maravillas fueron creadas por error o por amor al arte".

REFERENCIAS BIBLIOGRÁFICAS

BENOIST-MÉCHIN, Jacques (1975): *L'homme et ses jardins*, París, Albin Michel.

COLONNA, Francesco (2008): *El sueño de Polífilo*, Pilar Pedraza (trad.), Barcelona, El Acantilado.

CROSS, Elsa (2009): *Bomarzo*, México, Era.

HAASSE, Hella H. (2016): *Los jardines de Bomarzo. Arte, poder y mito en el Renacimiento*, Gonzalo Fernández Gómez (trad.) (epíl.), Bogotá, Rey Naranjo.

KRETZULESCO-QUARANTA, Emanuela (1996): *Los jardines del sueño. Polífilo y la mística del Renacimiento*, Miguel Mingarro (trad.), Madrid, Siruela.

LAMARCHE-VADEL, Gaëtane (1997): *Jardins secrets de la Renaissance: Des astres, des simples et des prodiges*, París, L'Harmattan.

MUJICA LAINEZ, Manuel (1998): *Bomarzo. La vida y aventuras del duque de Orsini, un visionario del Renacimiento italiano*, Barcelona, Seix Barral, Novela Histórica.

ROQUERO, Luisa (1999): *El sacro Bosco de Bomarzo. Un jardín alquímico*, Madrid, Celeste.

6

IMPRESIÓN DE UNA NARANJA
(LA SUSTANCIA)

> De los naranjos cuelgan brillos como
> doradas lámparas en una noche verde.
>
> ANDREW MARVELL, *Bermudas*

*S*egún cuenta una leyenda, pregonada a los cuatro vientos por fuentes diversas, el emperador del Sacro Imperio Romano se quedó atónito al recibir de manos de un emisario del Gran Khan una naranja como presente. La miró primero incrédulo, como si presenciara una de las míticas manzanas de oro del jardín de las Hespérides, y luego con honda desazón, súbitamente temeroso de que pudiera ser un invento del Maligno. No salió tampoco de su perplejidad cuando el embajador extranjero peló con gran ceremonia su cáscara de un color que no se parecía a ningún otro y le dio a probar entre reverencias su pulpa de una desconocida dulzura.

Si no hubiéramos contemplado nunca una naranja, con toda probabilidad también hubiéramos enmudecido de asombro, mientras intentábamos buscar en vano una explicación para ese prodigio de la naturaleza. Resulta fácil entender por qué, allá por el siglo XVI, los habitantes de allende los Pirineos se prendaron de esa irresistible fruta y no pudieron, ni quisieron, imaginar ya su vida sin tenerla a su alcance y, con una obstinación tal vez digna de mejor fin, se empeñaron en cultivar ese árbol venido de tierras de infieles.

La historia de cómo los naranjos conquistaron los suntuosos jardines a la francesa comienza casi dos siglos antes y bastante más al sur, en Navarra. Tanta predilección sentía el soberano Carlos III el Noble por esos árboles que, en 1409, hizo traer desde el reino de Valencia varios ejemplares hasta el castillo de Olite, en cuyos jardines se aclimataron no sin cierta dificultad. Será su bisnieta la reina doña Catalina quien, con motivo de los esponsales de Luis XIII de Francia con Ana de Bretaña en 1498, envíe a los contrayentes como

Citrus vulgaris Risso.

regalo de boda cinco naranjos. El de más rancio abolengo de los cuales había sido plantado y cultivado por Leonor de Trastámara, la esposa de Carlos III. Esos naranjos se conservaron en el castillo de Chantelle, hasta que, en 1684, el último de sus descendientes fue trasladado por orden de Luis XIV a Versalles, donde recibió el título honorífico de Gran Borbón o Gran Condestable. Allá sobrevivió hasta 1894, la friolera de casi trescientos años. No es este el único naranjo de alcurnia con un nombre propio. En el Alcázar de Sevilla existen varios muy longevos. Uno de ellos se cree que puede datar del siglo XII o XIII, época en que reinaba Pedro I de Castilla, del que toma el nombre.

El naranjo, originario del sur de China, fue introducido en Europa por los musulmanes que se instalaron en la península ibérica. De hecho, su nombre procede de la voz árabe *naranch*, que, a su vez, deriva del vocablo persa *narang*. En al-Ándalus se plantaba únicamente como árbol ornamental para decorar los patios de las mezquitas, los jardines privados y las calles. Aunque sus ácidos frutos no se consumían como alimento, se les daba un uso terapéutico, así como a la flor de azahar, tal y como consta en las obras de agronómica y medicina hispanomusulmanas. El caso es que no se conoce a ciencia cierta cómo llegaron los naranjos dulces (*Citrus sinensis*) a territorio europeo. Algunos estudiosos especulan con la posibilidad de que entraran a través de las rutas comerciales abiertas por los genoveses desde el Medio Oriente; otros consideran más plausible que los transportaran desde las Indias Orientales los navegantes portugueses. Sea como fuere, está documentado ampliamente su cultivo en España a principios del siglo XVI.

Pese a haber sufrido modificaciones y ampliaciones a lo largo del tiempo y haber sustituido sus plantaciones originarias de cipreses, granados y palmeras por las actuales, el Patio de los Naranjos de la Mezquita de Córdoba no ha dejado de albergar árboles ornamentales desde su creación en el año 784 durante el emirato de Abd Al-Rahman, lo que lo convierte con toda probabilidad en el espacio cultivado para disfrute humano con más solera de Occidente. No es solo el jardín vivo más antiguo de Europa sino también el primer patio ajardinado de una mezquita. Este era ya un vergel añejo cuando el rey Fernando III de Castilla y León, llamado el Santo, reconquistó Córdoba allá por el año 1248.

Mucho antes de que los seres humanos intentaran someter la naturaleza a un orden matemático y construir una arquitectura vegetal o perfeccionar el paisaje hasta convertirlo en un cuadro vivo, el Patio de los Naranjos era ya un oasis de verdor, una metáfora visible de la felicidad que le espera al creyente en la otra vida, y una isla de tranquilidad en medio del tráfago urbano de la populosa capital del califato. Dado que apenas ha sufrido alteraciones desde el siglo XVI, tal vez preservado por su intemporal belleza, tenemos el privilegio de verlo casi como era: un centenar de naranjos conectados por canales de riego que ocupan con una sencillez, no desprovista de elegancia, un recinto tapiado de 50 por 130 metros, dividido en tres partes, cada una de ellas con una fuente renacentista en medio.

En el siglo XVII cualquier noble galo digno de recibir ese título debía contar en su *château* con una *orangerie*. Se trataba de una dependencia con grandes salas bien ventiladas y amplios ventanales orientados al sur, destinados a guardar y poner al abrigo de las heladas y los gélidos vientos los naranjos y otros exóticos árboles (granados, pomelos, limoneros y demás agrios), traídos de lejanas tierras con un clima más benigno, que no podían resistir a la intemperie durante los crudos inviernos de la Europa continental y atlántica. Ese pabellón de diseño clásico se convirtió en un elemento imprescindible de los grandes jardines barrocos y, con el trascurso del tiempo, irá adquiriendo nuevos usos: auditorio, galería de arte, salón de recepciones e, incluso, gabinete de curiosidades.

Las grandes fortunas del reino estaban dispuestas a gastar ingentes sumas de dinero para disfrutar de parterres de naranjos, quién sabe si por sus fragantes flores o por sus esféricos frutos de un color casi irreal. Se plantaban en unos recipientes de madera conocidos como *caisses*, en ocasiones ornados con exquisitos motivos decorativos a imitación de las porcelanas, lo que facilitaba su transporte y almacenaje durante la estación fría. Las *orangeries* servirán de inspiración a los invernaderos y los jardines de invierno, edificios metálicos y acristalados que, desde finales del siglo XVIII, concilian como sus predecesoras la pasión botánica con las exigencias de la vida social.

Una de las *orangeries* más famosas de Francia es la que se encuentra en el jardín de las Tullerías de París, reconvertida a partir de 1921 en pabellón de exposiciones artísticas. Allí se exhiben los ocho paneles de proporciones monumentales de los *Nenúfares*, donados al estado por el pintor Claude Monet para celebrar la victoria de Francia durante la Primera Guerra Mundial. Ese envolvente friso panorámico recrea la arcadia privada construida por el maestro impresionista en la pequeña aldea normanda de Giverny a orillas del río Epte. Los lienzos cubren los muros de dos grandes salas ovaladas, conectadas entre sí por un cuello como si trazasen un símbolo del infinito, lo que, por usar sus propias palabras, contribuye a acentuar "la ilusión de un todo sin fin, de una onda sin horizonte ni orilla". La desproporción entre la insignificancia del motivo y la magnitud de la obra no hace sino acentuar la sensación de fluir en un eterno presente. Con inusitada audacia artística Monet somete las formas de su jardín acuático a la disciplina de la luz, hasta desmaterializar la realidad y convertirla en un paisaje casi irreconocible, que parece anticipar ya el expresionismo abstracto.

Había cumplido cuarenta y tres años cuando este "parisiense de París", como se presenta en su autobiografía, se retira al campo junto con su compañera sentimental, Alice Hoschedé, y los hijos de ambos. Siguiendo los consejos de su compañero de fatigas artísticas Gustave Caillebotte y algunos viveristas locales, comienza a plantar, como quien pinta, las platabandas del jardín con ásteres, gladiolos, margaritas, rosas trepadoras y otras flores de vistosos colores. A medida que su vínculo emocional con ese trozo de tierra se va consolidando, también se va cimentando su fama como pintor. La cotización al alza de sus lienzos le permitirá adquirir un terreno colindante de ocho mil metros cuadrados, que ajardinará hasta convertirlo en un auténtico vergel acuático. Ese cuadro vivo se convertirá en su "obra de arte más hermosa", además de en su estudio al aire libre y en una fuente inagotable de inspiración, que acabará imprimiendo un nuevo rumbo a su pintura. Como dice un viejo proverbio persa: "Quien construye un jardín se convierte en un aliado de la luz, ningún jardín ha surgido jamás de las tinieblas". El puente japonés que une las orillas del riachuelo, la frondosa vegetación de las riberas del estanque, los reflejos cambiantes de los rayos del sol y las nubes sobre el manto de agua, donde flotan las flores multicolores de los lotos, serán el motivo de más de doscientos cincuenta lienzos que saldrán de sus pinceles durante los últimos treinta años de su vida.

El grupo de los impresionistas debe su nombre al crítico Louis Leroy, quien, con motivo de la primera exposición conjunta de un elenco de artistas con un estilo poco ortodoxo, el 15 de mayo de 1874 en el taller del fotógrafo Nadar, tituló burlonamente su crónica en la prensa "Exhibición de los impresionistas", en clara alusión al óleo de Claude Monet *Impresión, sol naciente*. Este, que parece abrirse paso a duras penas entre la bruma del amanecer en el puerto de Le Havre, semeja a una naranja.

En otros tiempos y bajo otros cielos, el conquistador del Perú Francisco Pizarro ofreció como presente al Gran Inca Atahualpa, para granjearse su simpatía, un cesto de naranjas de allende los mares. Esos frutos del sol, traídos de más allá del horizonte, casi de otro planeta, acabaron por persuadirle de la condición sobrenatural de los españoles, por si no fuera suficiente el color blanco de su piel y sus pobladas barbas, las grandes naves con que surcaban el océano, sus relucientes armaduras y sus extrañas monturas nunca vistas. Todo llevaba a pensar que eran la reencarnación del dios Viracocha, quien según el libro sagrado del Popol-Vuh, regresaría desde la tierra del sol poniente.

Si bien las Sagradas Escrituras no precisan cuál es el árbol del conocimiento del bien y del mal, la tradición ha querido que sea el fruto del manzano con el que la serpiente tentó a Adán y Eva y precipitó su caída y expulsión del Paraíso Terrenal, acaso porque *malum* en latín tiene el doble significado de mal y manzana. Otros comentaristas de la Biblia identificaron el árbol de la vida con el naranjo, dado que sus ramas no pierden las hojas y sus frutos son endemoniadamente bellos. A reforzar esa idea contribuyó el que el término holandés para designarlos sea *sinaappel*, que significa literalmente "manzana de China". De ahí también que, en las pinturas flamencas, ambas apetitosas frutas se convirtiesen indistintamente en símbolos del pecado original y de la redención del ser humano. Hay un detalle crucial en el que casi ningún teólogo ha reparado y cuya relevancia difícilmente se puede exagerar: Adán tuvo que pelar el fruto prohibido antes de poder darle el primer bocado. Mientras lo acariciaba con la mirada y la boca se le iba haciendo agua, discurrieron unos instantes eternos, en los que el destino de la humanidad pudo haber seguido otro rumbo.

REFERENCIAS BIBLIOGRÁFICAS

ACKERMAN, Diane (1990): *Una historia natural de los sentidos*, César Aira (trad.), Barcelona, Anagrama.

ANCILLO, Gema y MEDINA, Alejandro (2015): *Los cítricos*, Publicacions de la Universitat de València.

ALLAIN, Yves-Marie (2010): *Une historie des serres. De l'orangerie au palais de cristal*, Versalles, Quæ.

– (2012) *Une histoire des jardins botaniques. Entre science et art paysager*, Versalles, Quæ.

ATTLEE, Helena (2014): *El país donde florece el limonero. La historia de Italia y sus cítricos*, María Belmonte (trad.), Barcelona, El Acantilado n.º 344.

BARATON, Alain (2010): *Je plante donc je suis*, París, Grasset & Fasquelle.

BLEICHMAR, Daniela (2016): *El imperio visible. Expediciones botánicas y cultura visual de la Ilustración hispánica*, Horacio Pons (trad.), México, Fondo de Cultura Económica.

DE LA HÉRONNIÈRE, Édith (2017): *La sagesse vient de l'ombre. Dans les jardins de Sicile*, París, Klincksieck, De Natura Rerum.

DI LAMPEDUSA, Giuseppe Tomasi (2002): *El Gatopardo*, Ricardo Pochtar (trad.), Barcelona, Edhasa.

MONET, Claude (2010): *Los años de Giverny. Correspondencia*, Paloma Alarcó (ed.), Manuel Arranz y Paloma Alarcó (trad.), Madrid, Turner, Noema.

SÁNCHEZ ROBAYNA, Andrés (2011): *Cuaderno de las islas*, Barcelona, Lumen.

7
JARDINES DE PLANTAS VENENOSAS
(LA REALIDAD)

> La inteligencia es nuestra facultad de no
> llevar al límite lo que pensamos, con el
> fin de que podamos seguir creyendo en
> la realidad.
>
> LAZARE BICKEL

A principios del siglo XVI el conde Ippolito Pongiluppi creó en su residencia de Fiésole un jardín de plantas venenosas, que le valió tal vez el excesivo apodo de *Il Mortifero* y que pertenece más a la leyenda que a la realidad. Este admirador de Paracelso y Hermes Trismegisto plantó con un empeño digno de mejor causa la mayor colección de ponzoñas vegetales nunca vista en las terrazas escalonadas de su villa florentina. No hizo ascos a ninguna planta de probados efectos nocivos para la salud del cuerpo y del alma, capaz de corromper la sangre, desordenar los sentidos, provocar las fiebres más ardientes y la ruina física y moral de quien se exponía a sus principios activos. Quién podía imaginar al contemplar las rinconadas de adelfas, calas y rododendros en flor o recrear la vista en los parterres, delimitados por tupidos setos de euphorbias de savia cáustica y sembrados siguiendo los estrictos preceptos del pensamiento hermético y la botánica mágica con eléboro blanco, beleño, cicuta, ruda, acónito, estramonio y otras plantas a cada cual más mórbida y peligrosa, que se distribuían a ambos lados del sendero bordeado por frondosos tejos, falsas acacias, ricinos, saucos y otros árboles con una leyenda negra, que aquel vergel encerraba tóxicos suficientes para acabar con un ejército.

Los historiadores no se ponen de acuerdo sobre cuál era el propósito de ese *giardino segreto*: según unos, fue creado en interés de la medicina, para encontrar un remedio contra la influencia de Saturno en el temperamento y poder curar el humor melancólico y taciturno de los filósofos; y según otros, con fines menos nobles, como perfeccionar la elaboración de venenos y destilar un tósigo más rápido e infalible que ningún otro conocido. Pero si hemos de creer a los que, como el humanista Umberto Pezzi, tuvieron el dudoso privilegio de franquear los muros de ese extraño *orto botanico*, la toxicidad de las plantaciones no estaba reñida, ni mucho menos, con la belleza, al parecer deslumbrante, del jardín, un auténtico *luogo di meraviglie* a decir del autor del *Paradiso dei fiori infernali*. Su poética atmósfera era un regalo para la vista, aunque, como comprobó con una mezcla de zozobra y congoja, no se veían pájaros ni se escuchaban sus trinos entre las ramas. Ese clamoroso silencio le pareció preñado de malos augurios, si bien, más adelante en la misma obra, sugiere que, pese al siniestro genio del lugar, seguramente ese vergel habría hecho las delicias tanto del autor de *El Príncipe* como del de *De amore*, del pragmático Maquiavelo y del idealista Ficino.

Cuenta la leyenda que sus esfuerzos por conjugar el poder mágico de las plantas con la influencia oculta de los astros dieron como resultado una flor insidiosa como ella sola. Según apuntan los rumores que sobre esa rosa negra circulaban y que aparecen recogidos en algunas crónicas antiguas y modernas, si la mirabas durante un largo rato, te envenenabas y lo mismo ocurría si inhalabas su mefítica fragancia. Esos hechos ciertos o no cimentaron la fama de nigromante y taumaturgo del conde Pongiluppi, de quien se decía que tenía encerrado bajo siete llaves un laboratorio de alquimista en los sótanos de su palacio. Pero no solo sabía todo lo que había que saber sobre la preparación de venenos sino también de contravenenos. Los revulsivos y antídotos no tenían secretos para él. Según la creencia compartida por muchos expertos, intentó destilar uno contra el más letal de los tóxicos: el tiempo.

Persiguiendo el espejismo de la eterna juventud, le encontró la muerte. Hay muchos puntos oscuros sobre la vida y obra del conde Ippolito Pongiluppi y probablemente seguirá habiéndolos. Casi de lo único que podemos estar seguros es de que su filosofía se halla contenida en estas líneas, extraídas de una carta dirigida a un amigo: "Todas las cosas, incluidas nuestras más firmes creencias, contienen veneno y no hay nada que no lo contenga. Que una idea sea salutífera o venenosa depende únicamente de la dosis".

Son muchas las frases esculpidas en el mármol de la memoria colectiva, sentencias de grandes hombres y pensamientos secularmente venerados que, pese a su aparente sabiduría, rezuman una considerable toxicidad. No descubrimos nada nuevo si decimos que hay argumentos tan persuasivos como funestos, de una deslumbrante lucidez, brillantes en la forma pero vulgares en el fondo, que alimentan emociones y deseos perniciosos. He aquí algunas muestras de esas flores del mal espigadas en el campo de la filosofía: "El carácter de un hombre es su destino" (Heráclito), "Hay que ser sublime sin interrupción" (Baudelaire), "El infierno son los otros" (Sartre), "Un hombre puede ser feliz con cualquier mujer mientras no la ame" (Wilde), "La malignidad hace más interesante la existencia" (Kierkegaard), "Quien piensa a lo grande tiene que equivocarse a lo grande" (Heidegger), etcétera.

Al igual que hay plantas venenosas que inducen a un sueño eterno como la cicuta, que licuan la sangre como el estramonio, que paralizan el corazón como la belladona o deshacen el tapiz de conexiones neuronales como el eléboro, existen consignas, máximas o lemas que esparcen la simiente del fanatismo y las esporas del odio, infectan la savia de los sueños con las toxinas del narcisismo e impiden a los ideales realizar la fotosíntesis y convertirse en realidades. Casi todos los males comienzan cuando dejamos de pensar para creer en las ideas, cuando nos rendimos a la embrujadora elocuencia de algunas frases y comenzamos a tomarnos demasiado en serio. Arrobados por el aura casi mágica de ciertas palabras, los seres humanos se han embarcado en guerras, se han adentrado en lo desconocido, han explorado los límites de la realidad y se han aventurado hasta las fronteras de la imaginación. Podríamos hablar mucho sobre cómo buenas palabras se han puesto al servicio de malas obras, y sentencias inspiradas han conseguido lo contrario de lo que prometían, pero me limitaré a señalar que la belleza a menudo anula nuestra capacidad de juicio y eclipsa nuestro entendimiento. Si desnudamos algunos discursos de sus hermosos ropajes, descubrimos una creencia irracional, un prejuicio encubierto o una elaborada mentira repetida hasta el hastío. Cuando el esfuerzo de vivir comienza a pesarnos, buscamos una frase clarividente que dé sentido a tantos sinsabores y nos devuelva la fe en la realidad. No tener qué decirnos nos hace andar sin sombra. De hecho, la categoría moral e intelectual de una persona puede medirse por cuánta verdad es capaz de soportar.

Puede que el jardín de ponzoñas vegetales del conde Ippolito Pongiluppi fuera una invención literaria y su artífice nunca hubiera existido. Pero de haber tenido una existencia real, con toda seguridad se hubiera sentido a sus anchas paseando entre los parterres del castillo de Alnwick, situado al noreste de Inglaterra, en el que se han reunido las plantas más venenosas del planeta. The Poison Garden es el digno heredero de una larga tradición que se remonta a la Edad Media, de huertos y vergeles secretos, donde se cultivaban plantas tóxicas con cuya savia, simiente, bayas, frutos u hojas se fabricaban mortíferos ungüentos, pócimas y brebajes con el avieso propósito de eliminar a los rivales políticos o quitar de en medio a una persona non grata.

De cada hoja de la cancela, convenientemente pintada de negro, que da acceso al recinto, cuelgan sendos letreros con una inscripción macabra a más no poder: "Estas plantas pueden matarte". Y para acentuar si cabe aún más el dramatismo, acompaña el aviso el pictograma universal de peligro: una calavera con dos tibias cruzadas. El advertido visitante se pasea con un estremecimiento en el cuerpo por entre los arriates de mandrágoras, cicutas, ricinos, acónitos, belladonas, beleños, laureles y otras muchas especies vegetales con nombres de tétricas resonancias. Y no puede evitar leer con morboso placer los carteles explicativos, en los que se describe con todo lujo de detalles los efectos letales de su consumo. Algunos de esos asesinos vegetales pueden hacerte expirar echando espumarajos por la boca entre horripilantes estertores y convulsiones; y otros paralizar tus órganos vitales con la consiguiente asfixia, mientras, según los casos, te desintegran el estómago, los riñones, el hígado o el páncreas.

Junto a plantas asociadas en el folclore a la brujería, la magia negra y las prácticas chamánicas, se encuentran otras, no por exóticas menos peligrosas, como la arborescente brugmansia, conocida popularmente como "trompetas del juicio" por sus hermosas flores de inofensiva apariencia pero terriblemente tóxicas, o la nuez vómica, cuyas bayas esféricas de un apetitoso color amarillo anaranjado contienen estricnina. Un lugar destacado en este pandemónium vegetal lo ocupan los narcóticos o alucinógenos como la planta de la coca, la adormidera de la que se extrae el opio o el *Cannabis sativa*, más conocido como marihuana. El caso es que, para evitar males mayores y en previsión de un fatal descuido, algunos ejemplares se hallan enjaulados. Debe ser este el único jardín del mundo donde se recomienda a los visitantes que, por su bien, no huelan las flores. A pesar de eso o tal vez a causa de ello, The Poison Garden se ha convertido en un popular destino turístico desde su apertura en el año 2005.

REFERENCIAS BIBLIOGRÁFICAS

BACHELARD, Gaston (1957): *La poétique de l'espace*, París, Presses Universitaires de France.

BLOCH, Ernst (1984): *Entremundos de la Historia de la filosofía*, Justo Pérez Corral (trad.), Madrid, Taurus.

BRUNON, Hervé (dir.) (2008): *Le jardin comme labyrinthe du monde*, París, Musée du Louvre/PUPS.

BRUNO, Giordano (1973): *Mundo, Magia, Memoria*, Ignacio Gómez de Liaño (trad.), Madrid, Taurus, Ensayistas n.º 104.

BURTON, Robert (2006): *Anatomía de la melancolía*, Ana Saez Hidalgo (trad.), Madrid, Alianza, El Libro de Bolsillo.

CHEVALIER, Jean (1986): *Diccionario de los Símbolos*, Manuel Silvar Formoso (trad.), Barcelona, Herder.

GARIN, Eugenio (1986): *Medioevo y Renacimiento*, Madrid, Taurus, Ensayistas n.º 188.

LE DANTEC, Jean-Pierre (2003): *Jardins et paysages, une anthologie*, París, Éditions de la Villette, Penser l'espace.

HADOT, Pierre (2015): *El velo de Isis. Ensayo sobre la historia de la idea de Naturaleza*, María Cucurella Miquel (trad.), Barcelona, Alpha Decay, Alpha, Bet & Gimmel.

– (2006): *Ejercicios espirituales y filosofía antigua*, Javier Palacio (trad.), Madrid, Siruela, Biblioteca de Ensayo.

HITA, José Antonio (2016): *Plantas venenosas en parques y jardines*, Alsur.

IMPELUSO, Lucía *et al.* (2007): *La naturaleza y sus símbolos. Plantas, flores y animales*, José Ramón Monreal Salvador (trad.), Madrid, Electa, Los Diccionarios del Arte.

Koyré, Alexandre (1979): *Del mundo cerrado al universo abierto*, Madrid, Siglo XXI.

Maresca, Paola (2009): *Giardini e delizie. Segreti, allegorie, metafore e antichi simbolismi*, Florencia, Angelo Pontecorboli.

– (2004): *Giardini incantati: boschi sacri e architetture magiche*, Florencia, Angelo Pontecorboli.

Yates, Frances Amelia (1974): *El arte de la memoria*, Ignacio Gómez de Liaño (trad.), Madrid, Taurus, Ensayistas n.º 133.

– (1983): *Giordano Bruno y la tradición hermética. Una interpretación clásica del mundo renacentista siguiendo las huellas del hermetismo y la cábala*, Dòmenec Bergadà (trad.), Barcelona, Ariel Filosofía.

– (2008): *El Iluminismo Rosacruz*, Roberto Gómez Ciriza (trad.), Madrid, Siruela/Fondo de Cultura Económica, Biblioteca de Ensayo.

8

BOTÁNICA PARA ALIENÍGENAS
(EL ANTROPOCENTRISMO)

> En pocas palabras, gran parte de la práctica médica futura se convertirá en algo parecido a la jardinería bacteriana. Los jardines que crecen dentro de los seres humanos y de otros animales son característicos de todos los sistemas complejos, internos y externos.
>
> EDWARD O. WILSON

*S*i mañana mismo ocurriera una fatídica catástrofe y los seres humanos desaparecieran de la faz de la tierra, las plantas ni se inmutarían; pero si fuera al contrario, nuestra especie no viviría para contarlo. Resulta turbadora, desde luego, la idea de un mundo sin nosotros. Por lo demás, ¿cuánto tiempo tardarían las plantas en repoblar el globo, aliviado de nuestra carga, en reproducir el Edén? Nadie conoce la respuesta, pero es un hecho que el 99,5 por ciento de la biomasa del planeta es vegetal. Y eso debería darnos qué pensar. Más que una cifra, se trata de una lección de humildad. La humanidad entera apenas representamos unas irrisorias décimas de la suma de todo lo viviente, lo que nos recuerda nuestra insignificancia.

Las plantas se definen como autótrofas (del griego *autós*, "por sí mismo", y *trophé*, "comida"), esto es, capaces de producir sus propios nutrientes. Tendemos a pasar por alto su prodigioso don de transformar la luz del sol en azúcares que les sirven de sustento. Solo por eso ya merecerían nuestra más rendida admiración y ser consideradas muy superiores a nosotros, pues la independencia siempre está por encima de la dependencia. De ahí también que la autosuficiencia sea considerada una de las cualidades distintivas del sabio tanto en Oriente como en Occidente. En todas las tradiciones culturales se cuentan historias de místicos que viven sin ingerir alimentos. Con una perdonable

ECO

EGO

exageración, podríamos decir que esos hombres santos, esos iluminados, son como plantas humanas, capaces de nutrirse de la luz.

El solo hecho de que los animales racionales pudieran llegar a tener dotes fotosintéticas pondría fin a la mayoría de los problemas de la humanidad: el hambre, el cambio climático, la crisis energética, la superpoblación, etcétera. Tan tentadora posibilidad explica por sí sola que esa creencia disparatada hasta más no poder haya contado con no pocos seguidores. Resulta más que improbable que los seres humanos logren algún día vivir sin comer ni beber, obteniendo la energía directamente del sol como pretenden los *respiracionistas*, miembros de una secta peligrosa para algunos y visionarios para otros. Como quiera que sea, la empresa Synthetic Biology Systems Inc. (SBS) ha empezado a desarrollar dispositivos y prótesis tecnológicas que permitan a los seres humanos adquirir aptitudes fotosintéticas. Es muy posible que antes de que se haga realidad este sueño las plantas se asocien con la cibernética dando lugar a ciborgs vegetales, a los que empleando un término tal vez excesivo podríamos llamar *plantoides* para diferenciarlos de los androides. En un futuro no tan lejano compartiremos los espacios habitados con esas criaturas dotadas de inteligencia artificial, que nos proveerán de flores y frutos a nuestro capricho y conveniencia, oxigenarán e ionizarán nuestras estancias, leerán nuestras emociones desprendiendo fragancias que modificarán nuestros estados de ánimo, y velarán por nuestro bienestar en lugar de exigir cuidados como sus antepasados de celulosa y savia.

Allá por el siglo IV a. C. Aristóteles estableció la existencia de un alma vegetativa en las plantas en contraposición a la sensitiva de los animales y la intelectiva de los humanos. Según el filósofo, aquellas carecían de sensibilidad y entendimiento, y únicamente poseían la facultad de nutrición, crecimiento y generación. Nuestra concepción de los miembros del reino vegetal no ha variado mucho desde entonces. Hasta hace pocas décadas no hemos empezado a ver los comportamientos de las plantas desde otra perspectiva y a considerar la posibilidad de que experimenten dolor, se comuniquen con sus congéneres, manipulen a miembros de otras especies, modifiquen su entorno físico y resuelvan problemas adaptativos haciendo gala de un ingenio sorprendente.

Es sabido que ciertos árboles se comunican a través del aire mediante señales químicas o, subterráneamente, gracias a hongos microrrícicos que conectan sus raíces entre sí para avisar a sus congéneres del peligro de un incendio, una plaga de insectos o, llegado el caso, la deforestación. El olor a hierba recién cortada puede ser el equivalente químico de un grito, a decir del botánico Jack Schultz. Hay plantas que, incluso, establecen alianzas con los enemigos de sus enemigos. Está documentada la existencia de "guardaespaldas vegetales". Algunos tipos de frijoles, por ejemplo, cuando se ven asaltados por ácaros de araña, producen una molécula volátil que atrae a otros ácaros de araña carnívoros que devoran a los primeros. Otras plantas son maestras en el arte de mentir, como la orquídea *Ophrys apifera*. Sus flores no solo parecen, sino que también huelen como una avispa hembra. A tal punto llega su mimetismo que los machos tratan infructuosamente de acoplarse con ellas; y al frotar por descuido sus estambres, se convierten sin saberlo en agentes polinizadores. No descubro nada al lector si digo que existen plantas con la astucia suficiente para envenenar el terreno de sus competidoras y de embaucar simulando cualidades que no tienen. Las hay asimismo capaces de leer el pensamiento de otras especies vegetales y animales para utilizarlas como aliados y servirse de ardides, estratagemas y artimañas sin cuento para conseguir sus fines reproductivos. Tal vez estén encadenadas al suelo, carezcan de cerebro y no articulen sonidos, pero eso no quita para que manifiesten comportamientos inequívocamente inteligentes. Ya es hora de dejar de considerar a las plantas como sujetos pasivos y empezar a considerarlas como protagonistas de su propia historia, como propone Michael Pollan. Y admitir que se han mostrado condenadamente diestras a la hora de manejar a su conveniencia las expectativas de los humanos. Sería difícil asegurar, por ejemplo, si la ancestral pasión que estos sienten por las flores pone de relieve sus habilidades manipuladoras o, por el contrario, ilustra la cooperación entre especies. Sus sensuales formas, irresistibles aromas y propiedades curativas y alimenticias son solo algunas de las sofisticadas armas de seducción del poderoso arsenal desarrollado para cautivar a sus polinizadores, entre los que nos encontramos. Nos gusta pensar que amamos las flores –el órgano reproductor de las plantas– por sus colores, fragancias, diseños; pero ni se nos pasa por la cabeza que pueden ser ellas las que llevan siglos aprovechándose de nuestras necesidades y gustos, domesticándonos a su manera, medrando a nuestra costa y aprovechándose de una dependencia que no estamos dispuestos a reconocer, para colonizar nuevos hábitats y propagarse por el planeta.

Nos gusta vernos como seres autónomos, que toman sus propias decisiones y eligen cómo vivir, pero quienes piensan así caen en un espejismo que conviene desenmascarar desde ahora. Somos menos dueños de nosotros mismos y más dependientes de lo que imaginamos. Todos los organismos están interconectados por lazos invisibles, formando una trama de vínculos simbióticos y relaciones de cooperación mutua, hermanados por un mismo código genético y un común anhelo de plenitud. La vida visible e invisible bulle a nuestro alrededor, por todas partes, fuera y dentro de nuestro cerebro, dentro y fuera de nuestro cuerpo. Tantos millones de microorganismos pueblan nuestra piel como seres humanos pisan la superficie terrestre, un planeta entre miles de la galaxia y entre miles de millones del universo. Mundos que encierran otros mundos, ecosistemas de ecosistemas. Nada queda fuera, nada se desperdicia. Los excrementos de unos, así como sus restos mortales, sirven de alimento a otros. En cuanto empiezas a asumir esa forma de pensar, la vida adquiere un nuevo significado. Vivir es nacer incesantemente, a cada instante, en un proceso de regeneración continua, como las células de nuestro cuerpo. Una línea sigue a otra línea, una frase sucede a otra en el gran libro de la naturaleza, que nunca acaba de escribirse, en la obra de ficción del conocimiento humano, en este poema sin fin ni final del cosmos, donde no hay versos sueltos y todo rima.

Se pueden encontrar antecedentes de esa mirada en Anaxágoras, filósofo griego del siglo VI a. C., para quien el *nous*, una palabra que podemos traducir como la Mente o Inteligencia, era el responsable del cambio; así como en el teólogo renacentista Nicolás de Cusa, heredero de la gran tradición hermética, quien definió la divinidad como una circunferencia, cuyo centro se encuentra en todas partes y en ninguna. La misma visión panteísta se trasluce tras la noción platónica del *Anima Mundi*, que harían suya los pensadores racionalistas Baruch Spinoza y Gottfried W. Leibniz y los románticos Friedrich Schelling y Johann Wolfgang von Goethe, según la cual el universo es un organismo viviente dotado de alma e inteligencia. Una creencia compartida, salvando las distancias, por el científico James Lovelock, quien publicó en 1979 una obra llamada a convertirse en la biblia del movimiento ecologista titulada *Gaia*, donde defiende la hipótesis de la Tierra como un sistema de sistemas autorregulado.

La mayoría de nuestras creaciones, desde la arquitectura de los edificios y la planificación de las ciudades al diseño de los ordenadores y la estructura de los robots, reproducen el mismo patrón zoocéntrico, inspirado en el esquema corporal de los animales: cabeza, tronco y extremidades. Responden a una cosmovisión en la que el hombre ha sido la medida de todas las cosas, por usar la célebre sentencia del sofista Protágoras (485-411 a. C.). Pero esa concepción antropocéntrica está cediendo el terreno a un nuevo paradigma. La aplicación de las tecnologías informáticas a la economía, la medicina y las comunicaciones está propiciando un giro copernicano en nuestra concepción de la vida y del lugar que ocupa en ella el animal humano. Por primera vez en nuestra historia empezamos a considerar la posibilidad de que haya inteligencia sin cerebro, comunicación sin signos, sociedad sin individuos, inmortalidad en el más acá y racionalidad más allá de los límites del entendimiento humano. Esa es la última frontera de la ciencia y de la filosofía. Unas líneas del neurobotánico Stefano Mancuso pueden ayudarnos a entender esta nueva perspectiva y a contemplar la realidad bajo una óptica diferente:

> Las plantas encarnan un modelo mucho más resistente y moderno que el animal, son la representación viviente de cómo la solidez y la flexibilidad pueden conjugarse. Su construcción modular es la quintaesencia de la modernidad: una arquitectura colaborativa, distribuida, sin centros de mando, capaz de resistir sin problemas a sucesos catastróficos sin perder la

funcionalidad y con capacidad para adaptarse a gran velocidad a cambios ambientales drásticos.

REFERENCIAS BIBLIOGRÁFICAS

BENKLER, Yochai (2012): *El pingüino y el Leviatán. Por qué la cooperación es nuestra arma más valiosa para mejorar el bienestar de la sociedad*, Jorge Paredes (trad.), Barcelona, Deusto.

COLEMAN, Daniel (2009): *Inteligencia ecológica*, David González Raga (trad.), Barcelona, Kairós.

FERRY, Luc (1994): *El nuevo orden ecológico*, Thomas Kauf (trad.), Barcelona, Tusquets, Ensayo n.º 22.

GIONO, Jean (2014): *El hombre que plantaba árboles*, Palmira Feixas (trad.), Barcelona, Duomo.

– (2016): *Las riquezas verdaderas*, Regina López Muñoz (trad.), Madrid, Errata Naturae, La muchacha de dos cabezas.

JOHNSON, Steven (2003): *Sistemas emergentes. O qué tienen en común hormigas, neuronas, ciudades y software*, María Florencia Ferré (trad.), Madrid, Turner/Fondo de Cultura Económica.

– (2006): *La mente de par en par. Nuestro cerebro y la neurociencia en la vida cotidiana*, Bernardo Moreno Carrillo (trad.), Madrid, Turner/Fondo de Cultura Económica.

– (2013): *Futuro perfecto. Sobre el progreso en la era de las redes*, Eva Cruz García y María Sierra Álvarez (trads.), Madrid, Turner.

LOVELOCK, James (1992): *Gaia. Una ciencia para curar el planeta*, Jimmy Clark y Begoña Orive (trad.), Barcelona, Integral, Los libros de Integral n.º 51.

PINGEM, Jordi (2016): *Inteligencia vital. Una visión postmaterialista de la vida y la conciencia*, Barcelona, Kairós.

PONTING, Clive (1992): *Historia verde del mundo*, Fernando Inglés Bonilla, Barcelona, Paidós, Contextos.

WEISMAN, Alan (2007): *El mundo sin nosotros*, Francisco Ramos (trad.), Barcelona, Debate.

WILSON, Edward O. (2017): *Medio Planeta. La lucha por las tierras salvajes en la era de la sexta extinción*, Teresa Lanero Ladrón de Guevara (trad.), Madrid, Errata Naturae, Libros salvajes.

9

HISTORIA DE UNA ORQUÍDEA
(LAS APARIENCIAS)

La orquídea de noche
en su perfume esconde
el blanco de su flor.

MATSUO BASHŠ

*P*ocas ideas cuentan con un consenso más mayoritario que la idea de que las flores son, por lo general, hermosas. Si alguien discrepase de esta afirmación, seguramente se arriesgaría a ser de inmediato tildado de zafio, necio o ignorante. Tanto es así que la insensibilidad hacia su belleza se considera un indicio, casi un síntoma, de depresión clínica. Solo una aflicción muy honda o un abatimiento rayano en el suicidio justificaría permanecer ajeno a su encanto. Ahora bien, todas las flores no son iguales, ni mucho menos. Cada una reviste un significado y posee un estatus estético diferente. La expresión latina *ut rosa flos florum*, que puede traducirse como "así como la rosa es la reina de las flores", fue utilizada durante la Edad Media para referirse a la posición de mayor mérito, rango o dignidad de una determinada profesión. En nuestra época esa fórmula debería corregirse en beneficio de la orquídea. Esta ha sido coronada desde hace un tiempo como la reina de las flores. De hecho, la *phalaenopsis* u orquídea mariposa, oriunda de Taiwán, es la flor en maceta más vendida de Estados Unidos. Y, de seguir así las cosas, en breve también lo será del resto del mundo occidental, desbancando a la *ponsentia* o flor de Navidad, a la mítica rosa y a los populares tulipanes.

Hay tantas especies de orquídeas que sus nombres podrían constituir una lengua secreta, de misteriosas y extrañas resonancias paradisiacas, semejante a la que hablaban los seres humanos antes de la expulsión del Edén. Aunque parezcan extrañas flores de otro mundo, constituyen una de las más grandes familias botánicas, pues la componen alrededor de treinta mil especies, pertenecientes a setecientos cincuenta géneros, y eso sin contar un creciente número de híbridos producidos por los floricultores. Su distribución geográfica es amplísima, si bien se dan con más profusión en climas tropicales y subtropicales, donde además suelen ser más grandes y vistosas. De ahí también que varios países del Centro y Sudamérica hayan adoptado como símbolo nacional diferentes tipos de orquídeas autóctonas. Sin ir más lejos, la flor emblemática de Colombia es la *Cattleya trianae*, más conocida como lirio de mayo; la de Panamá, la *Peristeria eleata*, llamada popularmente espíritu santo; la de Guatemala, la *Lycaste skinneri*, apodada la monja blanca; la de Costa Rica, la *Guarianthe skinneri*, también conocida como candelaria; la de Honduras, la *Rhyncholaelia digbyana*, vulgarmente denominada la orquídea de la Virgen; y la de Venezuela, la *Catleya mossiae* o flor de mayo, entre otras. Resulta cuanto menos irónico pensar que, pese a darse en casi todos los nichos ecológicos del planeta –solo en España hay cerca de cien variedades–, las orquídeas gocen de la fama de flores raras.

Muy pocos de los miembros de esa enorme familia se han cultivado por razones que no sean estrictamente ornamentales, excepción hecha, claro está, de la vainilla o *tlilxochitl*, como la llamaban los aztecas, que se sirvieron de sus frutos para aromatizar una bebida que hizo historia: el chocolate. En la Antigüedad, sabios como Dioscórides, Plinio el Viejo o Galeno atribuyeron propiedades afrodisíacas a la orquídea, seguramente por la simple similitud de la raíz bubosa y doble de la planta con los atributos de la virilidad. De hecho, su nombre deriva de *orchis*, que en griego significa testículos. De ahí también que los romanos elaboraran un bebedizo con sus pétalos y la ralladura de su raíz se denominase *satirión*, nombre que deja poco lugar a dudas sobre sus estimulantes efectos.

Cuenta una leyenda griega, seguramente apócrifa, que Orchis era un efebo de apolínea belleza, hijo de una ninfa y un fauno, al que unos depravados cazadores forzaron y violaron en un bosque antes de acabar con su vida. Para borrar las huellas de su nefando crimen escondieron el cadáver en el tronco hueco de un árbol. La diosa Afrodita, que había sido testigo mudo de lo ocurrido, hizo que unos lobos devoraran a los asesinos y transformó el cuerpo de la víctima en una orquídea. Esta se negó a parasitar el árbol que la cobijaba, y aprendió a nutrirse del aire y del agua del rocío. Su anfitrión, en signo de agradecimiento, le dejó engalanarle con sus flores. Afrodita, conmovida por la bondad de la orquídea, le otorgó la gracia de despertar el amor en aquella mujer a la que le regalasen una.

El encanto de la flor ha seguido despertando cuanto menos interés a lo largo de los siglos. Desde que, en 1768, sir Joseph Banks, que acompañaba al capitán James Cook a bordo del Endeavour en una expedición al océano Pacífico, recolectase los primeros ejemplares de orquídeas en las Indias Orientales y hasta bien entrado el siglo XX, no dejó de crecer una estirpe, ya extinta, de cazadores de orquídeas. Sus proezas y desventuras están todavía por contar. Unos en interés de la ciencia, otros ávidos de riquezas o sedientos de aventuras atravesaron los Andes a lomos de mulas, se internaron en la selva por los cursos de los ríos amazónicos, emprendieron marchas extenuantes hasta poblados que no figuraban en los mapas. En pos de un ejemplar nunca visto cambalachearon con indios sin contacto con la civilización, trapichearon con caucheros, garimpeiros, buscadores de gemas y otras gentes de mal vivir, compartieron secretos con traficantes, contrabandistas, prófugos de la justicia y toda una peligrosa ralea de tipos infames. No conviene tampoco idealizar sus vidas, tal vez novelescas pero, desde luego, nada edificantes. Aunque no faltaron tampoco honrados botánicos a los que, llevados por un romántico anhelo de gloria académica y el noble deseo de dejar constancia de una existencia entregada a la ciencia, se les fue la vida en localizar una nueva especie a la que bautizar con su nombre. Buscando la belleza esquiva de las orquídeas o las grandes sumas que se pagaban a cambio de especímenes raros, encontraron la locura o la muerte por culpa de las fiebres tropicales, la mordedura de las pirañas, las garras del jaguar, el tigrillo, el ocelote u otras fieras, y la picadura de las arañas, los mosquitos o los escorpiones. Muchos de estos expedicionarios de circunstancias no vivieron para contarlo. El desconocimiento y la codicia ayudaron a forjar leyendas como la de la orquídea azul, pregonada a los cuatro vientos por fuentes distintas. No fueron pocos los que, atraídos por su embrujo, fueron tras el espejismo de esa flor de maravilla, cuya existencia no se ha podido documentar.

Durante siglos el cultivo de las orquídeas fue un inocente pasatiempo en Taiwán. Hasta las últimas décadas del siglo XX, floricultores aficionados gustaban de recolectar ejemplares salvajes y cruzarlos a fin de obtener vistosas variedades sin ningún afán de lucro, solo por puro entretenimiento y para satisfacer el orgullo personal. Los coleccionistas fundaban a veces clubs donde compartir conocimientos y experiencias. Ese bagaje fue decisivo para que una actividad limitada a un pequeño grupo de interesados en el cultivo de las orquídeas se transformase en una industria global. En 1978 un raro ejemplar de color amarillo bautizado como P. Golden Emperor "Sweet" llegó a venderse por cien mil dólares estadounidenses. Hoy sus descendientes se pueden adquirir en las floristerías de los centros comerciales y viveros por alrededor de seis dólares. Aunque siempre habían despertado la *concupiscentia oculorum*, por usar una elocuente expresión de los teólogos medievales, la fiebre de las orquídeas no se desató hasta hace apenas dos décadas, cuando irrumpieron en el mercado exóticas especies a un precio asequible. Hasta entonces, únicamente habían estado presentes en los invernaderos u orquidarios de algunos acaudalados coleccionistas, con recursos para adquirir los más singulares especímenes en casas comerciales o, incluso, en algunos casos, costear de su bolsillo expediciones a los países de origen para recolectarlos.

Incluso en un régimen tan hermético y ensimismado como el norcoreano las orquídeas rinden culto al líder. A tal punto llega este que una de las flores más veneradas en ese país lleva el nombre del padre de la patria: kimilsungia. Con esta orquídea híbrida de color púrpura fue agasajado en 1965 el fundador de la dinastía comunista aún en el poder, Kim Il-sung (1912-1994), en el curso de una visita oficial a Indonesia, por el entonces presidente Sukarno. Durante los festejos y ceremonias del Día del Sol, en que se conmemora el nacimiento de Kim Il-Sung cada 15 de abril, la protagonista indiscutible es esa vistosa flor. Ejemplares de la misma se exhiben por miles, alineados con una disciplina casi militar, formando una extensa alfombra a los pies de una efigie de dimensiones faraónicas del dirigente. Kim Jong-il, el hijo del Amado Líder y heredero de la presidencia de la República

Popular Democrática de Corea hasta su defunción en 2011, también contaba con su propia flor emblemática: la kimjongilia. En este caso se trata de una begoña tuberosa de gran tamaño y color rojo intenso, creada en 1988, según la historia oficial, por el botánico de origen japonés Kamo Motoretu para conmemorar el cuarenta y seis cumpleaños del Camarada Supremo. Su rasgo distintivo es que florece coincidiendo con la fecha de su nacimiento: el 16 de febrero. Durante el Día de la Estrella Brillante tiene lugar en Pyongyang el festival de la kimjongilia, que reúne más de treinta mil ejemplares repartidos en expositores, enseñas y banderas. Esos pomposos alardes florales no consiguen ocultar, sin embargo, la voluntad de uniformización, el adoctrinamiento y el resignado conformismo de los espectadores. Y actualmente, mientras Kim Jong-un se labra una reputación internacional como autócrata, probablemente un equipo de expertos floricultores esté fabricando la que será la kimjongunia. Así y todo, consuela pensar que ni la kimilsungia ni la kimjongilia han conseguido derrocar a la que todavía es la flor nacional: la magnolia.

En el mundo entero las ventas de orquídeas no dejan de crecer de año en año. Raro es ya el despacho, la consulta, la oficina, la recepción que no cuente con un ejemplar. A tal punto ha llegado su popularidad que ha alcanzado el olimpo floral, esa paradójica inmortalidad para una planta consistente en ser reproducida hasta la saciedad en plástico o papel. Pero ¿qué tiene de particular para que nuestra cultura la considere tan atractiva y deseable? ¿Cuáles son esas características únicas que la hacen tan apreciada? ¿Por qué materializa tan fielmente nuestra idea de lo bello y de una buena vida? ¿Cómo hemos llegado, en definitiva, a la actual orquideomanía? Además de su primorosa presencia, la razón de su éxito obedece, por una parte, a un período de floración que se alarga hasta tres meses y, por otro, a que las orquídeas se prestan fácilmente a ser manipuladas e hibridadas, dando lugar a una oferta tan diversificada que permite satisfacer los gustos de un amplio espectro de clientes. Como dice un eslogan comercial: hay una orquídea para cada persona y casa. Y es que cada vez se aplican métodos más eficientes en la fabricación de ese "capricho de la naturaleza", como lo llamó Darwin, que incluyen desde técnicas de clonación de tejidos y de reproducción *in vitro* hasta líneas de montaje en serie. En viveros equipados con sensores que pueden controlar la iluminación, la humedad y la temperatura se acelera el crecimiento en los semilleros de los planteles mediante el uso de fertilizantes y la sobreexposición lumínica. Son suficientes de esta manera entre cuatro y seis meses para contar con ejemplares exportables. Una vez esas plántulas han llegado a su destino en los grandes centros de distribución de Estados Unidos u Holanda, se exponen a un frío controlado para forzar su floración y poder venderlas en el mercado minorista cuanto antes. De esta forma se ha especializado y perfeccionado la cadena de producción hasta tal punto que han bajado sensiblemente los costes industriales y, consecuentemente, el precio final. La otrora exclusiva flor se ha convertido en uno de los más populares obsequios, al alcance de todos los bolsillos.

A pesar de que se ofrecen como un lujo al alcance de cualquiera y un refinado ornamento que denota sensibilidad, lo cierto es que el culto a las orquídeas alienta la homogenización y el conformismo. En aras de renaturalizar nuestros hogares los uniformiza. En pocas palabras, esta planta da la espalda a la distinción que dice buscar. La orquídea ha ganado cuota de mercado, pero a cambio ha perdido parte de su aura. A medida que su comercio se globalizaba y masificaba, se ha ido convirtiendo en una flor de invernadero sin épica ni lírica. Sin embargo, continúa condensando un rico simbolismo. Materializa y da visibilidad a algunos de los ideales más relevantes de nuestra época dominada por la ética y la estética del consumo. Codifica los valores vigentes en la era del vacío, la modernidad líquida o el poscapitalismo. Es la muestra viviente y la expresión vegetal del narcisismo contemporáneo.

Nuestra sociedad, que parece empeñada en deshumanizar a las personas y en humanizar a los animales y las plantas, ha encontrado en la orquídea el símbolo de lo bello por excelencia. En contraste con la rosa, el tulipán, el lirio o la azucena, esta reúne muchas características asociadas hoy al éxito empresarial: diversificación, adaptabilidad y eficiencia. Constituye una metáfora visual del triunfo, la imagen icónica de la eficiencia, una promesa de felicidad hecha flor. Su belleza depurada en miles de cruces se aproxima al ideal de flexibilidad preconizado por el liberalismo económico, a esa maleabilidad rayana en la docilidad para adaptarse a mercados siempre cambiantes.

REFERENCIAS BIBLIOGRÁFICAS

APT RUSSELL, Sharman (2001): *Anatomía de una rosa. La vida secreta de las flores*, Carmen Font (trad.), Barcelona, Paidós.

BURDETT, Frederick David (1930): *The Odyssey of an Orchid Hunter*, Percy J. King (ed.), Londres, Herbert Jenkins.

MacDONALD, Norman (1939): *The Orchid Hunters, A jungle Adventure*, Nueva York y Toronto, Farrar & Rinehart.

MILLICAN, Albert (2015): *Travels and Adventures of an Orchid Hunter. An Account of Canoe and Camp Life in Colombia, While Collecting Orchids in the Northern Andes*, Andesite Press.

POZZI, Giancarlo (2014): *Orquídeas. Historias y personajes*, Lucrezia Rendace (trad.), Createspace Independent Pub.

RITTERSHAUSEN, Brian y RITTERSHAUSEN, Wilma (2014): *Orquídeas enciclopedia práctica*, Antonio Rincón Córcoles (trad.), España, Libsa, 2014.

SENDER, Ana (2016): *El buscador de orquídeas*, Tres Tristes Tigres.

SEGUNDA PARTE

CÓMO DEBO ACTUAR

10

KIT DE JARDÍN VERTICAL
(EL ESPÍRITU CRÍTICO)

> Los habitantes humanos de la Tierra nos
> encontramos (más que nunca antes en la
> historia) en una situación de verdadera
> disyuntiva: o unimos nuestras manos,
> o nos unimos a la comitiva fúnebre de
> nuestro propio entierro en una misma y
> colosal fosa común.
>
> ZYGMUNT BAUMAN, *Retrotopía*

*L*lamadme fetichista, pero a veces disfruto yendo de safari al bazar chino de mi barrio. Para matar el tiempo entro de tanto en tanto en ese desangelado establecimiento, que ofrece la posibilidad de encontrar cosas que ignoraba que existían y que, hasta verlas, no sabré que necesito. Cada vez que atravieso el umbral de ese templo del consumo tengo la impresión de descender a las catacumbas de la sociedad capitalista, a las profundidades de su inconsciente reprimido. Un día, mientras deambulaba por aquel laberinto de estanterías hasta el techo repletas de las más dispares mercancías, mis ojos tropezaron con un "kit de jardín vertical, modular, para interior y exterior, ideal para huertos urbanos". Probablemente no hubiera merecido mi atención, ni reparado en aquel trasto, si no hubiera tenido la ocasión de contemplar durante un reciente viaje a París el extraordinario muro vegetal del Museo de las Artes Primitivas del Quai Branly. Ni que decir tiene que aquel cuadro abstracto, formado por helechos, musgos y plantas de flor, distaba mucho de la insulsa y descolorida imagen reproducida en el envoltorio de plástico que envolvía el paquete listo para montar. A la mortecina luz que derramaban los fluorescentes del techo, ese rudimentario jardín vertical, *made in China*, ofrecía una apariencia más deprimente que poética.

Da qué pensar el hecho de que, por un módico precio, se pueda cumplir la fantasía de tener uno en casa. Comprar un simulacro de algo tan exclusivo podría resultar divertido, si no fuera también sintomático de una sociedad que ha abaratado los sueños y mercantilizado los deseos hasta la saciedad. No hace falta rebuscar mucho en las estanterías de ese tipo de almacenes para encontrar un sinfín de asequibles réplicas y groseras imitaciones de productos de lujo al alcance de todos los bolsillos. Puede que esas mercancías carezcan de aura y no aporten estatus, pero permiten al cliente con poco poder adquisitivo compartir las aspiraciones de la minoría adinerada. Si muchas personas se entregan con fruición al compulsivo placer de comprar lo que no necesitan para satisfacer necesidades inducidas artificialmente, es porque ansían al mismo tiempo encajar y distinguirse, no ser como todos los demás y estar a la última. Esa aparente contradicción no hace más que, como todo el mundo sabe, alimentar el descontento con uno mismo. La insatisfacción es el carburante del consumismo. Se nos educa para desear aquello que no precisamos, a fin de que estemos dispuestos a trabajar duro para ganar el dinero con que comprarlo. Sería absurdo si no fuera también perverso: a cambio de vender nuestro tiempo adquirimos el derecho a gastarlo.

Me gustaría decir que no me dejé seducir por burdos reclamos, resistí las tentaciones del mercado y abandoné aquel kit en la estantería donde lo había encontrado, pero si lo hiciera faltaría a la verdad. El caso es que cogí una unidad, me encaminé ufano hacia la caja, pagué la cuenta y salí del establecimiento con aquel aparatoso cachivache bajo el brazo. Mientras dirigía mis pasos hacia casa, me solazaba en los recuerdos del tapiz verde que cubría una de las fachadas del museo. Supongo que su belleza casi onírica, sumada a una vieja pretensión de cultivar mis propias verduras, me habían impulsado a comprar aquella réplica de un jardín vertical, pero sería más exacto decir que había sucumbido al deseo mimético y los señuelos comerciales. Como cualquier hijo de vecino era mucho más influenciable de lo que me gustaría reconocer.

Esta anécdota ilustra a la perfección lo fácil que resulta caer en las trampas que nos tiende nuestra propia imaginación con la ayuda de la nostalgia. No es ningún secreto que primero obramos y, luego, buscamos una justificación racional. Siempre nos damos cuenta demasiado tarde de haber obedecido a presunciones y fantasías. No vale la pena que siga hablando de ese día; hasta el fin de semana no monté en la terraza aquel "sistema modular e innovador de recipientes", que, según se podía leer en las instrucciones del folleto, "permite el cultivo vertical de plantas ornamentales, aromáticas y hortícolas en un espacio reducido". A simple vista aquel muro vegetal no parecía gran cosa, pero me gustó verme como un agricultor urbano en ciernes. Acaso a eso se reduzca todo: a mantener viva la ilusión de lo que todavía no es, pero podría ser. A un puro acto de fe por el que, junto a las cosas, adquirimos otras propiedades inmateriales que, para incentivar el consumo, la publicidad se preocupa de glosar.

Tal vez sea preferible no pensar demasiado en estas cuestiones, seguir creyendo que actuamos por voluntad propia y dejarnos cautivar por la artificiosa naturalidad de los jardines verticales. Estos se han convertido en uno de los símbolos más identificables de la renaturalización de las ciudades y un elemento clave del ecourbanismo. Su historia comienza en 1988 cuando el botánico francés Patrick Blanc, experto en el bosque tropical, después de construir un rudimentario prototipo en su domicilio, realizó el primer muro vegetal público en el Musée des Sciences et Techniques de La Villette de París, inspirándose en su conocimiento de las plantas epifitas, llamadas así porque crecen sobre otro vegetal (del griego *epi,* sobre, y *phyton,* vegetal). Se calcula que hasta la mitad de las especies vegetales de las selvas lluviosas enraízan en las ramas y los troncos de los árboles, alejadas de la tierra, gracias a lo cual captan más luz y se encuentran menos expuestas a los herbívoros.

Cuando desarrolló aquel primer muro vegetal, Patrick Blanc no podía imaginar el éxito que llegaría a tener su idea, ni mucho menos que esta acabaría convirtiéndose en un boyante negocio. Baste recordar que la mano del carismático investigador, convertido en un empresario de éxito, se encuentra detrás de cerca de trescientos jardines verticales, construidos en centros comerciales, selectos hoteles, museos de arte, tiendas de moda y residencias de lujo por todo el mundo, de Miami a Bahréin y de Riad a Osaka. Habrá quien piense que el mantenimiento de estos resulta excesivamente costoso, hasta el punto de dar la espalda a sus principios so pretexto de que el lujo y la sostenibilidad no están reñidos. Es verdad que sus proyectos se han convertido en una marca de estatus y distinción, pero no lo es menos que captan el espíritu de nuestro tiempo, contienen la simiente del futuro y enriquecen con nuevos significados la metáfora visible del jardín.

Cada vez son más las metrópolis que se enorgullecen de contar con estos iconos de la modernidad, herederos tanto de los legendarios pensiles colgantes de Babilonia como de las profecías de las ciudades jardín del mañana. Dado que a su valor estético añaden el medioambiental y urbanístico, resulta fácil entender por qué en los programas de mejora y regeneración metropolitana de las alcaldías y gobiernos municipales figura a menudo como proyecto estrella la construcción de muros verdes, jardines verticales o fachadas *vegetalizadas*. Su mejor aval es que cada metro cuadrado de estas instalaciones genera aproximadamente el oxígeno consumido por una persona al año, y filtra alrededor de seis toneladas de gases y doscientos gramos de metales pesados, aparte de actuar de aislante térmico de los edificios y ayudar a reducir los malos olores.

Tal vez construir bosques verticales, granjas en las azoteas de los rascacielos, parques subterráneos en los túneles abandonados del metro o paredes de cultivo en el interior de las residencias privadas sea, después de todo, una utopía realista. La sola idea de que las urbes muden su piel gris asfalto por otra verde ya no suena irreal sino necesaria. Vincent Callebaut, Stefano Boeri y una pléyade de arquitectos visionarios, pioneros en la bioconstrucción, intentan redimir a las congestionadas metrópolis de su fatídico destino y combatir el calentamiento global con edificios más ecoeficientes, capaces de absorber dióxido de carbono, ahorrar energía, regenerar el aire y ayudar a combatir el estrés de sus habitantes. El ecourbanismo seduce a las mentes más concienciadas y creativas de nuestra época con la promesa de resolver el desafío que plantea el incesante proceso de concentración urbana, y la posibilidad de retornar a la naturaleza sin necesidad de renunciar a la tecnología. Los indicios de ese cambio de mentalidad en el diseño de las ciudades y su gestión medioambiental se perciben por doquier, y la nación más poblada de la Tierra no se ha quedado al margen de esa revolución imparable. Algunos de los proyectos, más innovadores en la forma y conservacionistas en el fondo, se están llevando a cabo en suelo chino: las *ecocities* de Tianjin y Liuzhou, las torres Nanjing Green, el Scott Tower de Singapur o el enorme jardín vertical del Hotel Icon de Hong Kong que, dicho sea de paso, es una de las últimas y más ambiciosas realizaciones de Patrick Blanc. Estos no son más que algunos ejemplos de cómo el país con la historia más antigua del planeta ha comenzado ya a escribir el futuro.

Pero hay otra visión no tan halagüeña del mañana que aguarda a las ciudades. Estas absorberán la mayor parte del excedente de población, que se hacinará en áreas metropolitanas degradadas, auténticos vertederos humanos, mientras otros afortunados habitarán en urbanizaciones exclusivas, en enclaves de ensueño, fortificados por fuera y ajardinados por dentro. La felicidad aclimatada de esas islas para ricos contrastará vivamente con la desesperada pobreza de los infrasuburbios con escaso *feng-shui*. Las ecópolis inteligentes convivirán en una realidad paralela con las ciudades miseria, por usar la elocuente expresión de Mike Davis. Si hemos de creer las previsiones de los expertos del Observatorio Urbano Global de la ONU, "la pobreza podría afectar al 45 o 50 por ciento de la población urbana total". Esas cifras nos advierten de que la peor amenaza que se cierne sobre la aldea global es la imparable desigualdad. Nadie decente puede permanecer insensible al espectáculo de que unos tengan tanto y otros tan poco. El ecourbanismo solo será otra moda más, a no ser que ayude a paliar esa situación y a mejorar el sino de los perdedores de la globalización económica.

No tiene demasiado sentido gastar ingentes cantidades de dinero en proyectos *ecoinnovadores*, proclamar la eficiencia medioambiental de los edificios para incrementar así su valor inmobiliario, y explotar al prójimo mientras se protege el territorio, por no mencionar el afán de consumir alimentos *bio*, reciclar y promover las energías renovables sin obligarse a sí mismo a necesitar menos bienes y recursos. En el momento en que "ecoeficiente", "sostenible" y "bioclimático" se convierten en sinónimos de exclusivo y selecto traicionan los ideales que dicen defender, y sirven de pretexto para continuar por otros medios con la bulimia constructiva y energética, sin cuestionarse el dogma del crecimiento ilimitado.

Aun cuando algunas de las estrategias *renatularizadoras* suscitan no pocas dudas sobre su efectividad y sus auténticas intenciones, nos conforta la perspectiva de poder desobedecer un futuro que parecía escrito. Si bien no estaremos allí para verlo, hemos comenzado a imaginar cómo será. Que la humanidad viva para contemplar otro siglo dependerá de que las urbes se refunden sobre otros principios y, en simbiosis con la naturaleza, transformen su fisonomía. No es fácil afrontar el hecho de que, en pocas décadas, el 80 por ciento de los terrícolas se habrán convertido en urbanícolas, y de que, para entonces, el aire de muchas ciudades se habrá tornado irrespirable. Urge tomar conciencia del límite si queremos evitar el colapso. Necesitamos dar un renovado sentido a la idea de progreso. Viene siendo hora ya de que, en nombre de la prosperidad, renunciemos al crecimiento y, en interés de la justicia, escojamos voluntariamente la sobriedad.

El siglo XXI comenzó soñando con *ciberpolis, slowcities* y *ecotopías,* y concluirá irremisiblemente, si no encontramos antes la manera de remediarlo, en una urbe global distópica, azotada por una epidemia de soledad. El día en que, sin salir de casa, podamos ganarnos el sustento gracias al teletrabajo, producir los bienes de consumo diario mediante las tecnologías 3D, cultivar nuestros alimentos en huertos verticales domésticos, generar energía limpia a partir del sol, el viento o los residuos y comercializarla vía digital, el ancestral sueño de la autosuficiencia se habrá hecho realidad, y estaremos a punto de internarnos en una nueva fase de la civilización. Pero en aquel, todavía lejano, mañana, la humanidad también se enfrentará a la que podría ser su peor pesadilla.

REFERENCIAS BIBLIOGRÁFICAS

ARIAS MALDONADO, Manuel (2008): *Sueños y mentiras del ecologismo, naturaleza, sociedad y democracia,* Madrid, Siglo XXI.

BLANC, Patrick (2011): *Le mur végétal. De la nature à la ville*, París, Michel Lafon.

BORCHARDT, Rudolf (2017): *El jardinero apasionado*, Paula Aguiriano (trad.), Madrid, Gallo Nero.

BOYM, Svetlana (2015): *El futuro de la nostalgia*, Jaime Blasco Castiñeyra (trad.), Madrid, Antonio Machado.

DAVIS, Mike (2006): *Planeta de ciudades miseria*, José María Amoroto Salido (trad.), Madrid, Foca, Foca Investigación n.º 82.

DE GRACIA, Francisco (2009): *Entre el paisaje y la arquitectura. Apuntes sobre la razón constructiva*, San Sebastián, Nerea.

DOWNTON, Paul F. (2009): *Ecopolis. Architecture and Cities for a Changing Climate*, Nueva York, Springer-Verlag.

DUBOIS PETROFF, Marie-Pierre (2011): *Une maison végétalisée. Murs et toits végétaux, jardins intérieurs et suspendus*, Charles Massin, Recettes d'architecte.

KOOLHAAS, Rem (2004): *Delirio de Nueva York. Un manifiesto retroactivo para Manhattan*, Jorge Sainz (trad.), Barcelona, Gustavo Gili.

– (2014): *Acerca de la ciudad*, Jorge Sainz (trad.), Barcelona, Gustavo Gili.

JACOB, Jane (2011): *Muerte y vida de las grandes ciudades*, Ángel Abad y Ana Useros (trads.), Madrid, Capitán Swing.

MANZINI, Ezio (1990): *Artefatti. Verso una nuova ecologia dell'ambiente artificiale*, Milán, Domus Academy.

PALMA, Ferruccio y CERUTTI, Michele (1974): *Ecopoli, economia, ecologia i città integrale*, Etas Kompass.

OZ, Amos (2015): *Contra el fanatismo*, Daniel Sarasola (trad.), Madrid, Siruela, Biblioteca de Ensayo n.º 17.

– (2018): *Queridos fanáticos. Tres reflexiones*, Raquel García Lozano (trad.), Madrid, Siruela, Biblioteca Amos Oz.

RABHI, Pierre (2011): *Manifeste pour la terre et l'humanisme: pour une insurrection des consciences*, Arlés, Actes Sud, Babel Essai.

TUAN, Yi-Fu (2005): *Cosmos y hogar, Un punto de vista cosmopolita*, Ana Duque de Vega (trad.), Barcelona, Melusina.

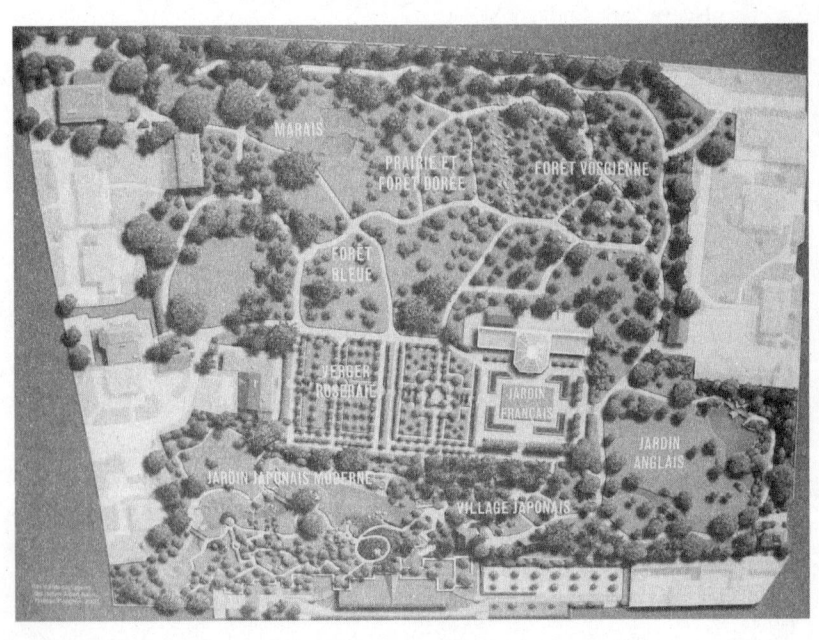

11
NEGRO SOBRE VERDE
(LA BONDAD)

> La mayoría de los hombres tienen, igual
> que las plantas, propiedades ocultas que
> el azar pone de manifiesto.
>
> FRANÇOIS DE LA ROCHEFOUCAULD

*A*lbert Kahn (1860-1940) no fue, desde luego, el primer banquero amante de los jardines, mecenas con vocación de etnógrafo, letrado pacifista, ciudadano del mundo visionario y archimillonario inconformista, pero sí, con toda seguridad, el único que reunió todas esas y otras muchas facetas en apariencia contradictorias. Pero no es menos cierto que vivió su exagerada existencia con tal modestia y discreción que, si eso fuera posible, su figura resulta aún más irrepetible y enigmática. Lo más intrigante de su biografía es, con todo, su personalidad. Cuesta entender cómo alguien de humilde cuna, nacido en el seno de una familia judía alsaciana de tratantes de ganado, logró encaramarse hasta los más selectos círculos del poder financiero.

Su fulgurante ascensión social, sin llevar un apellido distinguido, ni contar con más capital que su perspicacia y dedicación, no parecería tan sorprendente si no hubiera ido acompañada además del desapego material y una inteligencia intuitiva poco común. Por lo demás, cuesta decir cuál de los numerosos proyectos que, entre 1898 y 1931, impulsó y muchas veces costeó fue más ambicioso y desinteresado: si crear un atlas fotográfico y cinematográfico del mundo y sus habitantes (*Les Archives de la Planète*); el Comité Nacional de Estudios Sociales y Políticos, responsable de una ingente cantidad de publicaciones; las bolsas de viaje Autour du Monde destinadas a jóvenes profesores y estudiosos llamados a ser el día de mañana los líderes de la nación; el centro de medicina preventiva abierto en la universidad de Estrasburgo; o la realización de un parque temático, conocido como Les Jardins du Monde, entre otros muchos.

Aunque una gran parte de la historia de ese hombre, que no se llamaba Albert como lo conoció el gran mundo sino Abraham, ha desaparecido en el caótico torbellino de la historia, sus iniciativas dejan traslucir su amplitud de miras y su buen corazón. Quizá la clave de su polifacética personalidad sea la bondad. Tendemos a olvidar que esta es uno de los atributos de la inteligencia, y que nadie alcanza la excelencia profesional sin un alto grado de altruismo. Si glosamos esa cualidad en Kahn es porque, como pocos, consiguió conciliar las virtudes capitalistas con las del desprendimiento y la entrega a los otros. Pese a su excepcional talento para las finanzas, su prioridad nunca fue el dinero ni manifestó tampoco un excesivo interés por el poder, más allá de lograr una posición social que le permitiese el lujo de ser él mismo y hacer realidad sus aspiraciones filantrópicas. Nunca incurrió en la vulgaridad de acumular por acumular, ni se resignó a ser como todo el mundo. A diferencia de otros miembros de la alta burguesía parisiense, Kahn no frecuentó los salones ni la ópera, y tampoco fue aficionado a coleccionar arte, joyas o antigüedades.

Si bien la mayor parte de su historia sigue sin haberse contado, sabemos que a los diecinueve años entró a trabajar en la banca parisiense de los hermanos Charles y Edmond Goudchaux. Entre 1889 y 1893, el todavía joven Kahn amasó una considerable fortuna especulando con participaciones en las minas de oro y diamantes de Sudáfrica, lo que le permitió asociarse con los propietarios de la firma y, seis años más tarde, fundar su propia entidad financiera. Aún no había cumplido los cuarenta y ya había alcanzado la cima de su carrera profesional. Otros muchos en su lugar se hubieran dedicado a engrosar su fortuna o a disfrutar de sus cuantiosos bienes, pero él sintió que su deber era otro: colaborar en el acercamiento y conocimiento entre los pueblos y en preservar su memoria viva.

A su reputación como financiero pronto añadió la de filántropo y promotor de las artes y las ciencias. Pero el mecenazgo representó para Kahn menos una manera de legitimar su riqueza que un medio para despertar la conciencia de las élites dirigentes. Su trayectoria parece contradecir la rotunda afirmación de Henry David Thoreau: "Los caminos por los que se consigue dinero casi sin excepción nos empequeñecen". El haber demostrado grandes dotes para los negocios no representó en su caso un inconveniente para trabajar por el progreso humano y, llevado por sus firmes convicciones pacifistas y su humanitarismo cosmopolita, favorecer el diálogo intercultural y la cooperación entre civilizaciones en aras de lograr la paz universal.

A pesar de su inquebrantable fe en la humanidad, no acababa de creer en los hombres. Sabía por propia experiencia que a estos resulta más fácil persuadirles con imágenes que convencerlos con argumentos. De ahí que confiase más en el poder civilizador de las fotografías, las películas e, incluso, los jardines que en el de los razonamientos filosóficos y los discursos políticos. Su estrategia para sacar a relucir el civismo y la generosidad de sus conciudadanos pasaba por brindarles la oportunidad de que se enamorasen de su mejor yo. Y que al desoír sus prejuicios, se traicionasen a sí mismos por lealtad a cómo les gustaría ser vistos y recordados. Tal manera de proceder revela su tan desencantado como profundo conocimiento de la naturaleza humana, más dispuesta siempre a obedecer el deseo mimético que a buscar la verdad. El que se valiese de la antropología visual y la jardinería para llevar adelante su particular cruzada contra la barbarie de la guerra, el racismo y la colonización dice mucho acerca de quién era, en realidad, Albert Kahn.

No tiene nada de extraño que hiciera suyo el ideario pacifista, pues los conflictos bélicos marcaron su biografía. Pocos meses antes de perder a su madre, cuando él apenas tenía diez años, estalló la contienda franco-prusiana, tras la que su región natal, Alsacia-Mosella, sería anexionada por Alemania. Hubo de esperar hasta los veinticinco años para recuperar su condición de francés. Cuando dejó de ser un extranjero en su propio país, comenzaba ya a labrarse un brillante porvenir en el mundo de las finanzas. Durante la Gran Guerra sufragó las actividades del Comité de Socorro Nacional para ayudar a los refugiados, y una vez acabadas las hostilidades, retomó con renovados bríos su papel de benefactor de las ciencias y las letras. En 1929, por desgracia, la onda expansiva del crac bursátil de Wall Street atravesó el Atlántico y provocó la quiebra de su banca. Aun cuando sus propiedades fueron liquidadas y sus bienes subastados, el anciano

Kahn continuó ocupando su mansión en usufructo, hasta que, comenzada ya la Segunda Guerra Mundial y poco antes de que los nazis ocuparan París, falleció la noche del 13 al 14 de noviembre de 1940, a la edad de ochenta años.

Vivió lo suficiente para ver cómo el destino ponía a prueba su optimismo y fe en el progreso. No debió serle fácil afrontar la ruina económica, ni la consiguiente suspensión de los proyectos que habían sido su vida, así como la desolación derivada de que la causa de la paz fuera derrotada por el fanatismo. Y si bien murió en su cama, no como les ocurriría a la mayoría de los judíos europeos, tuvo tiempo de percatarse del abismo al que se precipitaba Europa. Tres meses después de que el telón cayera para Kahn, se personaron en su antigua residencia de Boulogne-sur-Seine varios agentes de la Gestapo interesándose por sus archivos, que juzgaron irrelevantes para su causa, y eso que reunían la más importante colección del mundo de placas estereoscópicas (4.000 unidades) y autocromas (72.000 unidades), tecnología precursora de la fotografía en color, y cien horas de filmaciones, la mayoría en blanco y negro, tomadas en 48 países por una decena de operadores contratados y algunos camarógrafos puntuales entre 1901 y 1931. Seguramente sus prejuicios les impidieron apreciar el valor que podría tener aquel álbum gráfico de la familia humana.

La sola idea de inventariar la memoria viva del planeta les debió de parecer tan ajena a sus intereses nacionalistas y tan alejada de sus belicosas aspiraciones expansionistas que no se molestaron en requisarla, ni tampoco en volver. Su absoluta incomprensión salvó de un estropicio seguro aquel tesoro documental que, tras la bancarrota de Kahn, fue adquirido en subasta, junto a la propiedad de Les Jardins du Monde, por el Département de la Seine, decidido a preservar la integridad de las colecciones y a transformar, según expresaron los portavoces de la administración, "siete de los más bellos jardines del mundo reunidos en un solo dominio, en un conservatorio nacional del arte del jardín".

Aquel parque, Les Jardins du Monde, fue uno de los proyectos vitales de Kahn. En 1893, con su fortuna ya bien consolidada, Kahn alquiló en el barrio residencial de Boulogne-Billancourt un *hôtel* de ladrillo y piedra, con vistas privilegiadas a la colina de Saint-Cloud, que acabó comprando dos años más tarde. Desde 1895 a 1920, incorporó mediante sucesivas adquisiciones hasta una veintena de parcelas colindantes a su propiedad, que para entonces tenía una extensión de 3,9 hectáreas. En su cabeza anidaba la ambiciosa idea de convertir ese terreno en un *parc à scènes*, que estaba muy en boga entre las clases altas durante la *belle époque*. Su elaborada composición, en la que se implicó personalmente, no solo atestiguaba su estatus social, sino que también reflejaba sus ideales cívicos y pacifistas. No pretendía crear un "un islote de lujo", por usar una expresión del célebre paisajista Jean-Claude Nicolas Forestier, para disfrute de una selecta minoría acaudalada, sino una escuela de virtud moral y política y un medio de instrucción de las élites. El mismo anhelo de fraternidad universal que le llevó a fundar sociedades viajeras y patrocinar expediciones fotográficas a los más remotos confines del planeta le impulsó a crear este parque en el que, sin traspasar sus muros, se puede recorrer la inmensidad del mundo.

La hábil ordenación del espacio sugiere que sus dimensiones son mucho mayores de lo que en realidad son. En apenas cuatro hectáreas, la naturaleza adquiere un aspecto exótico, silvestre, formal, paisajista, pintoresco... Esas escenas, que siguen una secuencia musical, se suceden hilvanadas por un zigzagueante sendero, en ocasiones de piedras lisas y en otras de gravilla o tierra apisonada, componiendo una narración visual y mental inolvidable. Si todo jardín constituye "la biografía muda" de su creador, como escribió el poeta Hugo von Hofmannsthal en 1906, Les Jardins du Monde son además un símbolo de la paz y un manifiesto en favor de la convivencia entre los pueblos.

El sendero de lajas de piedra que parte de la entrada conduce a un poblado japonés, donde se puede ver una casita de té y otras construcciones tradicionales erigidas sobre *pilotis*. A intensificar esa atmósfera exótica e íntima contribuyen una pequeña pagoda decorativa, las linternas de piedra y bronce, la estatua de un león de China y algunas vasijas de cerámica con bonsáis. Nada más traspasar el umbral de un gran portal de madera aparece una pradera sembrada de jacintos, narcisos, crocus y otros bulbos que florecen en temporada.

Las plantas y las rocas del parque, sabiamente armonizadas, irradian un sereno dinamismo. Ciertos arbustos han sido recortados para darles la forma redondeada de las piedras y, por el contrario, algunas de estas se han tapizado de musgo u otras especies vegetales para infundirles vida.

Flota en el aire el rumor de las mansas aguas de un arroyo, que discurre por delante de una pintoresca casa rural o *cottage* de estilo normando antes de desembocar en un estanque. El sinuoso sendero cruza un puente de hierro armado y trepa hasta una rocalla desde la que, a modo de improvisado belvedere, se puede recrear la vista en ese parque inglés en miniatura. La senda se interna a través del escarpado terreno en un bosque de pinos, hayas, avellanos, robles y píceas, característico del macizo de los Vosgos, su región natal. En un claro de la espesura hay una laguna donde flotan nenúfares, iris y otras plantas acuáticas. Sus orillas están ribeteadas por una platabanda de gramíneas, vivaces y herbáceas. Alrededor de ese jardín de agua se extiende una pradera silvestre con rododendros y azaleas. Sus flores azuladas y doradas reflejan los colores de los cedros del Atlas y las píceas del Colorado, que crecen en sus lindes. A las florestas *bleue* y *dorée* les sucede un jardín de estilo francés, trazado con "plomada y cordel", donde dejaron su impronta los reputados paisajistas Henri y Achille Dûchene. En ese vergel se pueden ver manzanos   perales podados en forma de esferas y prismas, así como rosales trepadores enrollándose alrededor de los troncos de árboles frutales plantados en hileras regulares. Dando la espalda a un invernadero de hierro y cristal, con una cuidada estética industrial, nos encontramos con un jardín japonés contemporáneo, creado entre los años 1988 y 1989 por el maestro Fumiaki Takano en sustitución del original que databa de 1908. El agua en movimiento, en clara alusión al fluir de la vida, domina un escenario donde no falta el característico puente de madera lacada de color rojo, una estatua de buda y un montículo que evoca el volcán sagrado Fuji. No es casual que el recorrido acabe y comience con la recreación de paisajes del Imperio del Sol Naciente. Ese hecho tiene menos que ver con la moda finisecular del *japanisme* que con la honda admiración que sentía Kahn por la cultura tradicional nipona.

Tanto en la mansión que Kahn poseía en Boulogne-Billancourt, en las afueras de París, como en su residencia veraniega de Cap Martin, en la Costa Azul, tenían lugar memorables *soirées*, a las que asistían *la crème de la crème* de la cultura, la política y las artes de su época. Estas solían comenzar con un paseo por los jardines de ensueño y terminar en la sala de proyección visionando grabaciones cinematográficas. Entre las filmaciones con las que el banquero deleitaba a sus invitados la más repetida era, por las noticias que tenemos, *L'Épanouissement de quelques fleurs (La apertura de algunas flores)*. Se trataba de una película coloreada de unos pocos minutos de duración, realizada mediante la técnica de fotografía secuencial o cronografía, que más tarde habría de recibir el nombre de *time-lapse*.

Ese nuevo método de filmación, inventado por el botánico alemán Wilhelm Friedrich Philipp Pfeffer (1845-1920), consistía en tomar series de instantáneas de la misma planta durante un largo período de tiempo, para luego proyectar esos fotogramas muy rápidamente, desvelando así su patrón de crecimiento y floración. Ese aplicado aprendiz de los hermanos Lumière, quienes, apenas tres años antes, el 28 de diciembre de 1895, habían dado a conocer su invento ante unas pocas decenas de atónitos espectadores en el salón Indien del Gran Café parisiense del Boulevard des Capucines, comprendió muy pronto la importancia del cinematógrafo para la investigación y la enseñanza. Y con el propósito de evidenciar las dotes motoras de las plantas, fotografió un tulipán a lo largo de muchas horas y emitió luego esas imágenes a un ritmo acelerado, mostrando la eclosión del capullo desde una perspectiva inaudita. Bastaba contemplar la tan delicada como parsimoniosa coreografía de sus pétalos, que danzaban al ritmo de una música silenciosa, para apreciar su sensibilidad e inteligencia. Sus grabaciones contribuyeron decisivamente a desterrar la falsa idea de que las plantas eran seres inanimados o, lo que es lo mismo, carentes de alma, el principio motor de todo organismo. También allanó el terreno, que recorrerían otros, hacia el reconocimiento de sus habilidades comunicativas y otras facultades supuestamente superiores.

Al igual que Pfeffer, Kahn se percató enseguida de las enormes posibilidades que ofrecía el cinematógrafo. Consciente de que ese artilugio podía convertirse en una útil herramienta al servicio de la apertura mental y el entendimiento de la gente de diferentes culturas, no dudó en sacrificar una parte importante de su fortuna y sufragar expediciones gráficas a medio mundo. Como buen financiero que era, intuyó que crear un banco de imágenes de la Tierra y sus habitantes podía ser una rentable inversión a la hora de popularizar la causa de la igualdad. Solo sus operadores viajeros rodaron más de 183.000 metros de película de 35 mm en todos los continentes, con excepción de Oceanía, a las que se deben añadir las filmaciones compradas a algunas de las primeras empresas de la incipiente industria cinematográfica, entre las que se encontraba la anteriormente mencionada *La apertura de algunas flores*. Su realizador fue Émile Labrély (1885-1971), contratado por la mítica firma de los hermanos Pathé como asistente fotográfico del doctor y padre de la microcinematografía Jean Comandon (1877-1970). Este investigador fue el primero en acoplar una cámara a un microscopio con el propósito de registrar los movimientos imperceptibles a simple vista de las bacterias y los virus. En 1926 Kahn le confió la dirección del laboratorio de biología, que había instalado en un edificio auxiliar de su propiedad de Boulogne-sur-Seine, donde, entre 1928 y 1931, llevó a cabo diecisiete filmaciones. Tanto si se acercaban a las fronteras de lo infinitamente pequeño como de lo ilimitadamente grande, los proyectos respaldados por Kahn aspiraban en secreto a ampliar la visión del mundo que tenían sus contemporáneos, a animarles a ir más allá de las apariencias y mostrarles la igualdad oculta tras la diversidad.

En el caso de Kahn hay algo de verdad en la sentencia de que a una persona se le conoce por sus amigos. El banquero frecuentó la compañía de eminentes hijos de la república de las letras y las artes. Algunas de las mentes más preclaras de su tiempo se contaban entre sus íntimos, como el filósofo Henri Bergson, el escultor Auguste Rodin, el poeta indio Rabindranath Tagore, el diplomático y político Paul d'Estournelles de Constant, el embajador Wilhelm von Schoen, el académico Ferdinand Buisson, entre otras muchas personalidades. A pesar de sus numerosas e ilustres relaciones, no puede decirse de él que fuera un hombre mundano. Es más, se podría pensar que entablaba esas amistades intelectuales más con la intención de facilitar sus empresas filantrópicas y en interés de sus ideales utópicos que de compartir la soledad o buscar interlocutores. Por más que estuvo en todas partes, conoció a todo el que era alguien en su época y vivió a lo grande, quizá el calificativo que mejor describe su personalidad sea reservado. Cometió esa singular forma de anonimato consistente en escapar a las definiciones. Ningún calificativo le acaba de convenir y ninguna frase hace justicia al personaje. Cuanto más ahondas en su biografía, más misteriosa y huidiza se torna su figura. Tal vez siempre sea así. Aun admitiendo que el rompecabezas de Kahn se quedará sin completar, su vida contiene todos los ingredientes de una novela, cuyo título bien podría ser *Negro sobre verde*.

Probablemente, su trayectoria hubiera sido muy diferente si hubiera contraído matrimonio y tenido hijos pero, al parecer, se enamoró de una prima suya que se casó con otro. Si ese fue el hecho central de su biografía, ya nunca lo sabremos. Si para olvidarse de un amor imposible se volcó en la filantropía, continuará siendo un enigma sin resolver. Lo único seguro es que, por razones que solo él sabía, no tuvo descendencia, ni se le conoció mujer. Hay muchos puntos oscuros sobre ese insigne desconocido, que vino de ninguna parte, llegó a lo más alto y dejó tras de sí un enciclopédico legado iconográfico y un pequeño jardín, que crece en el recuerdo y que es el auténtico testamento de su vida.

Esta historia podría acabar aquí, pero antes de pasar a otro asunto nos gustaría hacer una última reflexión sobre la bondad. Según es creencia compartida por muchos psicólogos y psiquiatras, un porcentaje significativo de la población de los países desarrollados, que algunos especialistas elevan hasta un treinta por ciento, practica estilos emocionales dañinos o tóxicos. A otra parte de la sociedad occidental le desagrada la vida que lleva y se siente abrumada por complejos, inseguridades, miedos o culpas. Un examen detenido revela asimismo que quien más quien menos libra una batalla con sus propios pensamientos o se oculta verdades dolorosas. Esta contabilidad quedaría incompleta si no mencionáramos a aquellas personas pendientes de satisfacer las expectativas ajenas, esclavas de las opiniones imperantes u obsesionadas por agradar a los demás, que pagan un precio muy elevado por encajar en el mundo. Por cualquier lado que se mire, todos estos individuos distan mucho de poderse considerar equilibrados, sanos y bondadosos.

A la vista de estos datos, cobra un nuevo significado la vieja idea socrática según la cual los hombres malvados son ignorantes y los buenos sabios. Desde esa perspectiva, hacer el mal consiste en actuar contra los propios intereses. O para ser más precisos, las personas que desoyen su naturaleza y se traicionan a sí mismos por irreflexión, cobardía, impotencia o cualquier otro motivo, crean las condiciones de su propia infelicidad. Es por esta razón por la que, como manifestó Sigmund Freud, "Ser honesto del todo consigo mismo es el mejor esfuerzo que un ser humano puede realizar". Y acaso también, añadimos nosotros, el más costoso. En ese arduo proceso de reengendrarse, de llegar a "ser la persona que uno realmente es", por decirlo con las palabras del filósofo Søren Kierkegaard, hay que desprenderse de las máscaras, dejar de buscar justificaciones y aceptarse sin embustes ni disimulos. En la famosa novela de Dostoievski *Los hermanos Karamázov* hay un momento en que el padre de los protagonistas, Fiódor Pávlovich, pregunta al venerable santón ortodoxo Zósima: "¿Qué debo hacer para ganar la salvación?"; y este le contesta sin vacilar: "Sobre todo, no mentirse nunca a sí mismo".

Nadie nace siendo bondadoso, sino que llega a serlo con no poco esfuerzo y dedicación. La maldad no sería entonces la antítesis de la bondad sino de la sabiduría, entendida como paz interior, libertad de pensamiento y desapego material y emocional. Estas palabras sugieren la idea, para algunos discutible, de que la naturaleza humana liberada de conflictos y el lastre de la insatisfacción se orienta espontáneamente como las plantas hacia la luz y hunde sus raíces en las profundidades, donde entra en contacto con lo esencial. Ni que decir tiene que la bondad puede infundir también temor y provocar rechazo entre quienes carecen de ella. A fin de cuentas, "toda persona superior nos obliga a enfrentarnos con nuestras propias limitaciones", en unas palabras de Abraham Maslow que parecen escritas para esta ocasión.

Aunque no tengamos muchas pruebas de ello, es probable que Albert Kahn fuera uno de esos sabios ocultos que tal vez no cambian la historia, pero nos permiten conservar la esperanza en la humanidad. Solo uno entre un millón habría actuado con tanta perspicacia y altruismo para persuadir a sus contemporáneos de que eran ciudadanos del mundo y la Tierra constituía su hogar. Si fuera posible la figura de un rico desprendido e inconformista, Kahn la encarnaría. Representa la prueba viviente de que se puede nadar en la abundancia sin ahogarse en el egoísmo. Se permitió el lujo de hacer realidad sin reparar en gastos la utopía poética de un jardín universal y financiar por su cuenta y riesgo los proyectos más idealistas que uno pueda concebir. Sabía todo lo que había que saber sobre el poder de corrupción del dinero y la hipocresía de las personas para no dar demasiado valor a las palabras y, así y todo, propiciar por todos los medios a su alcance el diálogo entre las culturas. Cuesta distinguir en él la inteligencia de la bondad.

REFERENCIAS BIBLIOGRÁFICAS

AA VV (2008): *Le jardin d'Albert Kahn, parcours historique et paysager*, Hauts-de-Seine Conseil Général, Albert-Kah Musée et jardin.

ARASA, Yaelle (2016): *Soleil Levant. Les voyageurs d'Albert Kahn à la rencontre du Japon 1898-1930*, París, L'Harmattan.

– (2014): *Les Voyageuses d'Albert Kahn 1905-1930. Vingt-sept femmes à la découverte du monde*, París, L'Harmattan.

COEURÉE, Sophie y WORMS, Frédéric (ed.) (2006): *Correspondence Albert Kahn et Henri Bergson*, Desmaret Editions/Musée Albert Kahn.

COLEMAN, Daniel (1999): *El punto ciego. Psicología del autoengaño*, David González Raga y Fernando Mora Zahonero (trad.), Barcelona, Plaza & Janés.

CRAIGNOU, Monica y MAHIEU, Stéphanie (2016): *Albert Kahn. Une vie, une œuvre*, Hauts-de-Seine Conseil Général, Albert-Kahn Musée et jardin.

DE BLIGNIÈRES, Pascal (1995): *Albert Kahn. Les jardins d'une idée*, Les Utopies de la Bibliothèque.

DE GIVRY, Jacques (2004): *Les jardins Albert Kahn*, JDG Publications.

DE WAAL, Edmund (2012): *La liebre con ojos ámbar. Una herencia oculta*, Marcelo Cohen (trad.), Barcelona, El Acantilado n.º 249.

DOSTOIEVSKI, Fiódor M. (2016): *Los hermanos Karamázov*, Fernando Otero, Marta Sánchez-Nieves y Marta Rebón (trads.), Alba, Clásica Maior.

KIERKEGARD, Søren (2008): *La enfermedad mortal*, Demetrio Gutiérrez Rivero (trad.), Madrid, Trotta.

MASLOW, Abraham H. (1973): *El hombre autorrealizado. Hacia una psicología del Ser*, Ramón Ribé (trad.), Barcelona, Kairós.

– (2016): *La personalidad creadora*, Rosa María Rourich (trad.), Barcelona, Kairós.

MOORE, Thomas (1994): *El cuidado del alma. Cómo dar profundidad y significado a nuestras vidas*, Marta I. Gustavino (trad.), Barcelona, Círculo de Lectores.

NISSIM, Gabriele (2013): *La bondad insensata. El secreto de los justos*, Juan Antonio Méndez (trad.), Barcelona, Editorial Siruela, El ojo del tiempo.

PINKER, Steven (2012): *Los ángeles que llevamos dentro. El declive de la violencia y sus implicaciones*, Joan Soler Chic (trad.), Barcelona, Paidós, Transiciones.

– (2012): *La tabla rasa. La negación moderna de la naturaleza humana*, Roc Filella Escolà (trad.), Barcelona, Paidós, Transiciones.

ROGERS, Carl R. (1981): *El proceso de convertirse en persona. Mi técnica terapéutica*, Liliana R. Wainberg (trad.), Barcelona, Paidós, Psiquiatría, psicopatología y psicosomática n.º 48.

TODOROV, Tzvetan (2011): *Vivir solos juntos*, Noemí Sobregués (trad.), Barcelona, Círculo de Lectores, Galaxia Gutenberg.

ZIMBARDO, Philipp (2012): *El efecto Lucifer. El porqué de la maldad*, Genís Sánchez Barberán (trad.), Barcelona, Paidós.

12

APOLOGÍA DE LAS MALAS HIERBAS
(LA LIBERTAD)

> Su color no se percibe.
> Sus pétalos no se abren.
> Su nombre no está en los libros.
> Es fea. Pero es realmente una flor.
>
> CARLOS DRUMMOND DE ANDRADE

*H*ay plantas que no tienen cabida en los jardines, que no se dejan cultivar, que siguen únicamente sus propios dictados; como la alcaparra de delicadas flores que crece sin tocar el suelo, colgada de los muros; o las agrestes margaritas marítimas, que prosperan en los suelos pedregosos y pobres de los roquedales costeros; o las crasuláceas como la uva de gato que prenden en los tejados sobre la escasa tierra transportada por el viento; o las amapolas que se entrometen en las macetas de los balcones y sobresalen de los setos perfectamente cortados de los parques. Nos son desconocidos los nombres de las malas hierbas que crecen en las cunetas de las carreteras poco transitadas, los descampados y los solares abandonados. Esas plantas indisciplinadas, furtivas u oportunistas colonizan una tierra de nadie, fronteriza, sin cultivar ni urbanizar, que Gilles Clément bautizó como el "tercer paisaje". Con ese fértil concepto se refiere a áreas residuales, degradadas y marginales que, pese a ser espacios improductivos o baldíos, o tal vez por eso mismo, se convierten en refugios de la biodiversidad o, por decirlo más claramente, nichos de malas hierbas. Esos territorios escapan a la definición de jardín, tierra de labor o reserva natural. Son espacios de vida abiertos y en movimiento, "dejados al libre desarrollo de las especies que en él se instalan".

Nantes es una de las primeras ciudades europeas en las que las plantas silvestres proliferan por doquier sin ser combatidas con pesticidas, en un intento de descontaminar el aire, prevenir la polución del suelo y evitar la erosión pluvial. Si quieren saber cómo se verían

nuestros parques, plazas y paseos si las malas hierbas crecieran a su antojo, visiten esa localidad francesa. La impresión inicial de dejadez y negligencia cede paso pronto a otra muy distinta: la desconcertante sensación de que el campo se ha apoderado de las calles. A partir del surgimiento de la sociedad industrial, muchos han sido los intentos de renaturalizar las ciudades, pero el ejemplo de Nantes es sustancialmente distinto porque no pretende someter la naturaleza a las necesidades humanas, ni se empeña en controlar el crecimiento de las plantas e imponerles una disciplina arbitraria acorde con nuestros cambiantes cánones estéticos e ideales políticos. En lugar de declarar la guerra a la vegetación oportunista y combatirla por todos los medios a nuestro alcance, pretende aliarse con ella creando un ecosistema urbano cooperativo.

Seguramente hemos rechazado las malas hierbas porque son un incómodo recordatorio de la fragilidad del orden humano, que precisa de constante cuidado, sometido como está a la permanente amenaza de la entropía y la fatiga del tiempo. Hasta el más extraordinario de los jardines o el más natural de los parques empieza rápidamente a desfigurarse y termina pronto por desaparecer sin una atención continua. Lo que convierte irónicamente al amo en sirviente y al dueño en esclavo de sus manías.

El arsenal casi bélico del que se valen a menudo los jardineros y horticultores para mantener el orden impuesto, deshacerse de la vegetación espontánea y custodiar celosamente el diseño, evidencia cómo la voluntad de dominación se disfraza a menudo de ética del cuidado, los ideales estéticos entran en conflicto con los principios ecológicos y el afecto se contamina de violencia. Dejar de ver las malas hierbas como un signo de incuria o abandono tal vez nos prepare para otras formas de colaboración con la naturaleza, para un cambio decisivo de mentalidad. Nos ayuda a descentrarnos, a vencer el antropocentrismo dominante y a combatir la epidemia de narcisismo que nos aqueja. Admitir que ha quedado obsoleta esta idea exige un cambio de mentalidad comparable a aceptar que el género de las personas es fluido o, dicho de otro modo, que estas poseen una identidad múltiple e inacabada y más de un yo. Parece poca cosa no arrancar las plantas silvestres de nuestros entornos, pero ese gesto está cargado de significado y revela la voluntad de escapar a las oposiciones entre abierto y cerrado, de superar las dicotomías empobrecedoras de orden/desorden, bello/feo y otros dualismos no menos simplistas.

Si te paseas por la ciudad buscando con la mirada cualquier resquicio de verdor, descubres un jardín clandestino, casi invisible. Esa flora indocumentada e irreductible, curtida en mil y una dificultades, sabe hacer de la necesidad virtud, amoldarse a las circunstancias más comprometidas con estoicismo y aprovecharse de las posibilidades que les ofrece el entorno. Si bien se piensa, hay algo épico en esas semillas que germinan en un terreno poco propicio, que, contra todo pronóstico y desafiando a toda lógica, arraigan donde parece imposible. Aunque su audacia rebasa todos los límites, carecen de lo que la lengua común llama *glamour*. Modestas en ocasiones, vulgares en otras, no suelen alardear con flores llamativas. Por el contrario, prefieren vestirse con el estudiado desaliño del que se obstina en pasar desapercibido, en llevar una vida de polizón. Practican la sabiduría de necesitar poco y no prometen lo que no pueden dar. Su falta de pretensiones es su mejor aliado, solo comparable a su libertad interior. No son el objeto de metáforas gastadas ni un modelo digno de retratarse. No se prestan a servir de símbolos ni traen a la memoria recuerdos.

Pero no es la primera vez que la cultura del jardín celebra lo salvaje. Recordemos que en los albores de la sociedad industrial muchos de los capitalistas fueron *gentlemen farmers,* para los que la ideología liberal se daba la mano sin mayores problemas con la sensibilidad paisajística. Quién sabe si llevados por una nostalgia compensatoria o por un soterrado complejo de culpabilidad, los propietarios de las fábricas y las minas que afeaban "la bella campiña inglesa" impulsaron la creación de parques paisajistas, que recreaban una imagen idealizada de esa misma naturaleza que contribuían a depredar. Se empeñaban en construir arcadias privadas en sus tierras, en las que recuperar la comunión con la naturaleza y retornar a la cada vez más esquiva pureza de los orígenes.

Ese anhelo no dejará de crecer. La *jardinomanía* no ha hecho más que empezar. Si hemos de creer las predicciones de los expertos, allá por el año 2050 alrededor del 70 por ciento de la población del planeta vivirá en ciudades. Habrá más de veinte megalópolis que superarán los veinte millones de habitantes, la mayoría en los países subdesarrollados. Si dos de cada tres terrícolas terminan habitando en aglomeraciones urbanas, es lógico suponer que la añoranza de la naturaleza y la idealización de la vida rural aumentará en proporción inversa. De ahí que, sin temor a equivocarnos, podamos afirmar que la edad de oro de los jardines está todavía por llegar.

Una de las tentativas más consistente y original de cerrar la brecha entre la ciudad y el campo partió justamente de la idea de propagar las malas hierbas como parte de una ofensiva renaturalizadora de las populosas y degradadas ciudades. Corría el año 1973 cuando, en plena crisis del petróleo, la artista plástica Liz Christy, junto a otros activistas y agitadores sociales, o *articultores* como se les empezó a llamar mucho después, impulsaron la ocupación de solares abandonados de la ciudad de Nueva York para convertirlos en huertos y jardines comunitarios, con tanto éxito que la iniciativa pronto se extendió a otras ciudades norteamericanas y europeas.

Una de sus más llamativas acciones consistía en arrojar granadas de semillas de fabricación casera en espacios degradados y terrenos baldíos, en un intento de hacerlos reverdecer y, mediante acciones de bajo coste, transformarlos en parques para la comunidad. Creadas con bolas de arcilla o globos de agua que contenían simiente, compost y abono, esas *seed bombs* se convirtieron en una munición más simbólica que real de la revolución verde que se estaba gestando en las urbes. La añoranza de ese parque oculto bajo el asfalto es mayor que nunca en el ser humano, a quien alguien definió como un jardín que crece sobre la planta de sus pies.

REFERENCIAS BIBLIOGRÁFICAS

CIRUJEDA, Alicia y ZARAGOZA, Carlos (2013): *La cara amable de las malas hierbas. Usos alimenticios, medicinales y ornamentales de las plantas arvenses*, Zaragoza, Centro de Investigación y Tecnología Agroalimentaria de Aragón.

Comte-Sponville, André (2005): *Pequeño tratado de las grandes virtudes*, Berta y Mercedes Corral (trad.), Barcelona, Paidós, Biblioteca André Comte-Sponville.

Foucault, Michel (1978): *Vigilar y castigar*, Madrid, Siglo XXI.

Fernández, César y González, José Luis (2017): *Las malas hierbas*, Madrid, Los libros de la Catarata/Consejo Superior de Investigaciones Científicas, ¿Qué sabemos de?

Recasens, Jordi y Conesa, Josep Antoni (2009): *Malas hierbas en plántula. Guía de identificación*, Edicions de la Universitat de Lleida, Gran Angular.

Safranski, Rüdiger (2000): *El mal o el drama de la libertad*, Raúl Gabás (trad.), Barcelona, Tusquets Editores.

Thoreau, Henry David (2013): *Walden*, Marcos Nava (trad.), Madrid, Errata Naturae.

13

ENSEÑANZAS DE HOJA PERENNE
(LA VIRTUD)

> Aun cuando podríamos ser eruditos del
> saber ajeno, solo podemos ser sabios de
> nuestra propia sabiduría.
>
> MICHEL DE MONTAIGNE, *Ensayos*

> Es necesario cultivar nuestro jardín.
>
> VOLTAIRE, *Cándido*

*E*s natural que establezcamos un vínculo sentimental con un terreno que plantamos, abonamos y regamos. Un jardín es un entorno de cariño donde poner en práctica la ética del cuidado. La experiencia de atender las necesidades de otro ser vivo y de velar por su supervivencia engrandece nuestro espíritu, nos humaniza y saca a relucir nuestras mejores cualidades. Quizá el verbo que mejor describe ese acto sea amar.

Por otra parte, cuidar de un trozo de tierra es ya de por sí una forma de cuidarse. Es sabido que el contacto con la naturaleza produce un efecto benéfico, apaciguador y regenerador. Alivia el desasosegado ánimo de los mortales, recompone su maltrecho corazón y repone la vitalidad perdida. Estas virtudes curativas y terapéuticas de la jardinería están siendo explotadas actualmente por una amplia variedad de instituciones asistenciales dedicadas a la salud física y mental y a la integración social: clínicas, psiquiátricos, residencias de ancianos, centros de desintoxicación, correccionales, prisiones, balnearios, etcétera. Ahora bien, la hortoterapia y la jardinoterapia no son un recurso nuevo. Desde la Edad Media está documentada la existencia de jardines de recreo y·reposo en hospitales, asilos, sanatorios, casas de orates y demás establecimientos, donde se recluía a enfermos, ancianos, dementes, huérfanos y otras gentes inadaptadas, descarriadas o menesterosas.

El jardín ha sido y es una escuela de sabiduría práctica. Todo el que se haya afanado por transformar un trozo de tierra en un vergel sabe que cultivar requiere grandes dosis de paciencia, no menos perseverancia y, por supuesto, gratitud, humildad y serenidad, todas ellas virtudes imprescindibles para tener una buena vida. "Tal vez por ello ninguna de las ciencias del espíritu se halla tan cerca de los jardines como la filosofía", escribió Christian Hirschfeld en el siglo XIX.

La palabra "humildad" deriva de la voz latina *humilitas*, y esta de la raíz *humus*, que significa tierra fértil. Y por tanto una persona humilde es, etimológicamente hablando, una persona "pegada a la tierra". Sin duda, esta es una de las lecciones más importantes que se pueden aprender del jardín. Cualquiera que haya cuidado de un jardín familiar, un huerto comunitario o, simplemente, de una terraza con maceteros ha aprendido a respetar los ritmos de la naturaleza, a obedecer los ciclos de las estaciones, a aceptar que hay un momento para podar y otro para abonar, uno para sembrar y otro para trasplantar. Ha tenido, en definitiva, la profunda experiencia de no estar solo y de ser insignificante, de interdependencia con todo lo viviente y de humilde aceptación de que la realidad es como es. A las plantas les agrada burlarse de nuestras pretensiones, cambiar nuestros planes y descolocar nuestros proyectos. A veces un esqueje de rosal no prospera en el lugar que le habíamos asignado o las enredaderas se resisten a aceptar nuestra voluntad y trepar por la pérgola.

Humildad es la palabra más importante del lenguaje jardinero, pues describe ahora como hace miles de años nuestra relación con la naturaleza: "La única manera de dominarla es obedecerla". Estas son palabras de Francis Bacon, quien forma parte de una hermandad casi secreta de jardineros filósofos, aficionados a prestar oídos al genio del lugar, para quienes el significado profundo de plantar es la modestia o, lo que es lo mismo, la gratitud. Hay que vestirse de mendigo para trabajar la tierra. Para acudir a esa "fiesta de lo efímero", por usar la acertada expresión de Michel Baridon, la etiqueta exige enfundarse una camisa vieja y unos gastados pantalones, calzarse las botas, ponerse los guantes de trabajo y cubrirse con un sombrero de paja. Si Dios quiso que la profesión de Adán, el primer hombre, fuera la de jardinero es porque, como nos recuerda Rudyard Kipling, la mitad de la labor se hace de rodillas.

A pesar de estar siempre cambiando o tal vez por eso mismo, un jardín requiere constancia para mantener la unidad y la continuidad de su diseño. El más extraordinario de los parques puede desaparecer en poco tiempo por negligencia. Tal vez eso explica por qué conservamos tan pocos jardines históricos. Como afirma Robert Harrison, el jardinero no es un trabajador por más que trabaje mucho para cultivar su terreno. Su relación con la tierra no es mercantilista, no se funda en la explotación desenfrenada, la productividad y el consumo sino en el respeto y el conocimiento. De acuerdo con mi experiencia, nada se opone más a la impaciencia consumista que cuidar de un huerto o jardín. El sencillo gesto de plantar, poco importa si rosas o coles, se torna liberador, casi subversivo, justamente a causa de su simplicidad en un mundo abrumado por el estrés y asediado por la insatisfacción. Uno no nace sino que se hace jardinero, adoptando una forma respetuosa, moral y responsable de tratar con la naturaleza y de estar en el mundo. Como escribió William Shakespeare en *Otelo*: "Nuestros cuerpos son jardines, en los que hacen de jardineros nuestras voluntades". Un hecho en que no se insistirá bastante es que la buena vida requiere esfuerzo, la serenidad cuesta y el desapego resulta difícil, cuando no sospechoso, en un mundo entregado a la cultura del "todavía más": más productividad, más consumo, más rapidez, más beneficio, etcétera.

El calificativo que mejor define a un buen jardinero seguramente es paciente. Pero conviene precisar que una persona paciente no es alguien al que le falta iniciativa para cambiar el mundo, sino que sabe soportar la espera sin perder su capacidad de sorpresa. Plantar es ya de por sí un acto de fe. Cuando en lo más crudo del crudo invierno entierras los bulbos de los narcisos, los jacintos y los tulipanes en la todavía helada tierra, esperas y confías en que, a su debido tiempo, broten. Cuando retiras las ramas y hojas secas de los frutales, cubres con paja los alcorques y nutres el suelo con compost, abrigas la ilusión de que un día los árboles den frutos. No hay mejor abono que la perseverancia. Me emociona pensar que muchos de los más grandes diseñadores de parques y jardines a menudo no vivieron lo suficiente para ver cómo las plantaciones se desarrollaban según su plan y sus proyectos se hacían realidad. Los jardineros, como nos recuerda Karol apek, trabajan para el futuro.

El jardín tiene una vocación contemplativa y meditativa, aporta serenidad. Trabajar la tierra nos ayuda a suspender el pensamiento, vaciar la mente y concentrarnos en el instante presente sin la ansiosa espera de bienes o males futuros. Permite acallar el ego y purificar la mirada. Salir al jardín invita a entrar en uno mismo. La jardinería se entiende por lo general como un intento de disciplinar la naturaleza para disfrute humano, pero su objetivo más profundo tal vez sea disciplinar nuestro espíritu, fortalecerlo y pulirlo. Colaborar con el crecimiento de las plantas de nuestro huerto o jardín ayuda, qué duda cabe, a nuestro propio crecimiento, a nuestra renovación interior. Nos brinda la ocasión de desensimismarnos, de practicar la contemplación activa y de encontrar en nosotros mismos la calma y la quietud. Forma parte del proceso que Lao-Tsé describía en el *Tao te king*: "Todos los seres crecen agitadamente, pero luego, cada uno vuelve a su raíz. Volver a su raíz es hallar el reposo".

Pero no es del todo cierto que en un jardín se esté a salvo de la usura, la ambición, la arrogancia y otros vicios del carácter. Hay jardines ornamentales que trasmiten una imagen postiza de la felicidad. Más que una nostalgia del paraíso perdido, se siente en ellos el perverso placer de la dominación y el control. Pensemos en el césped de tantos parques públicos y residencias privadas, sometido a una vigilancia casi policial, dopado con fertilizantes químicos y envenenado con pesticidas peligrosos para poderlo cortar y recortar sin descanso, de manera que se parezca a una cosa inanimada como una uniforme alfombra verde. "Una pradera no es más que un desierto biológico", escribió el paisajista Gilles Clément.

Está claro que los jardines no son solo una escuela de virtudes morales sino también un vivero de vicios refinados. La soberbia del jardín formal a la francesa solo es comparable a la falsa modestia del jardín paisajista inglés, que enmascara la intervención humana tras una falsa apariencia de naturalidad. Con la excusa de crear arquitectura vegetal, una imagen idealizada de la naturaleza o un paisaje romántico, pintoresco o salvaje, se ha sometido a las plantas a deformaciones como la poda ornamental y el injerto, a vejaciones como la miniaturización, la domesticación o la aclimatación, y a los más exquisitos vasallajes y tormentos. ¿Cómo calificar a ese amor que nos lleva a vigilar y castigar su crecimiento y reproducción? Disciplinar sus formas para satisfacer nuestros gustos estéticos nos condena a un permanente control. Es lo malo de convertir un jardín en una obra de arte.

REFERENCIAS BIBLIOGRÁFICAS

ARMSTRONG, Karen (2007): *La gran transformación. El mundo en la época de Buda, Sócrates, Confucio y Jeremías*, Ana Herrera (trad.), Barcelona, Paidós.
– (2009): *En defensa de Dios. El sentido de la religión*, Agustín López y María Tabuyo (trads.), Barcelona, Paidós.
CAMPBELL, Joseph (2014): *En busca de la felicidad. Mitología y transformación personal*, David González y Fernando Mora (trad.), Barcelona, Kairós.
CAPEK, Karel (2000): *L'année du jardinier*, París, Éditions 10/18, Domaine étranger.
CLÉMENT, Gilles (2004): *La sagesse du jardinier*, París, L'oeil neuf.
COMTE-SPONVILLE, André (2010): *La felicidad, desesperadamente,* Enrique Folch (trad.), Barcelona, Paidós, Biblioteca André Comte-Sponville n.º 1.
– (2012): *Invitación a la filosofía*, Vicente Gómez Ibáñez (trad.), Barcelona, Paidós, Biblioteca André Comte-Sponville n.º 4.
FAULIOT, Pascal y FISCHMANN, Patrick (2011): *Contes des sages jardiniers*, París. Seuil.
GARCÍA GUAL, C. *et al.* (2013): *Filosofía para la felicidad. Epicuro*, Madrid, Errata Naturae.
GILDEMEISTER, Heidi (1997): *Su jardín mediterráneo. Cómo crear un paraíso verde con poca agua*, Mallorca, Moll.
GOLDMAN, Connie y MAHLER, Richard (2006): *Tending the Earth, Mending the Spirit. The Healing Gifts of Gardening*, Mineápolis, Nodin Press LLC.
HADOT, Pierre (2013): *La ciudadela interior*, María Cocurella Miquel (trad.), Barcelona, Alpha Decay.
HARRISON, Robert (2007): *Jardins. Réflexions sur la condition humaine*, París, Le Pommier.
LAWS, Bill (2014): *History of the Garden in Fifty Tools*, Chicago y Londres, The University of Chicago Press.

LLEDÓ, Emilio (2011): *El epicureísmo: una sabiduría del cuerpo, del gozo y de la amistad*, Madrid, Taurus, Pensamiento.

O'BRIEN, Dan y ALLHOF, Fritz (ed.) (2010): *Gardening, Philosophy for Everyone, Cultivating Wisdom*, Oxford, Wiley-Blackwell.

ORDINE, Nuccio (2017): *Clásicos para la vida. Una pequeña biblioteca ideal,* Jordi Bayod (trad.), Barcelona, El Acantilado.

PAGE, Russell (2007): *The Education of a Gardener*, New York Review of Books, Classics.

PELT, Jean Marie (1996): *Les langages secrets de la nature. La communication chez les animaux et les plantes*, París, Fayard, Le Livre de Poche n.º 14435.

– (2008): *Nature et spiritualité*, París, Fayard, Le Livre de Poche n.º 31529.

REDWOOD, Ark (2016): *La meditación y el arte de la jardinería. Las semillas de la conciencia plena,* Julio Hermoso (trad.), Madrid, Siruela, Tiempo de mirar.

VENTURI, Maximo (1992): *Giardino e filosofia*, Milán, Guerini e Associati.

TUAN, Yi-Fu (1986): *The Good Life, Wisconsin,* The University of Wisconsin Press.

– (2007): *Topofilia*, Barcelona, Melusina.

YOUNG, Damon (2015): *Filosofia in giardino*, Marina Vitale (trad.), Iacobellieditore.

14

LA PARÁBOLA DEL ANTIJARDÍN
(LA PAZ INTERIOR)

> Cuando pronuncio la palabra 'silencio',
> lo destruyo.
>
> WISLAWA SZYMBORSKA

*E*l pensamiento zen se expresa a menudo a través de breves diálogos instructivos, aunque sin un significado claro, llamados *kōan*. En esta vieja historia, atribuida a Tcho-Tchen, un maestro se acerca a uno de sus discípulos, que estaba trabajando en el *roji* o jardín, y le saluda con estas palabras:

—Es bueno escoger el silencio desde que sale el sol...

—¿Cómo sabe que he escogido el silencio? —le pregunta el discípulo susurrando, sin levantar la cabeza de lo que estaba haciendo.

—Te he oído —sentencia el sabio maestro.

En otra versión del mismo relato japonés, un venerable monje, de larga y blanca barba, ruega una fría mañana de otoño a uno de los novicios que vaya a barrer el jardín que rodea la casa de té o *sukiya*. Para sorpresa del novicio el suelo se halla completamente limpio de broza y hojarasca. Permanece pensativo unos segundos, hasta que se abre paso en su mente la solución a aquel aparente acertijo. Con paso firme se dirige hacia un árbol cercano, agarra con fuerza una rama y la sacude enérgicamente. Unas cuantas hojas muertas se desprenden y, planeando, se posan en la hierba todavía húmeda de rocío. Cuando, transcurrido un rato, el maestro sale a meditar al jardín, esboza complacido una sonrisa y asiente con la cabeza, como diciendo sin decir que solo ahora el jardín luce en todo su esplendor.

Un jardín es asimismo el escenario de la siguiente parábola, probablemente una de las más conocidas de la historia del budismo, donde un joven discípulo pregunta a un anciano maestro cuál es el primer principio de la sabiduría, a lo que este responde en un tono solemne, no exento de ironía:

—Si te lo dijera, ya solo sería el segundo principio.

Podríamos resumir las enseñanzas contenidas en estos y otros muchos relatos diciendo que revelan la inconsistencia de nuestras creencias más arraigadas. Nada materializa mejor esa vocación paradójica que los jardines secos o *karesansui,* donde las plantas y el agua brillan por su ausencia y hasta el más insignificante componente está cargado de simbolismo. La elaborada naturalidad de esos paisajes, construidos con rocas, grava, arena y musgo, desafía nuestra concepción de lo que es un vergel y parece también reñida con nuestra idea de la belleza. Esos jardines minerales, que recuerdan a *kōans,* poemas o cuadros en tres dimensiones, expresan el rechazo al lujo superfluo y celebran la belleza imperfecta con un lujurioso amor por los detalles.

El jardín seco del Templo del Dragón Apacible, Ryanji, creado a finales del siglo XIV o principios del XV en el noroeste de Kioto, lleva hasta sus últimas consecuencias el proceso de despojamiento y simplificación formal, e ilustra como ningún otro un concepto de artificio que oculta el artificio. No se escucha el rumor del agua entre sus muros, ni los pájaros cantan en las ramas de sus inexistentes árboles. Tampoco hay flores que atraigan las miradas, ni ningún otro motivo vegetal. Tan solo quince rocas de color gris y tamaño diverso, distribuidas en grupos de dos, tres y cinco sobre una capa de arena blanca cuidadosamente peinada con un rastrillo de bambú, componen esa obra maestra de la elipsis. La desnudez de esas estatuas de piedra, labradas por el viento y la lluvia y orladas de musgo, es el disfraz del silencio e invita al recogimiento y la contemplación meditativa. A pesar de que no sabemos prácticamente nada de su creador y sus intenciones nos son por completo desconocidas, o tal vez por eso mismo, al cabo de los siglos el jardín del templo de Ryanji sigue cautivando a los visitantes.

Su poder de fascinación deriva de su extrema austeridad, de insinuar levemente más que afirmar con rotundidad que lo único imperecedero es la sensación de transitoriedad, y de condensar la esencia del paisaje japonés en un único cuadro, de elementos pobres en apariencia pero ricos en significados. Ese microcosmos, tan alejado de la imagen del paraíso perdido como del ideal pastoril occidental, codifica mejor que un tratado los principios de la filosofía zen, que anima a desprenderse primero de lo material, luego de los pensamientos y, por último, del ego, y abismarse en el silencio tras la exuberante plenitud del vacío. Al parecer, hasta que se secó en el siglo XVII, un gran cerezo crecía en un rincón de ese patio rectangular con una superficie de apenas doscientos metros cuadrados. Solo cuando desapareció aquel emblemático árbol, la belleza de cuyas flores atraía a muchos visitantes, quedó franqueado el paso a la pura abstracción y la imaginación, desligada de ataduras, pudo volar libremente en pos de lo absoluto. Unas líneas del *Sakuteiki*, el más antiguo tratado de jardinería del País del Sol Naciente y probablemente del mundo, compilado por Tachibana no Toshitsuna (1028-1094), pueden ayudarnos a entender esta nueva perspectiva: "¿Qué es un jardín? Es uno de los medios que tiene el hombre para alcanzar el Gran Despertar, es decir, el conocimiento de la realidad que está más allá del sueño".

No hace falta sentirse atraído por la doctrina budista, ni conocer a fondo la cultura japonesa, para apreciar la belleza enigmática de los jardines secos, a un mismo tiempo naturales y artificiales, paisajísticos y geométricos, refinados y toscos, que permiten tanto refugiarse en uno mismo como asomarse al infinito. En su capacidad para conciliar armoniosamente el ángulo recto con la línea curva, aunar conceptos estéticos opuestos y abolir el aquí y el ahora, radica su intemporal encanto. A ello contribuye notablemente su poder de sugerencia o *y gen*: invocar el agua sin recurrir a ella, inspirar el sentimiento del paisaje sin necesidad de plantas, expresar el paso del tiempo sin turbar la quietud reinante y crear la atmósfera de una isla en tierra firme. Tras esa falsa apariencia de sencillez se encubre una sutil red de conexiones metafísicas y relaciones simbólicas, que no es necesario conocer para quedar atrapado.

Los ideales que invocan los jardines secos se hallan en la antípoda de los que presiden nuestra cultura materialista. Nada más opuesto al desprendido espíritu zen y su aceptación de la fugacidad de las cosas que el consumismo individualista contemporáneo. Su invitación a escuchar el silencio contrasta vivamente con la ensordecedora hiper-conectividad actual, entre cuyos efectos más nocivos se encuentran la dispersión mental y el rechazo a la introspección. Más que causar admiración, los jardines secos pretenden provocar una experiencia. Su ambición secreta es servir de trampolín a la imaginación y transportar la mente más allá del pensamiento y más acá de la realidad sensible. En lugar de predisponer a la contemplación de la belleza, preparan para la revelación de una verdad inefable, que no tiene cabida en las palabras y trasciende las imágenes. Acaso esa sea la esencia de todo arte genuino. Resulta interesante observar a este particular las afinidades espirituales y estéticas entre los anónimos maestros del jardín zen y los celebrados creadores de las vanguardias europeas. Unos y otros recorrieron por su cuenta el arduo camino de la abstracción en pos de lo esencial y, buscando la plenitud, se encontraron con el vacío. Desde que fue redescubierto a mediados de los años treinta del siglo pasado por los artistas occidentales, el prestigio del jardín de Ry anji no ha cesado de crecer, hasta convertirse en un icono de la devoción posmoderna por el minimalismo y su sofisticada simplicidad.

No tiene nada de extraño que resulte tan seductora la placidez que se respira entre sus muros, y su propuesta de alcanzar la paz interior en simbiosis con el silencio. Al fin y al cabo, solo así es posible "el diálogo del alma consigo misma", por usar las palabras de uno de los padres fundadores de nuestra civilización, Platón, en *El sofista o del ser*. En un mundo marcado por la insatisfacción individualista, el fetichismo tecnológico y la ciberdependencia, en el que los humanos empiezan a quedarse obsoletos frente a las máquinas, los jardines en general, y muy en especial los zen o secos, ofrecen la posibilidad de aislarse del ruido ambiental para recuperar la sensación de conectar. He ahí la paradoja de las paradojas, que resume todas las demás: el jardín encierra el cosmos. El modo más elocuente de hablar de esa mística profana tal vez sea contar una última parábola, titulada *La rúbrica del silencio*.

Persuadido de que de nada le servía ganar riquezas y distinciones si perdía su alma, un alto funcionario de la administración imperial se retiró a vivir lejos del ajetreo y las intrigas de la corte en una aldea de montaña. Pasaba los días entregado a la lectura de los libros sagrados, la meditación y el cuidado de un austero jardín a la búsqueda de la calma interior. Mientras llegaba el momento en que, liberado de lo superfluo y lo ilusorio, alcanzara el *satori* y se le revelase el secreto sentido del mundo, cuidaba con mano sabia aquel trozo de tierra siguiendo los inmemoriales principios del *feng-shui*. Ansiaba acallar el ego, fundirse con la naturaleza y asomarse al silencio que hay detrás del silencio y que limita con todo. Pero en el camino hacia la iluminación y el vacío pleno tropezó con un inesperado escollo.

Cuanto más se esforzaba en vaciar su mente de pensamientos, más se agudizaba su sentido del oído, se amplificaban los sonidos circundantes y se llenaba su cabeza del ensordecedor estrépito de la vida. Si se concentraba, podía escuchar cómo circulaba la savia por el tronco y las ramas de los árboles, crecía la hierba bajo sus pies y palpitaba la tierra horadada por las raíces de las plantas. Incluso podía percibir el febril latido del corazón de los pájaros y el sigiloso canto de las nubes desfilando por el cielo. Entonces lo vio claro: no estaba solo y era uno con su jardín. Y estos inspirados versos ascendieron a sus labios antes de sumirse en un mudo diálogo consigo mismo, solo interrumpido por la muerte:

> Tanto se vacía la tierra
> que alcanzo a escuchar el aliento
> de las flores del crisantemo.

Cambiando de tono pero no de tema, me gustaría recordar al lector que me ha acompañado hasta aquí que, desde la Antigüedad clásica, la *ataraxia* o tranquilidad de ánimo es la principal credencial de los sabios. Lo mismo que un filósofo inquieto o deprimido carece de credibilidad, tampoco resulta imaginable la felicidad sin paz interior. La ausencia de temores y ambiciones ha sido siempre un ingrediente fundamental de la receta de la buena vida, sea cual sea esta. Todos los que, huyendo tanto de la pureza como de la no menos peligrosa perfección, se han esforzado en llevar una existencia plácida y serena, parecen coincidir en que la manera más segura de alcanzarla no consiste en sumar logros sino en restar necesidades, en disminuir las aspiraciones en lugar de acumular ganancias. No es ningún secreto que, cuanto más cosas superfluas acumulamos, más vacíos nos sentimos. La sed de belleza y sentido no se sacia comprando sino dando, dándose.

La adicción al consumismo y el culto al yo condena a muchas personas a ese último círculo del infierno dantesco que es la insatisfacción permanente. En esas prisiones con vistas a uno mismo solo se cuela la incierta luz del deseo. Dando un salto en el espacio pero no en el tiempo, Buda ya enseñaba en el siglo vi a. C. que la causa del sufrimiento es el anhelo insaciable. Si no fuera tan difícil alcanzar la perfecta indiferencia y el absoluto desapego, tal vez podríamos vivir sin certezas ni vanas esperanzas; y, ni que decir tiene, la felicidad no resultaría tan esquiva y escurridiza. Podríamos recordar aquí un viejo aforismo: "Si no consigues lo que quieres, al menos quiere lo que consigues".

Son muchos los ejercicios espirituales y filosóficos concebidos a lo largo de los siglos para adiestrar el alma, la conciencia o el yo y fortalecer la voluntad, desde el "abstente y soporta" de los estoicos, al desprendimiento material de los cínicos o la búsqueda de un placer razonable de los epicúreos, pasando por la suspensión del juicio de las cosas o *epojé* de los escépticos. No solo en Occidente sino también en Oriente la disciplina de los deseos ha ido acompañada a menudo de la disciplina de las formas; buena prueba de ello son los jardines secos o *zen-tei*. Sin necesidad de ir tan lejos, todos aquellos que cuidan un huerto o un jardín saben algo que los demás ignoran. Les resulta familiar la experiencia de estar embebidos en su tarea, trabajando la tierra por el puro y simple placer de hacerlo, sin pensar en otra cosa, olvidados de sí mismos y libres de preocupaciones y anhelos. Sin esos humildes momentos de gracia no entenderíamos de qué hablan los sabios. Quizá se encuentre aquí también la explicación a una de las contradicciones más sangrantes de nuestra sociedad: ¿cómo es posible que los mismos individuos que temen la soledad anhelen el silencio?

BASHŌ Matsuo (2016): *Leve presencia*, Fernando Rodríguez-Izquierdo y Gavala (ed. y trad.), Gijón, Satori.

BERTHIER, François (1989): *Le jardín du Ryōanji, lire le zen dans les pierres*, París, Adam Biro.

– (2007): *El jardín zen*, Carmen Artal (trad.), Barcelona, Gamma.

BENOIST-MÉCHIN, Jacques (1975): *L´homme et ses jardins ou Les Metamorphoses du Paradis terrestre*, París, Albin Michel.

BRUNELLO, Mario (2016): *Silencio. Palabras a contratiempo*, Marina Laboreo (trad.), Barcelona, Comanegra.

CARRIÈRE, Jean-Claude (2000): *El círculo de los mentirosos. Cuentos filosóficos del mundo*, Néstor Busquets (trad.), Barcelona, Lumen, Palabra en el tiempo n.º 277.

CHENG, François (2016): *Cinco meditaciones sobre la belleza*, Anne Hélènne Suárez (trad.), Madrid, Siruela, El Árbol del Paraíso.

DAVIDSON, A. Keir y LENDINO, Jeanette (1983): *The Art of Zen Gardens. A Guide to their Creation and Enjoyment*, Los Ángeles, J. P. Tarcher.

D'ORS, Pablo (2015): *Biografía del silencio. Breve ensayo sobre la meditación*, Barcelona, Siruela, Biblioteca de Ensayo, serie Menor, n.º 54.

FAULIOT, Pascal y FISCHMANN, Patrick (2011): *Contes des sages jardiniers*, París, Seuil.

GOLEMAN, Daniel (2013): *Focus. Desarrollar la atención para alcanzar la excelencia*, David González y Fernando Mora (trads.), Barcelona, Kairós.

GRAS BALAGUER, Menene (dir. y coord) (2015): *El jardín japonés. Qué es y no es entre la espacialidad y la temporalidad del paisaje*, Madrid, Tecnos.

HARRIS, Michael (2018): *Solitud. Hacia una vida con sentido en un mundo frenético*, Fernando Borrajo (trad.), Barcelona, Paidós.

KAGGE, Erling (2017): *El silencio en la era del ruido. El placer de evadirse del mundo*, Carmen Montes Cano (trad.), Barcelona, Taurus.

KAWAGUCHI, Yoko (2003): *Serene Gardens. Creating Japanese Design and Detail in the Western Garden*, New Holland Publishers.

– (2014): *Japanese Zen Gardens*, Londres, Frances Lincoln.

KEENE, Donald (2018): *Los placeres de la literatura japonesa*, Julio Baquero Cruz (trad.), Madrid, Siruela, Biblioteca de Ensayo, serie Mayor, n.º 93.

LABRAÑA, Marcela (2017): *Ensayos sobre el silencio. Gestos, mapas y colores*, Madrid, Siruela, El Árbol del Paraíso.

LE BRETON, David (2009): *El silencio. Aproximaciones*, Agustín Temes (trad.), Madrid, Ediciones Sequitur.

LLEDÓ, Emilio (2011): *El silencio de la escritura*, Madrid, Austral.

OHASHI, Haruzo (1987): *Japanese Gardens of the Modern Era*, Tokio, Graphic-sha.

MILLER, Karen M. (2014): *Paradise in Plain Sight. Lessons from a Zen Garden*, Novato, New World Library.

NAKATA, Akira (2007): *The Japanese Gardens Kyoto*, Tokio, Prebooks.

RAMBACH, Pierre y RAMBACH, Suzanne (1987): *Gardens of Longevity in China and Japan. The Art of Stone Raisers*, Ginebra, Skira.

SHIMOYAMA, Shighemaru (1976): *Sakuteiki. The Book of Garden*, Tokio, Town & City Planners.

TANIZAKI, Junichir (1994): *El elogio de la sombra*, Julia Escobar (trad.), Madrid, Ediciones Siruela, Biblioteca Ensayo, serie Menor.

YOSHIKAWA, Isao (1991): *The World of Zen Gardens*, Tokio, Graphic-sha.

15

GUÍA DE CAMPO DEL TURISTA ESPIRITUAL
(LA SUPERSTICIÓN)

> Vana es la palabra de aquel filósofo que
> no remedia ninguna dolencia humana.
> Pues así como ningún beneficio hay en
> la medicina que no expulsa la enferme-
> dad del cuerpo, tampoco lo hay en la
> filosofía si no expulsa la dolencia del
> alma.
>
> EPICURO

*E*l tiempo es el bien más preciado que existe, lo que no deja de ser irónico, pues es algo inmaterial. De ahí también que no se pueda acumular, ni heredar, ni por supuesto vender, pese a las vanas promesas de la cirugía plástica, los gurús de la alimentación y el ejercicio físico y los falsos profetas de la autoayuda. Aunque sepamos cómo acabará esta tragicomedia que protagonizamos y que, antes o después, el telón caerá para todo el mundo, desconocemos cuánto durará la función. Si lo supiéramos, a lo mejor viviríamos de otra manera, seríamos mejores o menos estúpidos. Esta es, sin duda, la intriga fundamental que anima nuestras existencias. Ese suspense nos incita a continuar y a buscar la felicidad, que es otro de los nombres de la sabiduría, despojándonos de esperanzas y temores, de deseos y preocupaciones.

Sin embargo, nuestra actual obsesión por aprovechar el tiempo, por no perderlo, adquiere tintes ridículos y, contra lo que cabría pensar, pone de manifiesto nuestra escasa o nula sabiduría. Todo parece hecho a propósito para no encontrar reposo ni calma en ninguna parte. So pretexto de la eficiencia, la rentabilidad o la conexión se nos ha privado de la serenidad, y con ella de la felicidad. Sin embargo, hacer profesión de sabio o, como acostumbra a decirse ahora, de inteligencia emocional, está de moda. El afán de autoconocimiento de nuestra sociedad casi es una enfermedad. Nunca se había hablado tanto

L'iuechue de l'amant infortune
contre la dame de fortune :.

Feme infame, obellue incencee
Cueur infernal / draconique pēlee
Toutes venis / fais maitenāt fumer

como ahora de encontrar la paz interior, la dicha y la salud. En aras de conseguir el bienestar emocional y el equilibrio psíquico se nos anima a practicar la meditación trascendental, el *mindfulness*, el reiki, la hortoterapia, el tao del corazón o el yoga tántrico; a conectar con nuestro niño interior; a abrazar el credo de la lentitud; a liberarnos de nuestros miedos a través de la biodanza, la sanación energética, el psicodrama o la regresión hipnótica; a celebrar el aquí y el ahora y a respirar conscientemente; a purificar el pensamiento adiestrándonos en la programación neurolingüística, el auténtico método pilates, las constelaciones familiares o la terapia Gestalt; a buscar nuestro verdadero yo sirviéndonos de los registros akáshicos, del masaje ayurvédico o del psicoanálisis lacaniano; a lograr la autorrealización de nuestro ser mediante la desactivación de la memoria corporal, la limpieza espiritual, la biodescodificación, la curación chamánica o el *rebirthing*; a reconectar con la tierra gracias a la herbodietética, el feng shui, la reflexología, el biomagnetismo, el chi kung, las flores de Bach o la gemoterapia; y no sé cuántas técnicas más de reinventarse y toda clase de ejercicios espirituales posmodernos y formas de catarsis alternativas. Esta proliferación de terapias del alma es una expresión del narcisismo imperante en estos tiempos.

Se dan muchas contradicciones en nuestra acelerada época: multitudes solitarias, una sociedad de la información desinformada, tecnologías de la comunicación que nos aíslan, una desigualdad correctamente política y otras aberraciones por el estilo. Una de las más notorias y sangrantes tal vez sea el consumismo espiritual. Y es que el ansia de felicidad puede convertirse en un estorbo para alcanzar la felicidad. Quién no conoce personas que practican algún tipo de terapia sin por ello mejorar sus vidas, que se enredan en arduas búsquedas interiores sin tomarse si quiera la molestia de salir de su caparazón, que inventan un anhelo de realizarse y crecer para seguir siendo el centro de sus preocupaciones. Se engañan pensando que desean lo que no desean, diciéndose que quieren cambiar, pero no están dispuestos a realizar sacrificios y soportar pérdidas. Intentan sin conseguirlo que un terapeuta, un *coach*, un maestro, un gurú, un guía espiritual o cualquier otro acreditado profesional de la superación y el desarrollo personal les salve de sí mismos, les ahorre la ardua tarea de convertirse en protagonistas de su existencia y les enseñe cómo vivirla.

En un momento del camino a todos se nos presenta el viejo dilema, al que no escapa nadie: aceptar el fracaso de nuestras expectativas vitales sin rendirnos a nuestro natural egocentrismo o incurrir en el error de confundir la búsqueda con la huida de uno mismo. Solo viéndonos con despiadada lucidez e indulgencia seremos mínimamente capaces de ser dueños de nuestro destino y aceptar el sino burlón que nos ha tocado. El camino de los sabios pasa por conformarse con menos, atreverse a vivir sin amos, con más gratitud que expectativas y con esa falta de ambición que tal vez sea la más exigente forma de ambición: no desear otra cosa que lo que sucede.

No hay remedios enlatados contra el sufrimiento, no hay recetas mágicas para endulzar los sinsabores y las calamidades de la vida, no existen atajos a la serenidad de ánimo, ni métodos rápidos de fortalecer el carácter y alcanzar la tranquila posesión de uno mismo. Si al lector intentan convencerlo de lo contrario, tenga por seguro que le están engañando. Son muchos los sucedáneos de la sabiduría y la felicidad que se nos ofrecen en el supermercado espiritual, pero, como las flores de plástico, son una burda imitación de las naturales. Que la palabrería esotérica, las metáforas gastadas y la poesía barata seduzcan a muchas mentes refinadas en nuestra época con la promesa de una buena vida únicamente pone de manifiesto que los seres humanos prefieren hacer terapia a curarse, vivir engañados a ponerse a prueba y regodearse en su dolor a cambiar. Se le atribuyen a Buda las palabras: "La sabiduría no se puede enseñar, sino únicamente aprender". Si uno lo medita con cuidado, el significado de esa máxima ilumina esta cuestión: la auténtica sabiduría ha de ser engendrada por uno mismo. La única felicidad genuina se halla a ras de suelo. Es de fabricación casera, resultado de la cocción lenta y del destilado de las gotas de conocimiento de uno mismo obtenidas en el curso de muchos pequeños fracasos. Exige dedicación y esfuerzo. La incertidumbre y la fugacidad son el suelo sobre el que florece la alegría de vivir.

Nosotros somos los jardineros de nuestra conciencia profunda según la filosofía budista. Seamos, pues, como esa planta que sobresale de un seto perfectamente cortado, desafiemos la lucropatía imperante y perdamos las horas creativamente, cultivemos cultivándonos un jardín. Este nos permite entablar otra relación con el tiempo y el espacio, no sometida a la codicia consumista, a los intereses materialistas ni al frenesí de los deseos insatisfechos. No se equivocaba Karel Čapek cuando escribió: "Ninguna revolución acelerará la germinación, ni hará florecer las lilas antes del mes de mayo". Trabajar la tierra supone ponerse en contacto con las fuerzas vivas de la existencia que lo trascienden a uno: el ritmo de crecimiento de las plantas, las variaciones del clima y el ciclo de las estaciones. En la medida en que la jardinería concilia intuición y razón, espontaneidad y planificación, saber y gozo, conduce a una forma de realización personal tal vez menos sofisticada que otras, pero seguramente más auténtica. Podría decirse incluso que se trata de una terapia filosófica.

Aprendamos la lección y, en lugar de pretender ser sublimes sin interrupción como proponía Charles Baudelaire, defendamos nuestra libertad interior sin caer en las trampas que nos tiende nuestro propio ego, ni quedar atrapados en los espejismos de la belleza. Sabiduría es simplemente un sinónimo de desapego; y la forma más elevada y exigente de este es el desapego de uno mismo. Este capítulo podría acabar aquí, pero qué mejor para ilustrar su contenido que recordar un viejo cuento indio titulado "La voz de la sabiduría".

En una remota cueva de la cordillera del Himalaya vivía un hombre venerado por su sabiduría. Un buen día se presentó allí un viajero chupado de carnes, con el rostro curtido por el sol y las sandalias manchadas con el barro de todos los caminos. Cuando el santón, en posición de loto y con los ojos entrecerrados, le preguntó con un hilillo de voz quién era y qué le traía por aquel recóndito paraje, el recién llegado respondió sin vacilar:

–Hace mucho tiempo fui jardinero del marajá, pero sentí que estaba llamado a un destino más importante y abandoné el palacio de mi señor para ir en busca de un guía espiritual –respiró hondo y añadió encantado consigo mismo–: quería hallar la iluminación.

–Contéstame a una sola cosa: ¿qué has hecho hasta ahora para encontrarla? –preguntó el venerable anciano con una curiosidad quizá fingida.

–Me uní a los seguidores de Rama. Más tarde peregriné a Madrás para oír el mensaje de la reencarnación de Buda. Luego viajé hasta Delhi para conocer a un asceta con fama de virtuoso. Desde allí me dirigí a Goa, donde ingresé en un convento católico. Pasado un tiempo...

–Ah, entiendo... –le cortó esbozando una sonrisa, que no se sabía si era de aprobación o de todo lo contrario. Y, antes de sumirse de nuevo en un trance, añadió con pesar– ¿Y quién cuida ahora el jardín?

El visitante, sin contestarle, renunció a seguir preguntando y un silencio más profundo que la ausencia de palabras se extendió entre ambos.

REFERENCIAS BIBLIOGRÁFICAS

BYUNG-CHUL, Han (2013): *La sociedad de la trasparencia*, Raúl Gabás (trad.), Barcelona, Herder, Pensamiento.

– (2013): *La agonía del Eros*, Raúl Gabás (trad.), Barcelona, Herder, Pensamiento.

– (2016): *La sociedad del cansancio*, Arantzazu Saratxaga (trad.), Barcelona, Herder, Pensamiento.

– (2016): *La salvación de lo bello*, Alberto Ciria (trad.), Barcelona, Herder, Pensamiento.

DAVIES, William (2015): *La industria de la felicidad. Cómo el gobierno y las grandes empresas nos vendieron el bienestar*, Antonio Padilla Esteba (trad.), Barcelona, Malpaso.

JODOROWSKY, Alejandro (2005): *La vía del Tarot*, Anne-Hélène Suárez Girard (trad.), Madrid, Siruela, Libros del tiempo.

– (2009): *Manual de Psicomagia. Consejos para sanar tu vida*, Madrid, Siruela, El ojo del tiempo n.º 38.

– (2011a): *La danza de la realidad*, Madrid, Siruela, El ojo del tiempo n.º 5.

– (2011b): *Metagenealogía*, Ernesto Junquera (trad.), Madrid, Siruela, El ojo del tiempo n.º 58.

LIPOVETSKY, Gilles (1986): *La era del vacío. Ensayo sobre el individualismo contemporáneo,* Joan Vinyoli y Michèle Pendanx (trads.), Barcelona, Anagrama.
– (2007): *La felicidad paradójica,* Antonio Prometeo Moya (trad.), Barcelona, Anagrama, Argumentos.
– (2016): *De la ligereza. Hacia una civilización de lo ligero,* Antonio Prometeo Moya (trad.), Barcelona, Anagrama, Argumentos.
VEILATI, Susana (2017): *Tratado completo de terapia floral. Flores de Bach, nueva geración y orquídeas. Un enfoque evolutivo y transpersonal de la terapia floral,* Madrid, Edaf.

16

LA MASCOTA DE MARÍA ANTONIETA
(LA IGUALDAD)

El señor dijo: 'Mi jardín...', y se rio su
jardinero.

PROVERBIO CHINO

*É*rase una vez una fantasiosa reina que se encandiló con una pintura que retrataba una granja del país de Caux, hasta el punto de que encargó al arquitecto de la corte, Richard Mique, que crease una réplica lo más fiel posible del modelo en sus dominios del Pequeño Trianon, un palacio neoclásico con reminiscencias griegas en medio de un jardín paisajista que le había regalado Luis XVI con motivo de su boda. El *hameau* o aldea de la reina reproduce en miniatura un pueblecito normando de apenas ocho casas de madera y pizarra, con techumbres de paja, distribuidas alrededor de un lago artificial. Ese decorado de comedia pastoril, que algunos juzgarán aberrante y otros encantador, se completaba con un huerto plantado con coliflores, alubias, fresas y alcachofas, una vaquería, un palomar, un gallinero y establos con cerdos, corderos, cabras y conejos. No faltaban tampoco un granero, un molino de agua, una casa de guardeses y otras construcciones pintorescas. Los campos adyacentes estaban sembrados con centeno, cáñamo y vides para reforzar la impresión de estar en una genuina explotación agrícola, donde, eso sí, la finalidad productiva no estaba reñida con la vocación ornamental. En la realización de ese pueblo, que parece sacado de un cuento de Perrault, no se dejó nada a la improvisación. Hasta el más mínimo detalle está estudiado para crear una impresión de falso naturalismo, si bien el aspecto engañosamente rústico de las fachadas de las casas, engalanadas *en vétusté*, contrasta vivamente con el lujoso refinamiento y el boato de la decoración rococó interior. La sala de baile ofrece por fuera el aspecto de un granero y los señoriales gabinetes, destinados al juego del billar y la celebración de fiestas galantes, se enmascaran tras la apariencia de toscas edificaciones.

Ese refugio campestre, por el que María Antonieta sentía la misma devoción posesiva que un amo por su mascota, fue el capricho más caro de la más caprichosa reina de Francia. Allí se retiraba la austríaca, como era llamada despectivamente por el pueblo llano, cuando quería huir de la asfixiante pompa, la rígida etiqueta y la hipocresía del ambiente de la corte, junto con sus damas de honor y sus invitados. Apenas cinco minutos en carroza separaban el majestuoso palacio de Versalles y sus suntuosos jardines barrocos, diseñados por André Le Nôtre un siglo antes bajo la supervisión del propio Rey Sol, de aquella isla utópica en tierra firme, donde podía aislarse de su séquito sin separarse del lujo, tomarse unas vacaciones de sí misma y entregarse con pueril fruición a sus divertimentos. No será, desde luego, la primera ni la última granja ornamental (*ferme ornée* en francés, *ornamental farm* en inglés) incrustada en un jardín palaciego, pero sí probablemente el simulacro más conseguido de un idilio campesino y también el más disparatado. Diez años antes de que María Antonieta, con una frivolidad que rebasaba todos los límites, se encaprichara de esa estampa costumbrista, el príncipe Condé, un veterano héroe de guerra, había erigido en su jardín de Chantilly un apacible villorrio. Y el duque de Orleans, llevado por la misma nostalgia aldeana, construyó un *hameau* en el parque de Monceau. Rambouillet contaba con una lechería, y no eran raras tampoco las casas de campo y rudimentarias construcciones en el resto de *châteaux,* resaltando si cabe aún más su regia apariencia.

En el origen del *hameau* de la reina está la celebración de la vida rústica y la creencia en las supuestas virtudes de la sencillez campesina: una impostura cultural con una larga tradición en Occidente, a la que se sumaba este *beatus ille* con frufrú. La literatura pastoril se alió con la pintura paisajista en la glorificación de la vida rural. Ambas promovieron un rousseauniano retorno a la naturaleza, lo que explica que muchos nobles, tal vez huyendo de las intrigas cortesanas o buscando la pureza de los orígenes, se dejaran atrapar por las ensoñaciones bucólicas. Cómo no pensar aquí en lo que La Rochefoucauld decía de las virtudes: "La mayoría de las veces estas son solo nuestros vicios travestidos". La creencia en que la contemplación de las bellezas naturales reporta beneficios espirituales y mentales, y nos redime de nuestros males, no tiene en sí nada de noble ni de honesto, por más que cuente con una larga nómina de valedores que se remonta a Horacio, Cicerón y Virgilio. Deleitarse mirando hermosos panoramas es un rasgo de distinción. Ni que decir tiene que el campo es una invención de los habitantes de las ciudades, de los cortesanos refinados y de los ricos ociosos. Los aldeanos son insensibles a la poesía del paisaje, porque ya tienen bastante con la ruda prosa de las tareas agrícolas. La sensibilidad estética era y sigue siendo un privilegio de clase como demuestra la belleza, casi conmovedora, del *hameau* de la reina, si no fuera porque, tras su falsa modestia, se oculta la más grotesca banalidad. Si Versalles constituía, según el filósofo Jean Jacques Rousseau, "un monumento a la vanidad", esa muy lograda imitación de un poblado campesino era la viva imagen de la veleidad.

Mientras María Antonieta, llevada por el deseo mimético, dilapidaba una ingente cantidad de dinero en dotar a ese cuadro vivo de un genuino aire de pobreza, descuidaba sus deberes reales, cimentaba su fama de frívola y se recluía en su plácida agorafobia. Mientras se entregaba con fruición a esa fantasía escapista y jugaba con perversa inocencia a ser una campesina, a ordeñar sus vaquitas Blanchette y Brunette y a servir su humeante leche a los invitados en delicadas tazas de porcelana de Sèvres con la forma de sus pechos, se iba ensanchando la brecha entre la soberana y sus súbditos, y prendía la mecha de la insurrección. Mientras sus damas de honor sacaban a pastar a corderitos de vellones dorados, atándolos con cintas azules y protegiéndolos de los rayos del sol con sombrillas de satén entre charadas y risas, el pueblo llano, abrumado por los impuestos y asediado por el hambre, revisaba sus lealtades, se sacudía el yugo de la obediencia y afilaba su fervor republicano. Cuando finalmente la revolución restalló como un látigo, María Antonieta, acostumbrada a hacer siempre su voluntad, quedó espantada al descubrir que los lacayos integrantes de aquel belén viviente se convertían de la noche a la mañana en sus verdugos. Su insensata ligereza, junto con su desinterés por las necesidades del reino y su desdén por las convenciones monárquicas labraron su perdición, y le hicieron perder primero la corona y luego la cabeza.

REFERENCIAS BIBLIOGRÁFICAS

CLEGG, Melanie (2015): *Marie-Antoniette. An Intimate History*, Burning Eye Books.

JOLIS, Alan (2000): *Los últimos días de María Antonieta*, Cristina Pagès (trad.), Barcelona, Planeta.

HABSBURGO, Catalina de (2013): *María Antonieta. Una mujer de su linaje relata la gloria y tragedia de la reina de Francia*, Atalaire (trad.), Madrid, La Esfera de los Libros.

MOOREHEAD, Caroline (2010): *Bailando al borde del precipicio. Una vida en la corte de María Antonieta*, José Adrián Vitier (trad.), Madrid, Turner, Noema.

MORATÓ, Cristina (2000): *Reinas malditas*, Barcelona, Random House Mondadori.

THOMPSON, Ian (2006): *Los jardines del rey sol. Luis XIV, André Le Nôtre y la creación de los jardines de Versailles*, Barcelona, Editorial Belacqva, El ojo de la Historia.

TUAN, Yi-Fu (1984): *Dominance & Affection. The Making of Pets*, New Haven y Londres, Yale University Press.

WALTER, Gérard (1972): *María Antonieta*, Ramón Lamoneda (trad.), Barcelona, Grijalbo.

ZWEIG, Stefan (2011): *María Antonieta*, Carlos Fortea Gil (trad.), Barcelona, El Acantilado.

17
EL JARDÍN DE LOS MOWGLIS:
UNA HISTORIA BASADA EN HECHOS REALES
(LA DESOBEDIENCIA CIVIL)

Crear es vivir dos veces.

ALBERT CAMUS

*L*a primera vez que oí hablar del jardín de los Mowglis no pude evitar acordarme de una frase de Bernard Shaw: "Desde muy niño tuve que interrumpir mi educación para ir a la escuela". Por lo visto, una veintena de malos estudiantes, matriculados en un instituto de las afueras de la capital, habían construido con sus propias manos un huerto jardín en un terraplén situado detrás del centro educativo. En lo que, hasta hacía apenas un año, había sido un solar sin urbanizar, lleno de maleza y desechos, había surgido como por arte de magia un pequeño vergel con escuálidos árboles frutales, caminos de grava jalonados de arbustos y plantas de flor y aromáticas, cultivadas en neumáticos reciclados pintados de vivos colores, barriles metálicos y grandes latas de conserva. No faltaban tampoco en aquella arcadia de arrabal una pérgola y unos bancos hechos con palés de madera reciclados, un estanque con plantas acuáticas e, incluso, una cabaña de aperos. La tosca humildad del diseño no le restaba encanto, si acaso todo lo contrario. Había algo profundamente conmovedor en el esfuerzo de aquellos adolescentes por convertir un erial en un jardín. A pesar de haber sido desahuciados por el sistema educativo o tal vez por eso mismo, esa caterva de repetidores y fracasados escolares, por usar la aberrante expresión que tanto gusta a las autoridades académicas, habían aprendido el valor de la perseverancia, la serenidad y, cómo no, la paciencia.

"Sin la amistad, el mundo es un desierto", escribió en el siglo XVI Francis Bacon, uno de los primeros filósofos que concibió el jardín como una escuela de virtud moral y política. Gracias a trabajar hombro con hombro, esos chavales levantaron un refugio para parados,

jubilados, absentistas escolares y otras gentes del barrio, en el que las madres llevaban a pasear a sus retoños y los abuelos tomaban el sol mientras daban consejos sobre cómo regar o podar y, llegado el caso, se remangaban para plantar unas lechugas o desbrozar un bancal. Mientras se convertían en compañeros de fatigas jardineras, en "hermanos de savia", como le oí decir con sorna a uno de ellos, se fueron transformando en otras personas. A la par que el jardín despertaba la admiración y la solidaridad del vecindario, sus orgullosos artífices se volvían héroes cotidianos y personas de provecho, importantes para la comunidad. Incluso alguien clavó en uno de los antiguos postes de luz, que señalizaban la entrada, una tabla con la palabra "huertopía" pintada en vivos colores.

La experiencia del jardín representó una buena escuela para esos chicos, pero las costas del aprendizaje, ahora lo sabemos, tal vez fueron demasiado altas. Cuando la policía, alertada por el administrador de la sociedad limitada que ostentaba la propiedad de ese solar urbanizable, notificó a esos discípulos de Epicuro que debían cejar en su empeño de plantar aquel baldío trozo de tierra, el conflicto no se hizo esperar. Primero fue la desobediencia a una medida judicial que juzgaban injusta y arbitraria; luego, la resistencia pasiva a las exigencias policiales; y por último, el enfrentamiento con las fuerzas del orden. A medida que pasaban las semanas, el conflicto se enquistó y arreció. Las protestas se politizaron y las reivindicaciones cobraron un cariz violento. Durante una de las manifestaciones más concurridas aconteció una imprevista desgracia. Uno de los jóvenes jardineros implicados en la refriega quedó tetrapléjico. Por más que el trágico incidente no llegó nunca a aclararse, todo indica que una pelota de goma lanzada durante una carga de los antidisturbios impactó en la víctima y le hizo perder el equilibrio, con tan mala fortuna que esta se precipitó en una zanja y se partió el cuello. Aunque en un primer momento esa desgracia espoleó las movilizaciones, pronto estas dieron cabida a nuevas demandas, de paso que se alejaban de su propósito original. El caso fue que la expropiación del huerto comunitario acabó siendo uno entre otros muchos motivos de la cólera vecinal. Poco antes de verter al papel estas líneas, he dejado que mis pasos me llevasen por esos andurriales. Quería comprobar con mis propios ojos qué quedaba de aquel jardín que la prensa, con una ironía no exenta de aprecio, bautizó en su día como el de los Mowglis.

Lo que fuera un vergel en un barrio dormitorio del extrarradio se había convertido en una escombrera. Las malas hierbas se habían apoderado de los arriates de flores y los caballones del huerto. Los senderos de grava se habían desdibujado, y era imposible distinguir los límites del jardín de los descampados de alrededor. La bañera del estanque estaba llena de desperdicios y la cabaña de aperos se había convertido en un montón de tablas podridas y chapas herrumbrosas. Junto a la oxidada carrocería de un coche abandonado, con los cristales rotos y las puertas arrancadas, crecían todavía acelgas y alguna que otra mata de calabacín. Salvo por eso y por unas cuantas fresias y narcisos que despuntaban entre la maleza, nada permitía suponer que en aquel matorral, no hacía tanto, había habido un jardín y un huerto. Los bulbos plantados por aquellos jóvenes airados habían florecido en medio de las zarzas y los matojos, indiferentes a los avatares humanos y los ultrajes del tiempo. Y se marchitarían de nuevo, fieles a una lógica ajena a las ambiciones de los hombres, pero a la que ellos tampoco escapaban. Mientras me embarraba las botas, recorriendo lo que quedaba de aquel oasis construido por náufragos del sistema educativo, iba pensando con filosófica melancolía en el genio del lugar. Cómo no recordar aquí que educar es otra acepción del verbo cultivar. Creo entender el significado profundo que tuvo para aquellos chicos plantar aquel precario e informal jardín como quien planta cara a un destino incierto.

Desde la perspectiva de los años, su oposición a ser expulsados de ese humilde Edén y a colgar la azada reviste un significado más profundo y cobra una nueva dimensión épica. Ocuparse de un huerto tal vez sea uno de los pocos gestos realmente subversivos, de desobediencia genuina y de resistencia a la mercantilización de todas nuestras actividades y al consumismo desaforado que se ha apoderado de nuestras vidas, una manera de preservar un reducto de libertad individual y defenderse contra la atrofia ética y la pérdida de sentido. Si algo representa el jardín de los Mowglis es precisamente la inquebrantable fragilidad de los sueños, por los que, después de todo, merece la pena seguir luchando.

REFERENCIAS BIBLIOGRÁFICAS

FERNÁNDEZ CASADEVANTE, José Luis y MORÁN, Nerea (2015): *Raíces en el asfalto. Pasado, presente y futuro de la agricultura urbana*, Madrid, Libros en acción, Cartografías del vivir n.º 4.

LASTRA, Antonio (ed.) (2012): *Desobediencia civil. Historia y antología de un concepto*, Madrid, Tecnos.

McKAY, George (2011): *Radical Gardening. Politics, Idealism & Rebellion in the Garden*, Londres, Frances Lincoln.

PÉREZ, José Antonio (1994): *Manual práctico para la desobediencia civil*, Pamplona, Pamiela.

– (2013): *¿Qué es la Desobediencia Civil? Preguntas (y respuestas) más frecuentes*, Barcelona, El Viejo Topo.

SAMPIETRO, Pilar y SOMOVILLA, Ignacio (2013): *El jardín escondido. Espacios verdes en la ciudad*, Barcelona, Pol·len.

THOREAU, Henry David (2010) *Desobediencia civil y otros escritos*, María Eugenia Díaz Sánchez (trad.), Madrid, Alianza, El Libro de Bolsillo n.º 3433.

– (2015): *Desobediencia. Antología de ensayos políticos*, Marcos Nava, Carmen Torres y Laura Naranjo (trad.), Madrid, Errata Naturae, La muchacha de dos cabezas.

18

CULTIVAR LA MIRADA
(LA BELLEZA)

> ¿Qué es lo más difícil? Aquello que parece ser lo más fácil: ver con los ojos lo que ante los ojos se encuentra.
>
> JOHANN WOLFGANG VON GOETHE

> No pienses, sino mira.
>
> LUDWIG WITTGENSTEIN

*H*ay muchas formas de mirar un jardín. Para un poeta puede representar una metáfora visible de la felicidad; para un pintor, un paisaje inspirador; para un arquitecto, un espacio construido con plantas; para un biólogo, una comunidad biótica; para un urbanista, un pulmón verde; para un paisajista, naturaleza domesticada; y así sucesivamente. Y lo mismo podría decirse de un parque. Un niño lo vería como un campo de juegos; un adolescente, como un escondite para fumar o esconderse de los adultos; un joven, como un espacio público al aire libre donde practicar *jogging* o un oasis arbolado donde estar a solas con su pareja; una persona de mediana edad, como un remanso de paz en el que, por ejemplo, poder descansar o comer un sándwich a la hora del almuerzo; un anciano, como un lugar apropiado para tomar el sol y pasear, etcétera. Todo eso y mucho más puede ser un jardín o un parque, dependiendo de quién lo contemple y del enfoque, la perspectiva o el ángulo de visión que adopte. La misteriosa alquimia de la mirada transforma la realidad, revela nuevos significados y puede convertir una simple manzana en "una flor que ha conocido el amor", como en el verso de Félix Leclerc, en el fruto del *malus communis* de la familia *Rosacea*, en un símbolo del pecado original según la teología cristiana o en el logo corporativo de una innovadora empresa multinacional.

El jardín es un espacio multisensorial, donde ejercitar los sentidos y muy especialmente la mirada, donde practicar la visión macro y micro, y reaprender a ver el mundo con otros ojos, creativamente. Un buen jardinero debe prestar atención a los más insignificantes detalles sin perder de vista la imagen del conjunto. Esta capacidad bifocal le permite desempeñar su oficio. Tan importante como percibir los pequeños cambios del entorno es saber descifrar los mensajes codificados en los tiernos brotes de las plantas y ser capaz de distinguir las diminutas mordeduras de las orugas en los bordes de las hojas, las huellas casi imperceptibles del pulgón en los pétalos y las variaciones de tono en el color de las flores que delatan la falta o el exceso de agua; es planificar con esmero y rigor las plantaciones, no distraerse del objetivo final y someterse a la disciplina de un orden.

Todos sabemos que basta con concentrar la atención en algo para que se torne infinito. Una brizna de hierba, un simple fruto o el polen que arrastra el viento encierran un universo entero en su interior. Como escribió William Blake: "Ver un mundo en un grano de arena / y un cielo en una flor silvestre". Pero si volvemos los ojos de lo pequeño a lo grande, resulta asombroso comprobar cómo el caos de sensaciones se ordena, adivinamos más que vemos una estructura y, casi por arte de magia, se nos revela un plan. Si no fijamos la vista en nada en particular y en todo en general, aparece el argumento de la obra. Mirar produce de forma casi inevitable una narrativa. Tal vez porque los seres humanos somos capaces de soportar muy poca realidad, construimos ficciones. Y seguramente los jardines sean una de las más sofisticadas formas de "suspender la incredulidad" que conocemos. El narrador y el jardinero comparten esa visión dual.

Si la elipsis es el gran aprendizaje del novelista, la previsión lo es del jardinero. En el origen del acto de cultivar un jardín se halla la firme voluntad de dominar la naturaleza para disfrute humano y la convicción absurda, la secreta esperanza, de que podemos controlar el futuro con nuestros actos emulando a Dios, el "hortelano eterno", como lo llama Dante en la *Divina Comedia*. Dentro de todos nosotros hay un jardinero oculto que cultiva con esmero un jardín invisible, cuya fragancia flota en nuestras palabras y actos.

La siguiente historia, seguramente apócrifa pero fiel a la personalidad obsesivamente perfeccionista de Monet, nos recuerda que mirar no es lo mismo que ver. Uno de sus cuadros más famosos, inspirado en el jardín de su casa de Giverny, sufrió un insólito atentado mientras se exponía en el antiguo museo de los impresionistas Jeu de Paume, un pabellón situado en la esquina noroeste del parque de Tullerías, junto a la Place de la Concorde. No era la primera vez que los guardianes veían a un caballero de poblada barba blanca, algo descuidado en el vestir y tocado con un sombrero de ala ancha, que deambulaba de sala en sala absorto en sus pensamientos. Había algo en su aspecto, a la par reconcentrado y abstraído, que despertaba sus suspicacias, pero nadie pudo sospechar que, como la cosa más natural del mundo, sacaría un pincel del bolsillo y, tras remojar la punta en un tubo de óleo, haría un furtivo retoque al lienzo de incalculable valor que tenía delante. El rostro del caballero dejaba traslucir una profunda satisfacción, como si se hubiera liberado de una pesada carga, mientras los cuidadores intervenían horrorizados y lo retenían sin dejar de increparle. Cuando les hizo saber sin inmutarse lo más mínimo que era el autor del cuadro, por supuesto no le creyeron. El incidente no se aclaró hasta que el director, alertado por el revuelo armado, acudió a la sala y reconoció al maestro impresionista. Una vez que fue informado de lo sucedido, le preguntó a Monet por qué motivo había hecho algo así. Su respuesta no se hizo esperar: "Ahora está acabado".

Se ha escrito que la belleza es "lo que resplandece y deslumbra" (Homero), una manifestación del bien (Platón), la armonía entre las partes (Aristóteles), otro nombre de la gracia espiritual (Plotino), "aquello que complace universalmente y sin necesidad de concepto" (I. Kant), "un reconocimiento de lo general en lo particular" (A. Schopenhauer), un tónico que hace más digerible la verdad (F. Nietzsche), un exorcismo contra la muerte (G. Leopardi), "un instinto social" (E. Burke), "una promesa de felicidad" (Stendhal), "la inminencia de una revelación que no se produce" (J. L. Borges), un indicador de calidad genética (E. O. Wilson) y no sé cuántas otras cosas. Más allá de definiciones teóricas y más acá de una emoción compartida, la belleza de un libro existe únicamente en la mente del que lo lee. Y cuantas más lecturas admita, mayor será la intensidad de esa experiencia subjetiva.

En estas páginas habla una voz que no cree en los filósofos sino únicamente en la filosofía, que no defiende ideas sino solo el juego estético de las ideas, para la que la escritura es una búsqueda sin término tras el espejismo de la verdad, en el curso del cual la belleza aparece como un vestigio de sentido. No podemos menos que estar de acuerdo con Enrique Vila Matas cuando afirma que "para escribir hay que dejar de ser un escritor". Esta frase puede tomarse como una exhortación a sacrificar el ego para salvar la creatividad, a anteponer el placer de la lectura a la vanidad del autor y a trascender la filosofía y la literatura embaucando al lector sin falsedades ni fingimientos.

Y llegados a este punto nos gustaría contar una historia real a todo el que quiera escucharla. Su protagonista es un niño de ocho años, Matteo, que estudia en una escuela de un pequeño municipio de la provincia de Ferrara, Marchesi de Copparo. Todo comienza cuando su maestra de lengua italiana propone a sus alumnos de tercero elemental que realicen una redacción sobre el tema, no por socorrido menos inagotable, de la llegada de la primavera. Mientras corregía con una desgana no exenta de cariño sus escritos llenos de tópicos y clichés, sus ojos tropezaron con una incorrección que le hizo esbozar una sonrisa. Decir que las flores eran "petalosas" para dar a entender que están llenas de pétalos, representaba sin duda un fallo gramatical pero también un acierto poético, o así se lo pareció a la maestra del pequeño Matteo que, junto al pertinente círculo de color rojo, escribió: "un bello error". La cosa no habría pasado de ser una simpática anécdota sin importancia, si no fuera porque la maestra quiso aprovechar la oportunidad que se le brindaba para explicar a sus alumnos el funcionamiento de la academia de la lengua. Y, como si de un juego se tratara, se le ocurrió proponer a Matteo que dirigiera una carta a la institución, solicitándole la incorporación de esa palabra recién inventada en el diccionario. Ya casi se habían olvidado del asunto cuando llegó a la escuela un elegante sobre de papel verjurado con el membrete de la *Accademia della Crusca, via di Castello, 46, Firenze.* En la misiva que iba dentro, la consejera lingüística Maria Cristina Torchia aclaraba a su joven interlocutor que, si bien el calificativo *petaloso* no existía como tal, estaba bien formado y podría ser utilizado en el idioma italiano, pues respetaba escrupulosamente las reglas gramaticales de adjetivación de los nombres. E instaba con condescendiente simpatía a Matteo a que intentase difundir esa voz por todos los medios a su alcance. Si algún día su uso llegaba a extenderse entre los hablantes de la lengua, acabaría convertida en una palabra más del italiano. Otra persona menos resuelta o más conformista se hubiera dado por satisfecha, pero Margherita, que, para colmo de líricas coincidencias así se llamaba la maestra, no dudó en difundir esta historia a través de su cuenta de Twitter y Facebook, acompañando el mensaje con la foto de la carta recibida y de la redacción escolar en cuestión. Muy pronto este fue compartido por miles de usuarios de las redes sociales, que abrazaron la causa de Matteo y se emplearon a fondo en difundir el término *petaloso* con el propósito de que entrara en el diccionario, cosa que, al parecer, no tardará en suceder, como ha anunciado la prestigiosa editorial Zanichelli. La moraleja de esta historia podría ser que una obra sin descendencia no invita a la posteridad.

REFERENCIAS BIBLIOGRÁFICAS

ÁBALOS, Iñaki (ed.) (2009): *Naturaleza y artificio. El ideal pintoresco en la arquitectura y el paisajismo contemporáneos,* Barcelona, Gustavo Gili, Compendios de Arquitectura Contemporánea.

ÁLVAREZ, Darío, (2007): *El jardín en la arquitectura del siglo XX,* Barcelona, Editorial Reverté, Estudios Universitarios de Arquitectura.

BENEVOLO, Leonardo (1994): *La captura del infinito,* Madrid, Celeste.

BERGER, John (1990): *El sentido de la vista,* Pilar Vázquez Álvarez (trad.), Madrid, Alianza, Forma n.º 98.

BERTHIER, François (2007): *El jardín zen,* Barcelona, Gustavo Gilli.

BRUNON, Hervé (2014): *Jardins de sagesse en Occident,* París, Seuil.

CAUQUELIN, Anne (2003): *Petit traité du jardin ordinaire,* París, Payot & Rivages.

COOPER, Clare (2006): *Habitat et nature. Du pragmatique au spirituel,* Irène de Charrière (trad.), Quetigny, Infolio, Archigraphy Témoignages.

CHENG, François (2004): *Vacío y plenitud,* Madrid, Siruela, Biblioteca de ensayo.

De Gracia, Francisco (2009): *Entre el paisaje y la arquitectura. Apuntes sobre la razón constructiva*, San Sebastián, Nerea.

Eco, Umberto (2004): *Historia de la belleza*, María Pons Irazábal (trad.), Barcelona, Lumen.

– (2007): *Historia de la fealdad*, María Pons Irazábal (trad.), Barcelona, Lumen.

Fariello, Francesco (2004): *La arquitectura de los jardines. De la antigüedad al siglo XX*, Barcelona, Reverté.

Gilpin, William (2004): *Tres ensayos sobre la belleza pintoresca*, Javier Maderuelo (trad.), Madrid, Abada Editores.

Gras Balaguer, Menene (dir.) (coord.) (2015): *El jardín japonés. Qué es y no es entre la espacialidad y la temporalidad del paisaje*, Madrid, Tecnos.

Harrison, Lorraine (2012): *Cómo leer los jardines. Una guía para aprender a disfrutarlos*, Axel Alonso Valle (trad.), Madrid, Akal.

Fernández-Armesto, Felipe (2016): *Un pie en el río. Sobre el cambio y los límites de la evolución*, Guillermo Ortiz (trad.), Madrid, Turner, Noema.

Maderuelo, Javier (2006): *El paisaje. Génesis de un concepto*, Madrid, Abada Editores, Lecturas del paisaje.

Pechère, René (2002): *Grammaire des jardins. Secrets de métier*, Bruselas, Racine.

Renz, Ulrich (2006): *La ciencia de la belleza*, Ignacio Romero Valero (trad.), Barcelona, Destino, Imago Mundi n.º 110.

Santayana, George (1999): *El sentido de la belleza*, Carmen García Trevijano (trad.), Madrid, Tecnos.

Scaraffia, Giuseppe (2015): *Los grandes placeres*, Francisco de Julio Carrobles (trad.), Cáceres, Periférica.

Steiner, George (1991): *Presencias reales*, Juan Gabriel López Guix (trad.), Barcelona, Destino.

Zajonc, Arthur (2015): *Capturar la luz*, Francisco López Martín (trad.), Gerona, Imaginatio Vera.

TERCERA PARTE

QUÉ ME CABE ESPERAR

SIMBIOSIS ANTIRROMÁNTICAS
(EL AMOR)

19
SIMBIOSIS ANTIRROMÁNTICAS
(EL AMOR)

> El sabio es de todos los hombres el que
> menos necesita de los otros.
>
> PLATÓN

*S*egún una leyenda celta, si dos personas se besan bajo una rama de muérdago serán bendecidas con el amor eterno, sus destinos quedarán por siempre ligados y gozarán de una feliz vida en común. Por desgracia, el halo romántico de ese vaticinio se desvanece cuando sabemos que el *Viscum album*, como se conoce científicamente esa planta de un color verde amarillento perteneciente a la familia de los *Santalales*, es un insidioso parásito vegetal que crece a expensas de los árboles que le sirven de sustento: pinos, castaños, olmos, álamos, arces, robles, abetos… No hace ascos a ninguna especie, siempre y cuando le provea del agua y de las sales minerales que necesita para poder realizar la fotosíntesis. Puede llegar a ser un huésped tan desalmado que debilite las fuerzas y, en el peor de los casos, acabe con la vida de su proveedor. Resulta irónico pensar que ese vampiro sin escrúpulos, ese aprovechado *chupasavia,* se haya convertido en un símbolo del poder inmortal del amor.

Nadie ignora que hasta en el más bucólico y paradisíaco paisaje tiene lugar una brutal y despiadada lucha por la supervivencia. Tanto o más cruel bajo tierra que al aire libre. Por abrirse paso en el duro suelo, las raíces pugnan con igual o más fuerza que los troncos y las ramas por encontrar su lugar bajo el sol. Tras una fachada de boscoso verdor se encubre un salvaje combate sin épica ni lírica por sobrevivir y reproducirse. Sin embargo, frente a esa imagen de la naturaleza como una encarnizada lucha sin cuartel, las relaciones simbióticas representan un modelo de cooperación, un vínculo íntimo y estable entre dos organismos con beneficios para al menos uno de ellos.

Como reivindica David George Haskell: "Necesitamos una metáfora nueva para el bosque, una imagen que nos permita visualizar que las plantas comparten y compiten. Quizá el mundo de las ideas humanas sea el paralelo más cercano: los pensadores están comprometidos en una lucha personal por la sabiduría y algunas veces por la fama, pero lo hacen nutriéndose de unos recursos compartidos que enriquecen con su propia obra, dando impulso de ese modo a sus 'competidores' intelectuales".

En esta línea, los proyectos de vida en común entre seres humanos no se hallan exentos de las mismas asimetrías que las simbiosis vegetales, y como ellas pueden abarcar un amplio espectro que va del parasitismo al altruismo, pasando por las asociaciones ventajosas para ambas partes. Si bien este último tipo de relación, en la que los dos participantes salen ganando, obtienen beneficios recíprocos y amplían sus posibilidades de supervivencia gracias al apoyo mutuo se parece bastante a nuestra idea de la felicidad conyugal, es más fácil encontrarla en el mundo vegetal que en el humano.

Más del 90 por ciento de las plantas entablan asociaciones mutualistas, conocidas como "microrrizas", con los hongos y bacterias del suelo, a los que proveen de azúcares y aminoácidos a cambio de que les ayuden a captar agua y nutrientes, les protejan de agentes patógenos y contribuyan a los procesos de descomposición, generando sustancias aprovechables por sus raíces. Un día el néctar de sus flores atraerá a los insectos polinizadores y sus frutos alimentarán a los pájaros y los mamíferos que diseminarán sus semillas. Todas las formas de vida están ligadas las unas a las otras por relaciones de dependencia mutua. Unos organismos compiten y cooperan con otros, tejiendo una tupida malla de afinidades e intereses, donde la ilusión de la individualidad se desvanece y aflora la fuerza de ese amor universal que, como reza el último verso de la *Divina Comedia*, "mueve el sol y las estrellas".

Si abandonamos el terreno de la botánica por el de la lírica, encontraremos una relación análoga, de codependencia, en el enamoramiento. Se ha definido la pasión amorosa como la simbiosis absoluta: dos que ansían ser uno. Para justificar la atracción fatal e irrefrenable que se adueña de los amantes, arrebatados por un deseo más fuerte que ellos mismos, en la literatura medieval y renacentista se recurre con frecuencia al elixir o filtro. Sin ir más lejos, en el relato de *Tristán e Isolda*, mito fundacional y paradigma de todas las historias de amor desgraciadas, la fuerza mágica del bebedizo ingerido por error enciende el deseo de los protagonistas, atiza su ardor insaciable, les da valor para superar todos los escollos y transgredir las normas morales y las convenciones sociales, y les condena a una vida de dulces padecimientos.

Al fallecer Tristán herido por una espada envenenada, el dolor consume a Isolda, tras lo que, en la versión de Béroul, los inmortales amantes serán enterrados en dos sepulturas contiguas. En la tumba de ella se plantará un rosal de flores rojas, y en la de él, una vid. Muy pronto sus ramas se entrelazarán tan estrechamente que resultarán inseparables, y de nada servirá podarlas, pues no tardarán en volver a enredarse con fogosa obstinación, como si el efecto del filtro fuese más poderoso que la muerte.

Sobra decir que los rosales y las viñas son plantas simbióticas. La costumbre de plantar unas junto a las otras se remonta a mediados del siglo XIX, cuando llegó al continente europeo, proveniente de Inglaterra, un hongo parásito, el *Oidium tuckerii*. Tanta era la rapidez con que se propagaban sus esporas, que se convirtió en una plaga. No habían transcurrido ni dos años cuando ya había diezmado buena parte de las cepas de las regiones vitícolas. Fueron los monjes cistercienses de Borgoña los que empezaron, como sistema de prevención, a cercar sus viñedos con rosales para que les alertaran de la presencia de ese hongo depredador y pudieran combatirlo a tiempo, rociando los pies de las cepas con azufre. Hoy, como antaño, las marcas visibles que deja en sus hojas avisan a los viticultores de que deben contraatacar si quieren salvar la vendimia.

Si hemos de dar crédito a los tratados de demonología, botánica astrológica y herboristería hermética, entre los ingredientes vegetales utilizados para fabricar los elixires o filtros amorosos se encontraban algunas plantas afrodisíacas (canela, azafrán, regaliz...); otras con propiedades alucinógenas como la centaurea, el cornezuelo, el beleño o la belladona; y por supuesto parásitas, como el anteriormente citado muérdago o la cuscuta. Esta última, pese a su aspecto inofensivo, es una redomada buscavidas. En vista de que es incapaz de realizar la fotosíntesis por su cuenta, debe asociarse a otra planta que la mantenga. A este propósito cuenta en sus tejidos con una proteína sensible a las radiaciones lumínicas de la clorofila almacenadas en las células de otros vegetales. Una vez que ha seleccionado a la víctima propicia, se dirige cautamente a su encuentro reptando por la tierra, hasta que abraza efusivamente el tallo de su prenda o, mejor sería decir, presa amada. No tarda en insertar unos tubos libadores, conocidos como haustorios, en el sistema vascular de su hospedadora y comenzar a succionar su savia sin ningún miramiento. Su atosigante devoción puede entorpecer el normal desarrollo de su proveedora, hasta el punto de poner en peligro su supervivencia. Si las circunstancias le son favorables, llega incluso a convertirse en una plaga destructiva, que compromete el rendimiento de los cultivos.

Otro prodigio de parasitismo y destreza manipuladora es el de la *Rafflesia arnoldii*, una planta de la isla de Sumatra, cuyas raíces y tallo crecen en el interior de la liana *Tetrastigma*, de la que extrae el agua y los nutrientes necesarios para producir la flor más grande del mundo. Su mastodóntico cáliz, con cinco pétalos coriáceos, de forma ameboidea y moteados con manchas grises, no solo llega a medir un metro de diámetro y a pesar alrededor de siete kilos, sino que también despide un repulsivo hedor a carne podrida. Atraídas por la suculenta fragancia de la descomposición, las moscas, sus polinizadoras, zumban a su alrededor haciendo, si cabe, aún más irrespirable su pestilencia.

En las relaciones simbióticas se pone en juego el complejo ejercicio de dar y recibir. Entre los seres humanos, al igual que entre las plantas, hay organismos más egoístas, cicateros, entregados, altruistas que otros. El psicólogo Adam Grant, que se ocupó de esta cuestión, llegó a la conclusión de que quienes alcanzan más reconocimiento, éxito social y ocupan un estatus más elevado en la pirámide social y en el escalafón profesional son precisamente aquellas personas que saben gestionar su generosidad con eficiente prudencia y calculado desprendimiento. Saben elegir a quién, cuándo y por qué agasajan, no gastan energías en balde e invierten con liberalidad esperando cobrar sus favores más tarde. Tienen el don de la oportunidad, un talento especial para entablar relaciones ventajosas para ambas partes, y una forma de pedir que parece dar. Su mantra es: si tú ganas, yo gano.

Su doble en el mundo vegetal sería la *Acacia drepanolobium*, nativa del oriente de África. Su tronco se halla cubierto de arriba abajo de espinas huecas, que brindan cobijo a las feroces hormigas que le sirven de guardia pretoriana. Estas mantienen a raya a los grandes y pequeños depredadores del árbol, y como recompensa por su vigilante dedicación reciben un néctar muy de su agrado. Algunos científicos, sin embargo, han puesto en entredicho esa apacible camaradería y han arrojado sombras sobre ese trueque en apariencia equitativo. Según sus recientes descubrimientos, las hormigas se vuelven adictas a la sustancia con que las premia su benevolente hospedador que, con una astucia fuera de lo común, las convierte en esclavas a su servicio.

Tan pronto como empezamos a profundizar en las estrategias de dominación y las relaciones de poder, nos damos cuenta de que las cosas a menudo no son como parecen, y que hay muchas preguntas que no tienen una respuesta fácil. La dialéctica del amo y el esclavo tal vez esté presente en todas las relaciones simbióticas, incluidas las sentimentales. Si bien no hay estudios concluyentes, a decir de muchos psiquiatras y psicólogos, al menos un 30 por ciento de la población practica estilos afectivos a los que cabría calificar de nocivos. No descubrimos nada nuevo si afirmamos que en la jungla de asfalto proliferan las personalidades pasivo-agresivas, narcisistas, histriónicas, esquizoides, sociopáticas, muy tóxicas para quienes que caen en sus redes. El encuentro con esos parásitos sentimentales puede ser una experiencia traumática y dejar profundas secuelas. Pero no es menos cierto que nadie puede lastimar a otro si este no se lo permite. Hay un aspecto del amor que es fácil pasar por alto. Es tan elemental pero tan sutil que a menudo se olvida: la confianza. Sin ese humus fertilizante no florecen las relaciones duraderas. Amar significa conceder a otro el poder de hacernos daño esperando que no lo haga.

Nos ahorraremos una larga explicación sobre las, no por sutiles menos crueles, servidumbres sentimentales contando el caso del *Ficus religiosa*, más conocido como árbol de Buda. Al igual que las enseñanzas del profeta se abren lentamente paso en las duras conciencias, sus raíces crecen horadando el tronco del hospedador camino del suelo, hasta reventarlo y precipitar su muerte. Otro caso no menos extraordinario de simbiosis antagónica o patológica es el de la higuera estranguladora africana, perteneciente a la familia de las *Moraceae*. Germina en la copa de otros árboles, de una semilla que ha transportado hasta allí un mono o un pájaro. Sus raíces descienden rápidamente en busca del suelo, trazando espirales en sentido inverso alrededor del tronco que le sirve de soporte. Tan pronto como arraigan en la tierra se acelera su crecimiento, encerrando al hospedador en el férreo corsé de sus tentáculos. Al cabo de unos pocos años, este acabará irremediablemente sucumbiendo y descomponiéndose sin dejar rastro a causa de la tórrida humedad ambiental. Para entonces la higuera ha engullido a su víctima, de la que no queda ni un triste recuerdo, si exceptuamos el vacío en el interior del tronco. Solo se libra de este fatídico final la palmera ya que en lugar de engrosar su tronco crece en altura mientras convive en armoniosa camaradería con la higuera, que le toma el relevo y pasa a convertirse ahora en su sostén.

La dicha de uno puede ser la desgracia de otro. Una buena pareja se distingue por la reciprocidad, no por la dependencia recíproca. Se regocija con tu felicidad, desea tu bien, incluso *sintigo*. Amar cuesta. Implica una elección ardua, exigente pero no banal, que nada tiene que ver con sacrificarse o mimetizarse, ni con esa religión popular en que la han convertido muchos de nuestros congéneres. Se equivocan cuando piensan que, en ausencia de otras certidumbres consoladoras, sentirse enamorado les curará de la soledad y dará sentido a su vida que, de lo contrario, carecería de un polo magnético hacia el que orientar su brújula interior. Los sentimientos se han convertido en un espectáculo obsceno y, dándole otro significado a la afortunada expresión de Simon Critchley, en la fe de los sin fe. Se diría que, en nuestra época descreída e individualista hasta más no poder, es más importante verse deseado que desear, decir que se quiere que propiamente querer y exhibir los sentimientos en público que vivirlos en privado. Las toxinas del sentimentalismo narcisista han infectado nuestra cultura del amor. Piénsese en los programas de telerrealidad, en las redes sociales o en las plataformas digitales que ofrecen servicios de citas para encontrar una pareja duradera o un esporádico compañero sexual. Tal vez nos hallemos ante la versión contemporánea del *amabam amare* ("amaban amar") de san Agustín. Una cosa es que las personas anhelen amar y otra bien distinta que sepan cómo hacerlo.

Desde luego son muchos más los que desean querer que los que pueden hacerlo. Demasiadas personas se afanan con un fervor, no exento de ingenuidad, en buscar un alma gemela o experimentar la chispa de un romance, esperando en vano que eso les alivie de la pesada carga de la soledad, haga más soportable el esfuerzo de vivir, llene el vacío que hay detrás de todo y les dé un asidero. Pero el cometido del amor no es, ni puede ser, salvarnos de nosotros mismos, liberarnos de la engorrosa tarea de pensar o devolvernos la confianza en el mundo. Nada ha causado más estragos que el culto romántico a la pasión y su exaltación del deseo y la entrega incondicional, que alienta el apego y el sacrificio. Convertido por la publicidad en un objeto de consumo más, este nunca está a la altura de su retórica. Inevitablemente incumple sus promesas, defrauda las expectativas puestas en él y acaba sabiendo a desengaño y frustración. Nadie ignora que el amor eterno dura seis o siete años. En el fondo de nuestros corazones todos sabemos que los sueños románticos quedan en nada. Seguramente porque a menudo nos prendamos de una persona a la que hemos idealizado justamente para poder estimarla y que, cuando nos revela su verdadero rostro y deja de entonar nuestro canto, ya no nos gusta y se convierte en un impostor que ha suplantado a nuestro ser amado.

Muchas de nuestras ideas irracionales sobre el amor nos llevan a dar la espalda a la dicha que decimos buscar. Se nos ha enseñado a encontrar miles de buenas razones para sacrificar nuestra libertad interior y reprimir nuestras aspiraciones de autonomía en aras de una absurda y distorsionada concepción sentimental, como si no fuera una opción aceptable, representase una amenaza para el grupo o supusiese una falta de sensibilidad hacia los otros. Parafraseando a Nietzsche, podríamos decir que las personas enamoradas quieren hacernos creer que fueron ellas las que inventaron la felicidad. Pero la verdad es que fueron las personas felices las que inventaron el amor. Este tiene mucho que ver con hacer juntos sin dejar de ser uno mismo, con convertir el conocimiento mutuo en atracción y el deseo en confianza, con construir una ficción verdadera, perseguidos por la continua amenaza de la rutina y el desencanto: la de dos soledades que comparten una verdad propia, y el valor para vivir sin peros ni paras, con poco y sin porqués. La sabiduría en el amor se parece bastante a la complicidad de dos viejos amigos que no han perdido la capacidad de sorprenderse mutuamente. Sin duda, la mejor manera de conseguir la felicidad es darla.

REFERENCIAS BIBLIOGRÁFICAS

ACKERMAN, Diane (2000): *Una historia natural del amor*, Susana Camps (trad.), Barcelona, Anagrama.
– (2002): *Cultivating Delight. A Natural History of My Garden*, Harper Collins Publishers, Perennia
DE BOTTON, Alain (2013): *Del amor. Un mapa de los sentimientos amorosos*, Juan José del Solar (trad.), Barcelona, RBA.
– (2017): *La fatiga del amor*, Inga Pellisa (trad.), Barcelona, Lumen.
COCCIA, Emanuele (2016): *La vie des plantes. Une métaphysique du mélange*, París, Payot & Rivages.
COMTE-SPONVILLE, André (2001): *El amor, la soledad*, Godofredo González (trad.), Barcelona, Buenos Aires y México, Paidós, Contextos n.º 68.
– (1996): *Aimer désespérement*, Thionville, Le Fennec Editeur, L'attention thématique.
ERICE, Aina S. (2015): *La invención del reino vegetal. Historias sobre plantas y la inteligencia humana*, Barcelona, Ariel.
FLANNERY, Tim (2011): *Aquí en la tierra. Argumentos para la esperanza*, Alejandro Pradera (trad.), Madrid, Taurus, Pensamiento.
HALLÉ, Francis (2016): *Elogio de la planta. Por una nueva biología*, Lander Renteria (trad.), Bilbao, Libros del Jata, La mirada atenta.
– (2016): *Atlas de botanique poétique*, París, Arthaud.

HASKELL, David George (2014): *En un metro de bosque. Un año observando la naturaleza*, Guillem Usandizaga (trad.), Madrid, Turner, Noema, pp. 320.

JARA, David G. (2015): *El encantador de saltamontes y otros ensayos sobre la historia natural de los parásitos*, Guadalmazán.

JAHREN, Hope (2017): *La memoria secreta de los árboles. Una historia de árboles, ciencia y amor*, María José Viejo e Ignacio Villaró (trad.), Barcelona, Paidós.

KESSELER, Rob y HARLEY, Madeline (2011): *Polen. La sexualidad oculta de las plantas*, Susana Pinar (trad.), Madrid, Turner.

LAING, Olivia (2017): *La ciudad solitaria, Aventuras en el arte de estar solo*, Catalina Martínez Muñoz (trad.), Madrid, Capitán Swing.

MABEY, Richard (2017): *The cabaret of Plants. Forty Thousand Years of Plant Life and The Human Imagination*, Nueva York, W. W. Norton & Company.

MANCUSO, Stefano (2016): *Biodiversos*, David Paradela (trad.), Barcelona, Galaxia Gutenberg.

– (2017): *El futuro es vegetal*, David Paradela López (trad.), Barcelona, Galaxia Gutenberg, Barcelona, 2017.

MAETERLINCK, Maurice (1987): *La inteligencia de las flores*, Barcelona, Orbis.

PELT, Jean Marie (1996): *Les langages secrets de la nature. La communication chez les animaux et les plantes*, París, Fayard, Le Livre de Poche n.º 14435.

– (2004): *Mes plus belles histoires de plantes*, París, Fayard, Le Livre de Poche n.º 30135.

– (2008): *Nature et spiritualité*, París, Fayard, Le Livre de Poche n.º 31529.

POLLAN, Michael (2008): *La botánica del deseo. El mundo visto a través de las plantas*, Raúl Nagore (trad.), San Sebastián, Navarrorum Tabula.

SCOTT, George D. (1976): *Simbiosis vegetal*, Gabriel Paricio Larrea (trad.), Barcelona, Omega.

STUPPY, Wolfgang y KESSELER, Rob (2013): *Frutos. Irresistibles, incomestibles, increíbles*, Ricardina Riina (trad.), Madrid, Turner.

TASSIN, Jacques (2016): *À quoi pensent les plantes?*, París, Odile Jacob Sciences.

TOMPKINS, Peter y BIRD, Christopher (2016): *La vida secreta de las plantas*, Andrés Mateo (trad.), Madrid, Capitán Swing.

ZYGMUNT, Bauman (2003): *Amor líquido. Acerca de la fragilidad de los vínculos humanos*, Mirta Rosemberg y Jaime Arrambide (trad.), México, Fondo de Cultura Económica.

20

EL OLVIDADO ARTE DE CRIAR MALVAS
(LA MUERTE)

> Necesitamos una nueva guía del *Ars Moriendi* para el siglo XXI. Los progresos en medicina nos han otorgado el poder de prolongar la vida, pero no nos han enseñado nada acerca de cómo morir. Nuestro temor a la muerte, unido al apego a la vida, hace que nunca pensemos en prepararnos para el proceso de la muerte ni para la muerte misma. Y, aunque todos sabemos que moriremos algún día, casi nadie está preparado o se está preparando para 'morir correctamente'.
>
> PETER Y ELIZABETH FENWICK,
> *El arte de morir*

*H*ay una festividad muy señalada del calendario católico destinada a recordar a los creyentes que su tránsito por este mundo es fugaz, y que la verdadera vida les aguarda tras la muerte: el Miércoles de Ceniza. Esa celebración marca el inicio de la Cuaresma. Mientras los sacerdotes oficiantes murmuran la invocación de resonancias bíblicas: "Hombre, acuérdate de que polvo eres y en polvo te convertirás", van dibujando una cruz en la frente de cada feligrés con los dedos impregnados con la ceniza resultante de quemar las palmas paseadas durante la procesión del Domingo de Ramos del año anterior. Ese contundente versículo del Génesis, que dota de sentido al rito, sería aún más fiel a la verdad si describiera la efímera existencia humana como "un retorno al humus del que salió". Cada vez más personas en el mundo occidental optan por ser incineradas tras su defunción. Y quién sabe si por una comprensible repugnancia a convertirse en pasto de los gusanos o por la pérdida de fe en la resurrección de los cuerpos al final de los tiempos, muchos de nuestros congéneres dejan instrucciones precisas a sus seres queridos, de viva voz o por escrito, para que avienten sus cenizas en un bosque, un jardín o cualquier otro paraje evocador o lugar de la memoria. Esa imagen resulta tan persuasiva y conmovedora que se ha impuesto a cualquier objeción higienista, religiosa o municipal. Tanto es así que proliferan las empresas de servicios funerarios que ofrecen urnas y relicarios biodegradables, fabricados de manera artesanal en cartón y una amplia selección de maderas nobles (palisandro, arce, nogal...). Incluso los ayuntamientos y los gobiernos se han visto obligados a regular esas prácticas dictando normativas e imponiendo sanciones a fin de prevenir espectáculos insólitos, no exentos de humor negro, y situaciones que resultarían tristes si no fueran también disparatadas, cómicas de puro dantescas, como urnas arrastradas a las playas por las olas para desconcierto de los bañistas, césped en los parques públicos cubierto de un sospechoso manto blancuzco que sale volando a la primera ráfaga de viento o los enfrentamientos entre los bulliciosos visitantes de un jardín y los apenados miembros de un cortejo fúnebre. La situación ha llegado tan lejos que la Iglesia católica ha prohibido, bajo la amenaza de no celebrar el funeral, dispersar por el aire, el agua o la tierra las cenizas de los difuntos, repartirlas o dividirlas entre los familiares o tenerlas en casa, "con el objeto de evitar cualquier malentendido panteísta, naturalista o nihilista".

Además de los individuos que prefieren ser cremados y que sus restos sean reintegrados a la naturaleza, están los que escogen escenarios campestres o salvajes para abandonar este mundo, como es el bosque de los suicidas situado en las faldas del monte Fuji en Japón. En Aokigahara o Mar de Árboles se quitan la vida entre cincuenta y cien personas cada año, cantidad por la que ostenta el macabro récord de ser el segundo lugar del mundo, tras el puente Golden Gate de San Francisco, preferido por gentes cansadas de vivir para poner fin a sus días. Pese a los carteles diseminados por la espesa floresta intentando disuadir de su propósito a los potenciales suicidas, su número se ha mantenido estable.

El que muchos de nuestros semejantes manifiesten la voluntad de retornar a la naturaleza en el último momento obedece menos a la laicización de la sociedad que a la dificultad para asumir la propia mortalidad. La perspectiva de fundirse con el entorno y continuar formando parte de los ciclos naturales les resulta consoladora acaso porque, de algún modo, les permite seguir aferrándose a su propia permanencia. El simple hecho de que seamos mortales, seres contingentes, en tránsito por este mundo debería bastar para persuadirnos de no estar demasiado apegados a las cosas ni a las personas, ni siquiera a nosotros mismos. Hasta que llegue el momento de marchar de aquí y reunirse con Dios o la Oscuridad, lo mejor que podemos hacer es vivir en el ahora, sin falsas expectativas ni infundados temores, sabiendo que nada dura para siempre y que esto también pasará.

Emprender ese viaje sin retorno con serenidad y dignidad, en paz con uno mismo, representa la culminación de la existencia y su mayor logro. Constituye la prueba más patente de que se ha tenido una vida plena y con sentido. Las personas que han demostrado el valor de protagonizar su propia peripecia vital acostumbran a decir adiós a este mundo sin demasiados aspavientos, con una mezcla de estoica aceptación y gratitud. Es absurdo vivir atemorizados por la posibilidad de perecer y, mucho más si cabe, hacerlo como si no hubiera fecha de caducidad. A fin de cuentas, como escribió Epicuro a su amigo Meneceo hace más de veintitrés siglos: "Mientras nosotros somos, la muerte no está presente". Por más convincentes que sean los argumentos, no logran aliviar completamente la angustiosa sensación de que no duraremos para siempre. La perspectiva de convertirse en humus fertilizante, bien sea porque nuestras cenizas han sido diseminadas por el suelo o bien porque nuestros restos mortales han pasado por el aparato digestivo de voraces gusanos, resulta igual de inaceptable y poco consoladora.

Pero, en realidad, ¿qué forma esa fértil capa de tierra de textura porosa y de un característico color negruzco? Se podría contestar diciendo que es el resultado de la acción combinada de microorganismos, bacterias, hongos, lombrices y fagos que unen sus esfuerzos en una compleja simbiosis para descomponer los desechos de origen vegetal o animal, y transformar la materia orgánica en un beneficioso mantillo, que mejora la salud del suelo y, directa o indirectamente, la de todos los seres vivos que crecen o se mueven en él, incluidos los seres humanos.

Las lombrices de tierra, de las que se han descrito más de cuatro mil especies, se ocupan de regenerar la estructura del suelo gracias a su frenética actividad excavadora. Promueven su aireación y porosidad escarbando galerías que facilitan la infiltración de los nutrientes y el agua. En asociación con las bacterias y los hongos del sustrato procesan a través de su invertebrado cuerpo, formado por mucilaginosos segmentos o anillos cubiertos de unos diminutos pelillos que les permiten remover, horadar y arrastrarse, hasta doscientas cincuenta toneladas de tierra al año. No alabaremos suficientemente la entregada labor de esas invisibles ingenieras del suelo, que están presentes en todos los ecosistemas y que, asómbrense, suponen el 80 por ciento del peso total de todos los animales que viven en el planeta. Si tuviéramos un oído lo suficientemente fino, tal vez las escucharíamos rumiar bajo nuestros pies.

Ellas son "los auténticos emperadores de la dieta", como escribe Shakespeare en *Hamlet.* "Nosotros cebamos animales para cebarnos a nosotros, y nos cebamos a nosotros para cebar gusanos. Un rey gordo y un flaco mendigo no son sino mesa variada, dos platos para un mismo mantel". Es difícil describir con más cruda elegancia y desmitificadora precisión el lugar que ocupamos como seres de carne y hueso en la cadena trófica de la vida. Nos asusta tanto la degradación del cuerpo y la extinción de nuestro ego que nos engañamos pensando que de algún modo el dinero, la belleza o la posición social pueden protegernos de la aniquilación física y conjurar la angustia que nos invade al pensar que un día ya no estaremos, dejaremos de existir y la vida continuará sin nosotros. No nos resignamos a que nuestro destino sea servir de festín a esos infames invertebrados, y nos esforzamos en luchar contra el olvido y vencer la muerte por todos los medios a nuestro alcance, y no es el menor de ellos la escritura.

Está claro que la cultura contemporánea mantiene un pesado y clamoroso silencio sobre la muerte y todo cuanto la rodea, que esta se ha convertido en el gran tabú de nuestra sociedad caracterizada por idolatrar la juventud y reverenciar la salud. Pero ¿en qué consiste eso que la lengua común llama "irse al otro barrio"? Según la definición comúnmente aceptada por los médicos, el paciente abandona este mundo en el momento en que cesa el esfuerzo respiratorio, el gasto cardíaco y los reflejos instintivos como la contracción de las pupilas ante la luz. Antes de que transcurra un minuto desde que el corazón deja de bombear sangre al cerebro, la presión arterial ha caído a cero, se ha suspendido la actividad neuronal y la conciencia se ha desvanecido irreversiblemente sin dejar rastro. En ese momento el agonizante se considera clínicamente muerto. Su cuerpo todavía caliente es ya un cadáver, que no tardará en convertirse en un trozo de carne hediondo y, en cuestión de meses o años, en un esqueleto mondo y lirondo. Para entonces la cobertura carnal del alma, yo, conciencia, mente o como quiera que la llamemos, ya se ha corrompido y desaparecido.

Es cierto que se han escrito muchas y memorables páginas sobre el destino de ese *ser-para-la-muerte*, como lo llamó Martin Heidegger, pero no lo es menos que nadie ha vuelto del viaje al más allá para contárnoslo. Un electroencefalograma que no registra actividad marca un punto de no retorno, traza el horizonte tras el que se extiende una tierra incógnita. ¿Qué paisaje se divisa cuando se cierran definitivamente los ojos, qué hay después del último suspiro, de que la última onda cerebral se borre de la superficie de la conciencia? Ese es el misterio de todos los misterios y la pregunta de todas las preguntas, a la que intentan dar respuesta religión, arte y ciencia. Se trata de una experiencia que nadie ha tenido, pero que todos tendremos, de la que nadie habla, pero en la que todos pensamos.

La metamorfosis de un cuerpo vivo en un amasijo de huesos, pelos, uñas y restos biológicos, de un ser animado y consciente en una cosa inanimada e insensible, de un individuo con identidad propia en un muerto anónimo más nos concierne a todos. Nuestra época paradójicamente ha desnaturalizado la muerte, la ha descorporalizado desvinculándola de sus horripilantes y sórdidos aspectos físicos. Los seres de carne y hueso tienen cada vez una experiencia del final de la vida más abstracta, desangelada e irreal. Los enfermos terminales acaban sus días rodeados de más aparatos que de personas queridas, en un estado de insensibilidad aséptica, cuando no de aturdimiento o inconsciencia, inducido por analgésicos y sedantes. En lugar de prepararnos para fallecer y hablar de ello con claridad y espontaneidad, nos esforzamos en ignorar que nuestros días están contados e, imbuidos por el pensamiento infantil dominante, guardamos un sepulcral y elocuente silencio sobre la Dama de la Guadaña, con la esperanza de que no exista lo que no nombramos. Independientemente de que creamos o no que algo sobrevive a la extinción del cuerpo, la muerte se ha convertido en un asunto privado, casi innombrable, del que resulta impúdico hablar.

Hoy como ayer, y probablemente mañana, los seres humanos han imaginado la otra vida, el más allá, el mundo de ultratumba con la forma de un vergel más o menos florido y exuberante. El diseño de esos paraísos celestiales ha variado según la época en consonancia con las mutaciones del gusto y las exigencias de la estética vigente en cada momento histórico. Esa imagen arquetípica nos ha permitido visualizar la invisible dicha eterna, la bienaventurada inmortalidad y la gloria de los elegidos. Así, por ejemplo, en los mitos órficos de la Antigüedad grecorromana el más allá se representaba como una idílica pradera cubierta de asfódelos, salpicada de rumorosos álamos temblones y eternamente bañada por las fuentes de la Memoria y el Olvido; durante la Edad Media el cielo adoptaba la forma de un huerto encerrado entre muros a imitación de los claustros monacales; en el Renacimiento semejaba un *locus amoenus* con el aspecto de un jardín regular con amplias panorámicas a un idílico paisaje; en el Barroco la vida de allá arriba se desarrollaba en medio de una singular arquitectura vegetal de simétricas proporciones y geometría versallesca; en el Romanticismo recordaba a un bucólico parque paisajista que se extendía hasta el infinito, y así sucesivamente. La evolución de la imaginería espiritual también ha corrido pareja a la del trazado de los campos santos o cementerios, que, según las épocas, han ido revistiendo el aspecto de una campiña verde, un *hortus conclusus*, una villa palladiana, una arboleda pintoresca o la propia Madre Naturaleza.

Por lo demás, la costumbre de llevar flores al cementerio no es algo nuevo, ni mucho menos. Hay evidencias arqueológicas en enterramientos neandertales de hace sesenta mil años de antigüedad de la presencia de polen. Desde la Edad de Piedra los humanos han adornado las tumbas con flores y hierbas aromáticas y han empleado plantas en las ceremonias y ritos funerarios, tanto para honrar la memoria del difunto como para hacer más soportable el dolor de la pérdida o para enmascarar el hedor de los cuerpos en descomposición durante los velatorios. Como quiera que sea, en la mayoría de las culturas junto a las fosas se suelen poner flores cortadas, que están condenadas a marchitarse rápidamente, en clara alusión a la brevedad de la vida. Después de todo, "los días del hombre no son sino hierba —como dice el Salmo 103— crecen como las flores del campo, cuando el viento pasa sobre ellas, desaparecen...".

El contrapunto a la efímera belleza de las flores con que se adornan las tumbas es la vocación de permanencia de los epitafios esculpidos en las lápidas. Se podría escribir toda una enciclopedia reuniendo las palabras con que eminentes personalidades de las ciencias y las letras se han despedido de este mundo a lo largo de la historia. Esas frases para la posteridad, labradas en el mármol de las tumbas o de la memoria colectiva, constituyen la coda final a sus trabajos y días y el gesto con que quieren posar para la eternidad. De esas inscripciones se puede decir lo que Samuel Fuller escribió en el siglo XVII sobre los parques ingleses: "Como el jardinero, así es el jardín". El insolente desapego de Diógenes el Cínico: "Al morir, échenme a los lobos, ya estoy acostumbrado", contrasta vivamente con la melancólica inscripción que figura en la estela del poeta Rainer Maria Rilke: "Rosa, oh contradicción pura, alegría / de no ser sueño de nadie bajo tantos / párpados". Y la serenidad clásica que destilan las últimas palabras del astrónomo Carl Sagan: "Hemos amado con demasiado fervor las estrellas como para temer la noche", se encuentra en la antípoda de la irreverente y desmitificadora actitud de François Rabelais, autor de *Gargantúa y Pantagruel*: "Que baje el telón, la farsa terminó".

La salida de este mundo está rodeada de un aura sobrenatural, como la entrada. Por si esto no fuera ya bastante desconcertante, personas respetables y sensatas aseguran haberse comunicado con sus familiares y amigos agonizantes, incluso a miles de kilómetros de distancia, por no hablar de otros extraños incidentes o vivencias espirituales, que escapan a nuestra comprensión racional, como coincidencias sincrónicas o fenómenos telepáticos. A falta de otra explicación más plausible, se han atribuido al consumo de fármacos, al deterioro orgánico, a la escasez de oxígeno en el cerebro o, incluso, a la autosugestión y los mecanismos proyectivos de defensa del yo atizados por el pavor a dejar de existir.

Por más consoladora y seductora que resulte la idea de que la muerte no es el final sino un pasaje hacia otra forma de vida, "un amanecer, un radiante comienzo", como lo califica poéticamente Elisabeth Kübler-Ross, no concuerda con el sistema de creencias de nuestra desencantada y materialista época que sacraliza la ciencia. Todos los credos religiosos comparten la fe en que algo sobrevive a la extinción de la envoltura carnal, llámese alma, espíritu, cuerpo sutil o energía espiritual, y que la Nada no es el horizonte final, ni la respuesta a todas nuestras búsquedas. Esta creencia no tiene nada de novedosa, pero sí la manera en que se plantea: no estrictamente vinculada a una cosmovisión religiosa ni a una verdad revelada, sino como la conclusión lógica ante las experiencias cercanas a la muerte relatadas por los moribundos y rigurosamente documentadas por neuropsiquiatras y personal sanitario especializado en el tratamiento de pacientes terminales, que invitan a pensar que algo nos espera más allá de la tumba.

Habrá quien sostenga que esa actitud, vagamente contradictoria, permite afrontar el peliagudo escepticismo de la ciencia sin tener que renunciar a los consuelos espirituales de la religión, y poder conservar la fe en la inmortalidad, valga la ironía, sin traicionar el pensamiento racional. Otros pensadores, por el contrario, instan a salirse de las coordenadas comúnmente establecidas y a considerar la posibilidad de una conciencia emergente, extendida y metaindividual, así como a aceptar nuestra ignorancia sobre lo que nos aguarda al otro lado de ese umbral al que denominamos muerte, porque carecemos de una mejor expresión para designar esa experiencia de la que, incluso hoy, no sabemos prácticamente nada.

Cada vez resulta más difícil sostener que el ser humano, como creía Voltaire, es la única criatura que sabe que va a morir y, al mismo tiempo, se ha tornado igual de arduo defender, sin entrar en conflicto con la ciencia, que el yo, el alma o la mente sean algo más que un algoritmo bioquímico. Si renunciamos a las ficciones consoladoras de la religión y aceptamos que nada sobrevive a la muerte, excepto nuestra añoranza de inmortalidad, solo nos queda buscar por todos los medios cómo aumentar la longevidad y promover el sindiós de una ciencia de la larga vida, cuyas promesas probablemente solo se harán realidad para unos *pocos felices*. El nuevo escenario de la lucha de clases podría ser el de la senescencia, si es que, bien mirado, no ha sido siempre así.

REFERENCIAS BIBLIOGRÁFICAS

ARIÈS, Philippe (1983): *El hombre ante la muerte*, Mauro Armiño (trad.), Madrid, Taurus, Ensayistas serie Mayor, n.º 229.

– (2017): *Historia de la muerte en Occidente. Desde la Edad Media hasta nuestros días*, Paco Carbajo y Richard Perrin (trad.), Barcelona, El Acantilado.

BARALLAT, Celestino (1984): *Principios de botánica funeraria*, Barcelona, Alta Fulla.

BROWN, Norman (1967): *Eros y Tánatos. El sentido psicoanalítico de la historia*, Francisco Perujo (trad.), México, Joaquín Mortiz.

BRUNON, Hervé y MOSSER, Monique (2014): *Jardins de sagesse en Occident*, París, Seuil.

DE BOTTON, Alain (2012): *Religión para ateos*, Amado Diéguez (trad.), Barcelona, RBA divulgación.

– (2001): *De las consolaciones de la filosofía. Para tomarse la vida con filosofía*, Pablo Hermida (trad.), Madrid, Taurus, Pensamiento.

FENWICK, Peter y FENWICK, Elisabeth (2015): *El arte de morir*, Roberto R. Bravo (trad.), Gerona, Atalanta, Memoria Mundi n.º 93.

FERNÁNDEZ DEL RIESGO, Manuel (2007): *Antropología de la muerte*, España, Síntesis, Hermeneia.

JANKÉLÉVITCH, Vladimir (2009): *La muerte*, Manuel Arranz (trad.), Valencia, Pre-Textos.

KÜBLER-ROSS, Elisabeth (2016): *La muerte. Un nuevo amanecer*, Paz Jáuregui (trad.), Barcelona, Luciérnaga.

– (2017): *Sobre la muerte y los moribundos. Alivio del sufrimiento psicológico*, Neri Daurella (trad.), Madrid, DeBolsillo, Clave.

VAN LOMMEL, Pim (2017): *Consciencia. Más allá de la vida*, Patricio Gonzalo de Jesús (trad.), Gerona, Atalanta, Imaginatio Vera.

ZELDIN, Theodore (2014): *Historia íntima de la humanidad*, José Luis Gil Aristu (trad.), Barcelona, Plataforma.

21

MERCADO DE LAS FLORES
(LA PLUSVALÍA)

> La vida humana es ciertamente una cosa
> miserable: la atraviesa como un viento
> impetuoso una incontenible avidez de
> ganancias. ¡Ojalá todos los médicos se
> unieran en su contra para curar una do-
> lencia que es más grave que la locura,
> pues la solemos considerar una bendi-
> ción siendo como es una enfermedad y
> causa de numerosos males!
>
> HIPÓCRATES (460-370 A. C.)

*E*l muchacho que regala una rosa a la chica por la que suspira; la novia que escoge los ásteres y las margaritas que formarán el ramo del día de su boda; los familiares que portan un centro de narcisos e iris a la habitación del hospital para dar la enhorabuena a una joven que acaba de traer un niño al mundo; y los compañeros de fatigas laborales que encargan una corona fúnebre para honrar la memoria de un colega difunto no imaginan que el símbolo de su amor, compromiso, alegría y pena proviene del mismo lugar, localizado a cientos, cuando no a miles, de kilómetros: el mercado de las flores de Aalsmeer. En esta localidad, situada al suroeste de Ámsterdam, tiene lugar diariamente la subasta más importante del mundo tanto por el volumen de ventas, 12.500 millones de flores y plantas al año, como por el mastodóntico tamaño de sus instalaciones, 1.300.000 metros cuadrados, de los cuales 55.000 corresponden a cámaras frigoríficas.

Desde una pasarela elevada, por la que desfilan anualmente cerca de 200.000 visitantes, entre curiosos, turistas y estudiantes, se puede observar el frenético ir y venir de carretillas movidas por vehículos motorizados. Respirar a esas tempranas horas el aire impregnado por la fragancia de más flores de las que uno pueda imaginar, en medio de un silencioso ajetreo, produce una sensación de embriaguez que no se parece a ninguna otra conocida, hecha de lucrativa laboriosidad, diligencia comercial y aprovechamiento del tiempo.

No creo que nadie pueda mirar igual las rosas, los tulipanes, las orquídeas, los kalanchoes o las hortensias (las cinco plantas más vendidas, por ese orden) después de haber asistido a una subasta en este mercado de las flores o, por decirlo profesionalmente, en la plataforma comercial de Royal FloraHolland. Algo de su poesía se desvanece para siempre después de contemplar cómo desfilan con mecánica y precisa marcialidad vagonetas cargadas hasta los topes de plantas perfectamente empaquetadas y clasificadas. Aquella masiva exhibición no celebra su belleza sino su valor mercantil. Es difícil dejarse conmover por unas flores que parecen salidas de una cadena de montaje, tan iguales las unas a las otras como piezas de recambio fabricadas con el mismo troquel, impersonales de puro semejantes.

La sola visión de la sala de subastas, presidida por dos gigantescas pantallas electrónicas, eclipsa cualquier posible fantasía romántica. En cada una de ellas se proyecta la esfera de un reloj junto a cuadros explicativos, donde figuran las especificaciones de cada lote (cultivador, país de origen, índice de fiabilidad, nivel de calidad) y las características de la puja (moneda utilizada, precio por unidad, número de carros de apilar por contenedor, total de contenedores, cuantía de plantas por contenedor, cantidad mínima a adquirir y volumen de compra). Sentados en las gradas de un anfiteatro, de cara a las pantallas, se encuentran los compradores, aún hoy exclusivamente hombres, armados de *tablets*, teléfonos móviles y ordenadores portátiles. Un punto rojo en las esferas de los relojes señala el punto de partida de cada licitación. La manecilla gira velozmente marcando valores decrecientes hasta que un *trader*, anticipándose a los otros, suspende su marcha haciendo una oferta. En menos tiempo del que se necesita para plantar un bulbo, miles, por no decir decenas de miles, de flores y plantas cambian de dueño. Cada día se negocian más de 34 millones de unidades.

A las 9:30 horas de la mañana todos los lotes ya están vendidos y la subasta llega a su fin. Cuando el sol apenas ha salido, el día ya es viejo para esas flores adjudicadas al mejor postor, que no tardarán en salir volando rumbo a Alemania, Reino Unido, Francia, Italia y Rusia, entre otros destinos, desde el cercano aeropuerto internacional de Schiphol. Muy pocos imaginan el largo viaje que han realizado las orquídeas, las rosas, los tulipanes, los lirios y hasta 20.000 clases diferentes de flores y plantas que lucen en el jarrón de la consulta, de la oficina o de la habitación de hospital como si estuvieran recién cortadas. Su engañosa frescura es otra de las mentiras de este lucrativo negocio, que solo en Holanda factura 4.400 millones anuales (9,6 millones diarios) y que no cesa de crecer. Por el camino, un mercado de flores se ha convertido en una plataforma comercial; un oficio artesanal, en una pujante industria; y una planta, en un producto fabricado, en un bien de consumo más, sometido a las sibilinas estrategias comerciales de la mercadotecnia. Si bien a los destinatarios finales nos gusta pensar que las flores han sido recogidas a mano en un jardín para servir de mensajeras de nuestros más preciados sentimientos, la realidad no puede ser más distinta de nuestras ingenuas fantasías consumistas y los reclamos de la publicidad.

No es menos sorprendente que, cuatro siglos atrás, en las tabernas y posadas situadas a poca distancia de allí comenzaran a subastarse bulbos, dando inicio a la *tulipomanía* que acabaría sacudiendo los cimientos de la próspera economía holandesa entre 1633 y 1637. Tiene algo de desconcertante y mucho de revelador pensar que la causante de la primera crisis financiera de los tiempos modernos fue nada más ni menos que una flor. Su frágil y efímera belleza se convirtió en el objeto de una desmedida e irrefrenable codicia. La posesión de un simple bulbo de tulipán encerraba una promesa de felicidad tanto para los ricos comerciantes como para los campesinos. Para aquellos constituía un signo de refinamiento y estatus y para estos una oportunidad de progresar socialmente, pues si la suerte les sonreía con una buena cosecha, podían salir definitivamente de pobres.

Mucho antes de cautivar con su atractivo colorido a los habitantes de las prósperas ciudades de los Países Bajos durante el siglo XVII, esas flores habían seducido a los sibaritas sultanes del gigantesco imperio otomano, para quienes representaron mucho más que una planta ornamental. De hecho, los turcos designan los tulipanes con la voz *lale(h)*, una palabra que como el bulbo procede de Persia. Ese vocablo contiene las mismas letras del alfabeto arábigo que se usan para escribir el nombre de *Allah*. De ahí también que fuera considerada la más sagrada de las flores y se convirtiera en un símbolo religioso. La feliz analogía entre la forma del tulipán y la del tocado de los hombres turcos, que, por otra parte, acostumbraban a portar esa flor entre los pliegues de su turbante, propició el malentendido, que llevó a los primeros mercaderes europeos a designar uno con el nombre del otro, latinizando la palabra turca *tülbend* que significa turbante y que, a su vez, procede del término persa *dulband* ("redondo").

Los embajadores de los Habsburgo en la corte de Solimán el Magnífico, quien gobernó entre 1520 y 1566 un vasto imperio desde Estambul, fueron probablemente los primeros europeos en admirar esa flor, que poco tenía que ver con sus ancestros silvestres, oriundos de los desoladas e inhóspitos valles y laderas montañosas del Asia Central. Gracias a la devoción con la que los otomanos cultivaron el tulipán, este pulió sus rasgos. Sus seis pétalos adquirieron su característica forma almendrada, una mayor policromía y se cubrieron con rayas y manchas ornamentales. Los evocadores nombres con que bautizaron sus creaciones ("la luz del paraíso", "perla sin mácula", "envidia de los diamantes" y otras por el estilo) contribuyeron sin duda a forjar su leyenda y despertar el deseo mimético de los occidentales.

La primera noticia que tenemos de la floración de un tulipán en Europa data de abril de 1559. Conrad Gesner describe en su documentado tratado de botánica *Catalogus plantarum* el hallazgo de esa flor sin igual, a la que en alusión a su procedencia otomana bautizó como *Tulipa Turcarum,* en el jardín de un tal Johann Heinrich Herwart, concejal de un pueblo de Bavaria llamado Augsburg. En 1562 un comerciante flamenco en telas de la ciudad de Amberes recibió, junto a una remesa procedente de Estambul, una caja con unos extraños bulbos que tomó por unas cebollas otomanas. Probó a comérselas sin demasiados escrúpulos, pero su gusto no le debió entusiasmar, pues acabó plantando los restantes en su huerto. Cuál no sería su sorpresa cuando, al cabo de los meses, brotaron entre las coles unas exóticas flores de vivos colores como nunca había visto, que hacían parecer sin gracia a las otras plantas. Hasta el más insensible de los hombres hubiera admirado el fulgor rojo y amarillo de sus pétalos. El destino quiso que compartiera su sorpresa con Joris Rye, un acaudalado comerciante de paso por la ciudad y aficionado a la jardinería, que supo apreciar en su justa medida la deslumbrante belleza de esa flor. Este hizo partícipe de su descubrimiento a su amigo Carolus Clusius (1526-1609), un extraordinario botánico que acabaría siendo profesor de la universidad de Leiden y creador de su *hortus botanicus*, donde cultivaría la más rica y variada colección de tulipanes de su época. Sus escritos contribuyeron al conocimiento de esa planta y prepararon el terreno para la pasión por los tulipanes que se desataría décadas después en los Países Bajos.

No olvidemos que los tulipanes fueron una de las primeras flores distinguidas con nombres propios de resonancias heroicas, a la altura de sus astronómicas cotizaciones, y rimbombantes apelativos que aludían poéticamente tanto a sus cualidades cromáticas como a su perfección formal: "Semper Augustus", "Double Oriflamme", "Viceroy", "Sans Pareil", "Bellaert", "Princess van Asturien", "Almirante van der Eyck" y tantos otros que sería muy prolijo enumerar aquí. Los tulipanes siguieron siendo objeto de una singular idolatría y un culto fetichista, incluso después del trauma que supuso la *tulipomanía*, como evidencia la proliferación de bodegones florales durante los siglos XVII y XVIII, de los que forman parte casi obligatoriamente, y que constituyen un género pictórico en sí mismo.

Por aquellas fechas se llegó a pagar la friolera de 5.200 florines por un solo bulbo de *Semper Augustus*, una auténtica fortuna si tenemos en cuenta que las ganancias anuales de un carpintero de la época apenas ascendían a 250 florines, que el salario del prestigioso Carolus Clusius era de 750 florines o que Rembrandt cobró por *La ronda nocturna* 1.600 florines. El que un simple bulbo pudiese llegar a valer más de cien veces su peso en oro o se intercambiase por una mansión en los canales de Ámsterdam nos da una idea aproximada de hasta dónde llegó la locura de los tulipanes.

Durante ese acceso de demencia colectiva los bulbos cambiaban varias veces de manos antes de florecer, incrementando su valor en cada transacción. A tal punto llegó la especulación que, muy pronto, se empezó a comerciar con las expectativas, sin tener en cuenta los riesgos que conllevaba negociar con un producto perecedero, de temporada, que exige un cultivo de siete años antes de que su semilla se convierta en un bulbo que pueda florecer. Surgió así algo parecido a un mercado de futuros financieros, del que es un claro antecedente. Y como en este, se pactaban opciones de compra jugando con el precio que, supuestamente, alcanzarían determinados bulbos el día de mañana y la cantidad disponible que habría en el mercado. Durante el invierno de 1637 la burbuja explotó y los precios cayeron en picado. Antes de que floreciesen los tulipanes muchas fortunas y reputaciones se habían desvanecido como por arte de magia. Todo el mundo intentó deshacerse de sus bulbos y el mercado se colapsó arrastrando a la economía a la bancarrota. A pesar de todo ello, los holandeses impusieron su dominio en el negocio de la floricultura, un dominio que, cuatro siglos después, no ha cesado.

Bella como tantas creencias insensatas, la absurda idea de que los bulbos de tulipanes jamás perderían valor alentó la histeria especuladora e hinchó la burbuja económica. Podemos reconocer aquí dos mitos fundacionales del capitalismo: la confianza y la codicia. La fiebre de los tulipanes ilustra a la perfección la naturaleza irreal y contradictoria del capitalismo. Su maquinaria no funciona sin la seguridad que nace de la ilusión de que lo que es seguirá siendo, de que los precios nunca bajarán, y tampoco sin la ambición, que no conoce límites, de prosperar, obtener todavía más beneficios y enriquecerse. Pero el caso es que el anhelo de cambio y la confianza en la continuidad no acaban de ser compatibles y entran irremediable en conflicto cada cierto tiempo, creando crisis de crecimiento que purgan y refuerzan el sistema.

Pero la avaricia no basta para explicar cómo los probos, virtuosos y, hasta ese momento, prudentes ciudadanos de los Países Bajos, firmes seguidores de la fe calvinista y poco dados a ostentar, pudieron perder el juicio hasta ese punto por unos bulbos parecidos a cebollas. Desde la perspectiva de un lector moderno cuesta imaginar qué pudo motivar tal irracional idolatría por unas flores, por muy hermosas que estas fueran. Si queremos entender el hechizo que ejercían sobre sus rendidos admiradores, debemos tener presente que estos ignoraban cómo se reproducían esas alhajas subterráneas, no tenían ni la más mínima idea acerca de las leyes de la herencia de los caracteres, y no contaban con más explicación para ese prodigio de la naturaleza que los mitos y las leyendas. Su espléndida apariencia y sus formas perfectas les producían una rara fascinación y representaban uno de los más bellos misterios del microcosmos. No tiene nada de extraño que compartieran las vitrinas de esos santuarios privados que, durante el barroco, fueron los gabinetes de curiosidades o cuartos de las maravillas junto con restos arqueológicos, fósiles, meteoritos, conchas y otros objetos insólitos y fascinantes.

Por más extrañeza que nos pueda causar la *tulipomanía*, recordemos que la expansión del sistema capitalista estuvo vinculada desde sus orígenes al aprovechamiento comercial de ciertas plantas como el algodón, la caña de azúcar, el tabaco, el café o el té. Durante el siglo XIX su monocultivo intensivo generó poderosas industrias globales que contribuyeron decisivamente al esclavismo. La explotación del hombre por el hombre no desapareció, ni mucho menos, con la posterior mecanización del trabajo y la aparición de nuevos ingenios tecnológicos que, no está de más recordar, utilizaban como fuente de energía vegetales fósiles, es decir: el carbón y el petróleo. La estrecha relación del capitalismo con las plantas se pone especialmente de manifiesto en la floricultura. Tal vez sea esta industria donde se perciba más claramente la insaciable avidez que se enmascara tras la lógica de la maximización de beneficios. Convertir la delicada y fugaz belleza de las flores en una mercancía evidencia, más que ningún discurso, su capacidad para comerciar con nuestras esperanzas de felicidad.

REFERENCIAS BIBLIOGRÁFICAS

ACEMOGLU, Daron y ROBINSON, James A. (2012): *Por qué fracasan los países. Los orígenes del poder, la prosperidad y la pobreza*, Marta García Madera (trad.), Bilbao, Deusto.

Blunt, Wilfrid (1950): *Tulipomania*, Londres, Penguin.

Chang, Ha-Joon (2012): *23 cosas que no te cuentan sobre el capitalismo*, Jofre Homedes (trad.), Madrid, Debate.

Dash, Mike (2001): *Tulipomania. The Story of the World's Most Coveted Flower & the Extraordinary Passions It Aroused*, Nueva York, Three Rivers Press.

Klein, Noemi (2007): *La doctrina del shock. El auge del capitalismo del desastre*, Isabel Fuentes, Albino Santos y Remedios Diéguez (trads.), Barcelona, Paidós.

Pavord, Anna (1999): *The Tulip*, Londres, Bloomsbury.

Piketty, Thomas (2014): *El capital en el siglo XXI*, Eliane Cazenave-Tapie, Guillermina Cuevas, Gerardo Esquivel y José Carlos del Hoyo (trads.), México, Fondo de Cultura Económica.

22

'CLAUSTROFILIA'
(LA MEMORIA)

> La palabra claustro es un eco de su pro-
> pio silencio.
>
> CLAUDIO BERTONI

*E*l silencio probablemente sea uno de los más preciados tesoros de la próspera, multitudinaria y siempre efervescente Manhattan.
Hay que peregrinar hasta el noroeste de esa isla que nunca duerme
para respirar una calma milenaria, de ultramar, colmada de resonancias, y que no se parece a ninguna otra. Allí, en el parque Fort Tryon,
se encuentran varios claustros románticos y góticos, traídos desde la
vieja Europa y ensamblados formando un monumental pastiche conocido como The Cloisters (en español, los claustros), que acoge un
museo, por lo demás, extraordinario, dedicado al arte de la Edad Media. Unos de los mayores atractivos de ese remedo de monasterio son
cuatro jardines claustrales, que intentan evocar un glorioso pasado
con más efectismo que fidelidad histórica.

Por más que se encuentren fuera de contexto, su reconstrucción
deje mucho que desear y la voz del genio del lugar suene impostada,
es difícil no dejarse cautivar por la paz que se respira entre esos viejos
muros ni rendirse a su natural encanto. Esa caja de piedra posee una
cuarta dimensión invisible a la vista. A la anchura, la profundidad y
la altura se suma la luz. La austera geometría de su diseño, su elaborada simplicidad y la energía concentrada en sus ilimitados límites
convierten los claustros en ventanas hacia una realidad sobrenatural.
Que estos sean un simulacro o una imitación más o menos lograda no
impide, ni mucho menos, que un antiguo regocijo te esponje el alma.

La historia de cómo esos claustros fueron arrancados de sus emplazamientos originales en el norte de España y el sur de Francia, desmon-
tados piedra a piedra, trasladados allende los mares y reconstruidos en

ese hermoso enclave de Nueva York, que aún no figuraba en los mapas, sería épica sino fuera también grotesca e incluso lamentable. Todo comienza cuando el escultor estadounidense George Grey Barnard (1863-1938), quien, después de haber estudiado en la Academia de Bellas Artes de París, se había instalado junto con su familia en una localidad cercana a Fontainebleau, empezó a atesorar en muy poco tiempo una impresionante colección de piezas y objetos medievales, pertenecientes en su mayoría a cuatro monasterios: San Miguel de Cuixá, Saint-Guilhem-le-Désert, True-sur-Baïse y Bonnefont-en-Comminges. Desde 1905 hasta 1913 adquirió por todos los medios a su alcance tallas, tapices, vidrieras, pergaminos, cruceros, relicarios, marfiles, cálices, cofres y un largo etcétera de preciadas creaciones artesanales, además de arcos, columnas, puertas ábsides y otros elementos arquitectónicos. Su afán coleccionista no conocía límites. Si bien muchas de sus adquisiciones hacía mucho que se habían sacado de sus emplazamientos originales a causa del vandalismo, el saqueo o el pillaje acaecidos en el curso de las guerras de religión del siglo XVI, la revolución francesa y un sinfín de conflictos menores, no reparó en gastos ni escatimó argucias a la hora de hacerse con bienes artísticos de inestimable valor. Su desfachatez llegó tan lejos que, en 1913, compró a madame Baladud de Saint Jean diez o más arcos góticos pertenecientes al monasterio de San Miguel de Cuixá, que decoraban su casa de baños en la localidad de Prades. Poco antes de que el gobierno pusiera coto a sus turbias actividades, aprobando una ley que prohibía la exportación de bienes históricos, se las arregló para empaquetar su colección de antigüedades y embarcarla rumbo a Nueva York.

De vuelta a su país de origen, Barnard erigió un edificio de ladrillo en el Upper Manhattan donde exhibir su incomparable colección de arte medieval. Coincidiendo con la apertura del primer Cloisters Museum en 1914, y en un gesto que no sabríamos decir a ciencia cierta si le honra como filántropo o delata su oportunismo, anunció que parte de las ganancias de la venta de entradas iría destinada "a socorrer a viudas y huérfanos de escultores franceses". Tan pronto acabaron las hostilidades y se puso fin a la Gran Guerra, se embarcó en otro proyecto no menos ambicioso: construir un memorial nacional por la paz, en el que se expondrían los logros de la arquitectura mundial. El plan no era malo, pero en la práctica resultó inviable y acabó devorando sus recursos. Cuando le acorralaron las deudas, no le quedó más remedio que deshacerse de los tesoros artísticos que había reunido con tanto esfuerzo.

Habría mucho que decir acerca de por qué algunas personas ceden al impulso de acumular antiguallas. El amor por lo viejo, el placer del descubrimiento y el orgullo de la posesión se combinan en la pasión del coleccionismo. Entre las múltiples maneras de dejar constancia de la propia existencia, legar una colección a la posteridad es una de las más singulares. Las piezas reunidas, con independencia de su valor material, en el caso de Barnard enorme, constituyen un auténtico testamento vital, levantan un parapeto contra la muerte e intentan conjurar el temor a la desaparición. Puede que el coleccionismo constituya un vano intento de demorar lo inevitable, pero resulta hermoso como tantos gestos inútiles. En un mundo sin más allá, coleccionar tal vez sea una de las pocas maneras de perdurar, de no desaparecer del todo. Unas líneas del filósofo Walter Benjamin pueden ayudarnos a entender esta perspectiva: "La actitud del coleccionista hacia sus posesiones se deriva del sentimiento de responsabilidad que experimenta el dueño hacia su propiedad. Esta es, ciertamente, la actitud de un heredero. El rasgo más distintivo de una colección siempre será su transmisibilidad".

El beneficiario de la ruina de Barnard no sería otro que John D. Rockefeller Jr. (1874-1960), que en 1925 donó capital a The Metropolitan Museum para que comprase la colección de Barnard. En mayo del año siguiente The Cloisters reabrió sus puertas como una extensión de esta institución, mientras su benefactor buscaba dónde reubicar el museo, cuyos fondos no cesaba de enriquecer con nuevas adquisiciones. Con este propósito se hizo con cientos de acres todavía sin urbanizar en el extremo noroeste de Manhattan y contrató a los hermanos Olmsted, vástagos del legendario creador del Central Park y, a su vez, reputados arquitectos paisajistas, para que dieran forma al parque Fort Tryon. Su promotor lo donaría a la ciudad de Nueva York a condición de que acogiera la nueva sede de The Cloisters (1938).

Inspirándose en construcciones medievales del sureste francés, Charles Collens (1873-1956) proyectaría en lo alto de una colina con vistas al río Hudson una réplica neogótica de un monasterio, a la que se incorporarían los cuatro claustros originales traídos en su día desde Europa por Barnard.

Por más que intenten captar el aliento de los siglos, The Cloisters no puede librarse del letargo de los museos, ni de parecer el postizo decorado de una película. Es difícil contemplar aquella adúltera mezcla de tapices flamencos, tallas románicas, vidrieras góticas, artesonados mudéjares y así hasta dos mil piezas, traídas de aquí y de allá y reunidas bajo el mismo techo, sin experimentar un pálpito de pesadumbre. La sola idea de que aquellas reliquias del pasado fueran rescatadas del olvido para acabar en las vitrinas de un museo y expuestas a las miradas de los visitantes produce una cierta congoja. La remodelación de los jardines, sin embargo, es otro cantar, tal vez no sea modélica pero menos aún fea. Y aun cuando seguramente no son sino sombra de lo que fueron, despiertan el recuerdo del paraíso terrenal y trasmiten un sabor de épocas lejanas.

Los remilgos estéticos y las objeciones históricas se disipan ante la quietud que se respira allí y la austera belleza del lugar. Su mística poesía ha conseguido sobrevivir al expolio y las insidias del tiempo, a los sucesivos traslados y reedificaciones, a la experta ineptitud de los restauradores, la devaluación de las creencias e, incluso, el obsceno mercantilismo. Hasta al más impío y adusto visitante le costaría no suspender el juicio, dejarse cautivar por ese pétreo silencio y llevarse por las imprevistas solicitaciones sensoriales de ese oasis de verdor. Puede que The Cloisters no oculte su vocación de parque temático, ni sus estrafalarios orígenes, que su sentido de la mesura se encuentre entre lo escaso y lo inexistente y que traicionen la veracidad histórica que dicen buscar, pero eso no impide que sus jardines ofrezcan el aspecto de un auténtico *paradisus claustralis* y conserven un aura medieval.

Jugar a imaginar el ayer con más libertad que rigor no es algo nuevo. El poder de fascinación de esas tendenciosas recreaciones seudohistóricas deriva de que corroboran nuestras fantasías del pasado.

Esas invenciones basadas en hechos reales avalan nuestra complaciente visión de los hechos que nos han traído hasta aquí, y dotan de sentido el presente. Reescribir la historia a nuestro gusto y conveniencia es una forma de vengarse de la realidad que cuenta con una larga tradición. A lo largo de toda la Edad Media, al mismo tiempo que se construían los monasterios que, muchos siglos después, serían expoliados, arrancados de su entorno y reimplantados muy lejos del lugar que los viera nacer, se convirtió en una práctica corriente, debido al alto costo y la escasez de los pergaminos, borrar la escritura de un códice mediante lavado o raspado con una piedra pómez a fin de poder transcribir sobre ese mismo manuscrito un segundo texto. Esas obras, que conservan trazos de una caligrafía anterior y jirones de frases más o menos visibles, se conocen como palimpsestos, voz griega que significa "grabado de nuevo".

Se podría hacer valer ese término para describir metafóricamente nuestra relación con el pasado. Desde esa perspectiva, todos los museos serían en realidad un palimpsesto, en el que coexisten y se superponen diferentes escrituras. En el trasfondo de la narración, más o menos interesada o arbitraria, que hilvana esos recuerdos de un mundo desaparecido se traslucen las sombras de grafías previas, afloran mensajes ocultos y resuenan ecos de otros ayeres. Ese espesor de significados es lo más parecido a una verdad histórica que conocemos.

The Cloisters ofrece un buen ejemplo de cómo cada época reescribe las anteriores para hacerlas legibles. Tres de ellos incluyen jardines de época inspirados en las más bien escasas evidencias arqueológicas y fuentes documentales. Una de las principales fue la lista de 88 plantas, 16 árboles entre ellas, incluida en la *Capitularis de Villis et Curtis*, una recopilación de normas por la que debían regirse las poblaciones del Sacro Imperio Romano, dictadas por Carlomagno allá por el año 795 y atribuidas con frecuencia al monje Alcuino. Resulta también muy esclarecedora la información aportada por el plano de la abadía helvética de Saint-Gall, que se conserva intacto y data aproximadamente del año 896. En él se detallan pormenorizadamente las plantas cultivadas en el *hortus* o huerto, así como se señala la presencia junto a la enfermería de un *herbularius* o jardín medicinal y un vergel-cementerio con árboles frutales. Otro testimonio no menos valioso a la hora de fijar con un mínimo de rigor histórico las plantaciones que se acostumbraba a sembrar en los huertos y jardines conventuales lo aporta el poema escrito en torno al año 840 por Wallafrido Estrabón y dedicado a Rimoaldo, abad del monasterio de Saint-Gall, donde, aparte de consejos prácticos sobre técnicas de cultivo, se describen unas cuantas especies hortícolas con valor ornamental. Añádase a todos estos documentos la información ofrecida por los motivos vegetales y jardineros reproducidos en códices iluminados, vidrieras y tapices.

Habrá que esperar al siglo XIII para que, en el ámbito de la cristiandad, aparezcan obras como *De plantatione viridariorum* (*c.* 1260) del dominico Alberto Magno y el *Opus ruralium commodorum* escrito por Pietro de'Crescenzi (1230-1305), que recopilan el saber jardinero del final de la Edad Media. Aun cuando esta supuso "un gran apagón cultural" y un velo de oscuridad que cubrió la herencia grecolatina, durante los casi diez siglos que separan el final del imperio romano de occidente y las invasiones bárbaras de la invención de la imprenta y el descubrimiento de América, el amor por los jardines sobrevivió al amparo de los gruesos muros de los claustros al asedio de los normandos y las hambrunas, a la sangría de las guerras y el flagelo de la peste, a la plaga de las herejías y la amenaza del final de los tiempos. A lo largo de casi un milenio las mentalidades cambiaron, el pensamiento evolucionó y las condiciones de vida mejoraron, pero en todas las épocas y bajo todos los reinados los hombres siguieron ajardinando sus sueños de un mundo mejor. En ocasiones, apremiados por la supervivencia, el cultivo de la tierra se limitó a la producción de alimentos para el sostén de la envoltura carnal del alma, y otras los vergeles se refugiaron en los cantares de gesta, los romances y las composiciones de los trovadores, en las vidrieras de las catedrales y en los tapices que decoraban los muros de los castillos. En las representaciones de esa fragante pradera de milflores, salpicada de frondosos árboles y arbustos, entre cuyas ramas trinan los pájaros, reverbera la visión del jardín celestial, en el que, según el Apocalipsis, se deleitarán a perpetuidad los bienaventurados después del Juicio Final.

A esas imágenes de la eterna primavera soñada por los poetas y los artistas del Medioevo rinde homenaje el jardín de apariencia informal y silvestre del claustro de Trie-sur-Baïse. Los otros dos también albergan réplicas, más o menos conseguidas, de un *hortus conclusus*. El de San Miguel de Cuixá sigue un trazado típicamente medieval, con una fuente central de forma octogonal, en clara alusión al poder redentor de las aguas del bautismo. Recordemos las palabras de San Agustín: "En Dios está la fuente de la vida que no se agota". Su planta cuadrangular se halla dividida en cuatro secciones iguales por la intersección de dos senderos, que dibujan una cruz en la tierra. En medio de cada uno de esos canteros, bordeados de plantas de flor, crece un árbol frutal. Se trata de un espacio de gran densidad simbólica, cuyo poder de fascinación deriva de las alusiones encubiertas a los cuatro ríos del Edén (Pisón, Gihón, Tigris y Éufrates), los cuatro evangelistas (Mateo, Marcos, Lucas y Juan), las cuatro virtudes cardinales (templanza, fortaleza, prudencia y justicia), las cuatro letras del nombre de Dios (YHVH), los cuatro brazos de la cruz, los cuatro jinetes de la Apocalipsis, los cuatro elementos, los cuatro puntos cardinales... En otras palabras, el claustro intenta no solo atrapar entre sus muros el universo entero sino presagiar el reino de los cielos, donde, como escribió el monje poeta del siglo IX, Otfrid de Weissenburg: "Lilas y rosas florecerán siempre en tu honor, emanan siempre dulce aroma y nunca se marchitan, y su fragancia no deja nunca de inspirar bendición eterna en el alma".

Las fuentes documentales anteriormente mencionadas guiaron asimismo la recreación del herbario y el jardín de simples del claustro de Bonnefont-en-Comminges, que acoge unas cuatrocientas especies vegetales utilizadas durante el Medievo con fines culinarios, medicinales, mágicos u ornamentales, incluidas algunas que se conocieron en occidente únicamente en forma desecada o en polvo como el jengibre o la pimienta negra. El hinojo, la salvia, la adormidera, el espliego, la artemisa, la caléndula y la mandrágora entre otras muchas plantas cultivadas en sencillos canteros de formas geométricas se distribuyen simétricamente en torno a un centro visual, formado en este caso por un pozo veneciano de piedra labrada del siglo XV, que se halla rodeado, a su vez, por cuatro frondosos membrillos. Al otro lado del muro sur del claustro se extiende un huerto de frutales. Manzanos, saucos, nísperos, grosellas y otros árboles apreciados en la Edad Media crecen en un prado sembrado de bulbos, que florecen en temporada.

El mensaje doctrinal y el ideario teológico codificado en los jardines claustrales se ha tornado indescifrable para la mayoría de los descreídos visitantes modernos, que, sin embargo, disfrutan paseándose por las galerías porticadas y recreando la vista en esa isla de verdor y tranquilidad. Después de todo, los monasterios nacieron como un lugar para exiliarse del mundo y ejercitarse en la perfección espiritual. A los ojos del hombre medieval ese microcosmos replegado sobre sí mismo, lejos de aprisionar el alma entre sus gruesos muros, le brindaba un refugio seguro en medio de las calamidades del siglo y las asechanzas del Maligno. La ascesis de las formas contribuía a disciplinar la fantasía y liberar el espíritu del lastre del pecado. De ahí también que el claustro ofreciese el aspecto de una cámara de aislamiento, de un cofre cerrado a la realidad exterior y abierto a los cielos. Su rígido diseño refleja el orden cósmico, traduce un credo religioso y es la expresión material de una concepción teocrática de la vida, según la cual el mal acecha emboscado tanto en los recovecos de la mente como en las sensuales formas de la naturaleza, enmascarado tras la tentadora belleza de la carne y de las flores. No por nada durante la Edad Media estas últimas estuvieron prohibidas dentro de las iglesias, pues se consideraban sacrílegas. Hasta que no adquirieron un significado espiritual no acabaron de redimirse de sus connotaciones perversas a los ojos de los creyentes y su hipnótica belleza dejó de inducir al pecado. Solo entonces la flor de lis, lo mismo que la azucena, el jazmín o el lirio, todas ellas de una blancura inmaculada, se convirtieron en símbolos de la pureza y la castidad ligadas a la virgen María. Otro tanto sucedió con la rosa, uno de los atributos por excelencia de Venus, la diosa griega del amor, que pasó a designar a la Madre de Dios, a la que se denomina a menudo en la literatura piadosa "rosa sin espinas", dado que, según una antigua leyenda, antes de la Caída esta flor carecía de púas.

A medida que entraban a formar parte de la iconología cristiana, las flores se iban enriqueciendo con nuevos significados y usos alegóricos. Así, por ejemplo, la amapola quedó asociada en virtud de su color rojo intenso a la sangre de Cristo y el clavel, a causa de su forma de clavo, pasó a representar la Pasión. Todavía no se habían convertido en objeto de culto en sí mismas, ni en motivo de una adoración popular, pero ya habían conquistado el imaginario humano y se habían colado dentro de los templos. Quizá su mayor triunfo, aun cuando hoy nos pase desapercibido de puro obvio, sea haber permitido nombrar lo innombrable, hacer visible lo invisible y materializar lo inmaterial, pero eso forma parte ya de otra historia.

Los de San Miguel de Cuixá, Saint-Guilhem-le-Désert, True-sur-Baïse y Bonnefont-en-Comminges no son, desde luego, los únicos claustros trasplantados a suelo norteamericano. El todopoderoso magnate de la prensa William Randolph Hearst también sucumbió a su embrujo y, quien sabe si llevado por el deseo mimético o su maníaca avidez, adquirió hasta nueve provenientes de Francia, Inglaterra, Italia y España. Nada mejor para ilustrar la injusta y azarosa suerte que corrieron algunos de esos monumentos que recordar el agitado peregrinar de la abadía cisterciense del siglo XII Santa María la Real, que en origen estaba en la provincia española de Segovia. La abadía fue adquirida por el potentado norteamericano en 1925, asesorado por Arthur Byne (1884-1935), una mezcla de marchante, historiador, anticuario y especulador, que ostenta el dudoso honor de haber sido el mayor expoliador del patrimonio artístico de nuestro país. Aunque se las daba de hispanófilo, nunca fue otra cosa que un resabiado embaucador, un ambicioso farsante y un furtivo *cazatesoros*, que compensaba la falta de escrúpulos con un porte distinguido, modales refinados y unas inmejorables credenciales. Sabía todo lo que había que saber sobre el negocio de las antigüedades, las miserias humanas y las bambalinas del mercado del arte para aprovecharse de la situación de un país tan pobre económicamente como rico patrimonialmente.

Durante las dos décadas que residió en España, desde 1915 hasta que la muerte le sorprendió en un accidente de tráfico en 1935, se lucró por todos los medios a su alcance con la compraventa clandestina de bienes patrimoniales e históricos. Encubrió sus ilícitas actividades tras la honorable fachada de un experto comisionado por la Hispanic

Society of America, institución para la que realizó junto a su mujer, Mildred Stapley, estudios sobre mobiliario, pintura y arquitectura española que, más tarde, servirían como catálogos de las piezas que ofrecía a su selecta cartera de clientes archimillonarios. Una de sus fechorías más rentables consistió en la venta a Hearst del claustro, el refectorio y la sala capitular de la abadía mencionada anteriormente, que fue desarmada como un mecano, cuidadosamente embalada en un total de 10.571 cajas numeradas y embarcada rumbo a Nueva York.

A su llegada al puerto, las autoridades norteamericanas, por temor a que la paja que protegía las piezas pudiera ser portadora de los agentes patógenos que trasmiten la fiebre aftosa, impusieron al cargamento una larga cuarentena. Al cabo de tres años, las cajas fueron finalmente depositadas en un almacén del Bronx, donde quedaron arrumbadas la friolera de quince años. No fue hasta 1951, cuatro meses después del fallecimiento de Hearst, que dos promotores inmobiliarios adquirieron en pública subasta por la irrisoria cantidad de siete mil dólares ese monumento, que todavía permanecía embalado. Tenían la intención de reconstruir ese rompecabezas de alrededor de 36.000 piezas a fin de que sirviera de reclamo en uno de sus proyectos residenciales en Miami.

La titánica tarea resultó más ardua de lo que habían imaginado. Las indicaciones de las cajas se habían borrado y los croquis existentes eran poco fiables, lo que complicó enormemente sus planes. Al cabo de varios años y los consiguientes gastos añadidos, y no sin antes completar el conjunto monumental con escudos de armas pertenecientes a otro monasterio español, San Francisco de Cuéllar (Segovia), y piezas de época de diversa procedencia, lograron ponerlo en pie. Con el tiempo sus propietarios acabarían revendiendo ese monasterio a la diócesis episcopaliana del sur de Florida, que lo rebautizó como la iglesia de St. Bernard de Clairvaux, tras instalar en el antiguo refectorio el templo y reconvertir el claustro en un salón de bodas y banquetes nupciales. Pese a ser una sombra de lo que fue, sigue despertando la admiración de los visitantes que se acercan a contemplar el que, según se puede leer en un folleto turístico, es "el edificio más antiguo del hemisferio occidental".

No sería este el único monasterio que compraría Hearst en España, "la tierra de los claustros por excelencia", a decir de su factótum y asesor Arthur Byne. Este le ayudaría también a hacerse con el de Santa María de Óvila (Guadalajara), que el excéntrico millonario pretendía reconstruir en su mansión de Wyntoon (California). Pero por una amarga burla del destino, la historia tornaría a repetirse. Una vez más las cajas que contenían las venerables piedras del monasterio, tras ser desembarcadas en el puerto de San Francisco, quedarían olvidadas durante años y años en los almacenes de su compañía hasta que, apremiado por el hundimiento de su emporio, Hearst decidió deshacerse del cargamento cediéndolo a la ciudad a cambio de 25.000 dólares, una suma muy inferior a la que había desembolsado por él, sin mencionar los costes de desmontaje, transporte y custodia. Algunos sillares pueden verse hoy desperdigados en el Golden Gate Park. Otras partes más nobles del monumento, como la portada manierista, fue rescatada e instalada en 1965 en el Hearst Court del M. H. de Young Memorial Museum de San Francisco. Esta institución la donó en 2002 a la universidad jesuita de la misma ciudad, donde acabó decorando la fachada de un edificio de nueva planta del campus conocido como Kalmanovitz Hall.

Podríamos multiplicar los ejemplos de este expolio consentido. Hay muchas formas de describir lo ocurrido, pero la más sencilla es que la voraz ansia compradora de unos acaudalados amantes del coleccionismo se encontró con las ganas de vender de una depauperada aristocracia y un clero corrupto. La falta de escrúpulos y la codicia extrema de unos se juntó con la mezquindad y la miseria moral de los otros. Todo conspiró para que un país pobre e inculto como España levantase la veda al tráfico ilícito de bienes culturales, los *cazatesoros* profesionales no tuvieran nada que temer y los adinerados se salieran con la suya. Barnard, Rockefeller, Hearst o el propio Archer Milton Huntington, fundador de la Hispanic Society of America, no fueron los únicos potentados norteamericanos que participaron en el saqueo patrimonial de España. John Pierpont Morgan, Samuel H. Kress, Andrew Mellon, Henry Clay Frick, Charles Deering, entre otros magnates con veleidades artísticas, se preciaban de poseer auténticas piezas de *Spanish revival style*, que estuvo en boga en la época de entreguerras. Esa moda también se dejó sentir en la arquitectura, cuyos ejemplos más representativos tal vez sean la lujosa residencia que George Fox Steedman construyó en Montecito, cerca de Santa Bárbara (California), decorada en un suntuoso estilo hispano colonial, y el poblado español edificado por Addison Mizner en Palm Beach. De todos estos amantes del coleccionismo se puede decir, parafraseando con amarga ironía a San Agustín, que se sentían felizmente culpables de sus pecados e inmunes a cualquier remordimiento.

El que los trabajos de artesanos anónimos se convirtiesen en fetiches codiciados por los coleccionistas, objetos de culto de una particular idolatría y piezas con que especular en un mercado de altos vuelos, da una idea de la malsana avidez del capitalismo y su instinto de rapiña. En el trasfondo de ese insaciable afán de acaparar, que en algunos casos era casi una enfermedad, aflora la voluntad de permanencia y se trasluce el temor a la muerte. Quizá la única lógica que se esconde detrás de la pulsión del coleccionismo, más allá de conferir una falsa distinción y celebrar un estatus económico, sea la inútil esperanza de que la belleza, incluso robada, nos protege como un talismán contra el olvido de los dioses y los hombres.

Si bien se piensa, la vida de esos pudientes personajes, como la de cualquier hijo de vecino, transcurrió entre el claustro materno y la plácida claustrofobia de la tumba. Y entretanto permanecieron recluidos en sus claustros mentales. Es fácil entender por qué, aún hoy, estos ejercen tan poderoso magnetismo sobre nosotros, pero no tanto qué se nos ha perdido fuera, más allá del corto horizonte de sus muros, lejos del calor de la comunidad. Eso sí, más duradero que el sentimiento de protección suele ser el anhelo de libertad; el deseo, en definitiva, de exclaustrarse.

REFERENCIAS BIBLIOGRÁFICAS

BARNET, Peter y WU, Nancy (2005): *The Cloisters. Medieval Art and Architecture*, New Haven y Londres, Yale University Press.

BLAIR, Elizabeth (ed.) (1986): *Medieval Gardens, History of Landscape Architecture, Colloquium,* vol. 9, Dumbarton Oaks Research Library & Collection.

CABAÑAS BRAVO, Miguel (coord.) (2003): *El arte español fuera de España,* Madrid, Biblioteca de Historia del Arte, Consejo Superior de Investigaciones Científicas.

CROSSLEY-HOLLAND, Kevin (1990): *Medieval Garden,* Nueva York, Rizzoli.

DENDLE, Peter y TOUWAIDE, Alain (ed.) (2008): *Health and Healing from the Medieval Garden,* Woodbridge, The Boydell Press.

KÖHLER, Peter (1999): *Cómo cultivar tu propio huerto medicinal. Métodos y fórmulas caseras de los monjes de la Edad Media,* Raúl G. Rosas (trad.), Gerona, Tikal.

LANDSBERG, Sylvia (1996): *The Medieval Garden,* Londres, British Museum Press.

LEIGHTON, Clare (2010): *Four Hedges,* Londres, Little Toller Books.

– (1937): *Country Matters,* Londres, Gollancz.

MANGON, Marion *et al.* (2002): *Sur la terre comme au ciel. Jardins d'Occident à la fin de Moyen Âg*e, París, Réunions des musées nationaux, Exposition Musée national du Moyen Âge-Thermes de Cluny.

MERINO DE CÁCERES, José Manuel y MARTÍNEZ RUIZ, María José (2012): *La destrucción del patrimonio artístico español. W. R. Hearst, "el gran acaparador",* Madrid, Cátedra, Arte Grandes Temas.

PARKER, Ed y LITTLE, Charles T. (1994): *The Cloisters Cross. Its Art and Meaning,* Nueva York, Yale University Press.

TREIB, Marc (2016): *Austere Gardens. Thoughts on Landscape, Restraint & Attending,* ORO.

VIGNAUX, Paul (1954): *El pensamiento de la Edad Media,* Tomás Segovia (trad.), México, Fondo de Cultura Económica.

23

CÓMO PLANT(E)AR LA CIUDAD
(LA UTOPÍA)

> La primera utopía fue la ciudad.
>
> LEWIS MUMFORD

> Los jardines devuelven a las personas el
> verde que la ciudad les robó.
>
> ROBERTO BURLE MARX

*L*a ciudad y el campo han mantenido una relación de dependencia mutua, tan conflictiva como apasionada, a lo largo de los siglos. A veces han sido aliados naturales y otros enemigos íntimos, pero siempre han cohabitado. Antes de la revolución neolítica y la aparición del estado, hace tan solo siete mil años, todo era campo. Es un breve lapso, si utilizamos una escala geológica, pero suficiente para que el jardín planetario vaya camino de convertirse en una urbe global. De continuar el proceso de concentración urbana al vertiginoso ritmo actual, la mayoría de los terrícolas se convertirán en urbanícolas en un futuro muy lejano, y no habrá nada fuera de los límites de la ciudad que podamos llamar naturaleza. Esta quedará restringida a los espacios intersticiales entre las megalópolis que ocuparán la faz de la Tierra, fagocitada por las aglomeraciones metropolitanas y contenida en oasis de verdor en medio de un desierto de asfalto y hormigón. Sin ir tan lejos, en los actuales termiteros humanos, el aire ya comienza a resultar cada vez más irrespirable y la masificación es tan opresiva que muchos de sus laboriosos habitantes sueñan con abandonarlos, y otros con renaturalizarlos.

Desde que el influyente Walter Gropius, fundador de la Bauhaus, escribiese que "las cubiertas verdes de las metrópolis del futuro parecerían una sarta interminable de jardines colgantes", no han cesado las tentativas de reverdecer el paisaje urbano. Resulta sugestiva, provocadoramente sugestiva, la imagen de una ciudad en la que las azoteas de

los edificios se han convertido en frondosos huertos; las fachadas, en jardines verticales; y las terrazas y los balcones, en floridos bancales y pensiles suspendidos. En esa moderna Babilonia las vías del tren se han transformado en paseos arbolados y las ruinas industriales en parques pintorescos. No menos poderosa que esa fantasía futurista es la pesadilla posapocalíptica de las grandes metrópolis deshabitadas, engullidas por el follaje, colonizadas por una densa maleza, sofocadas bajo el peso de gigantescas raíces, exuberantes hiedras y otras plantas invasoras. Da vértigo pensar que pueda llegar un día en que la naturaleza se apodere de los centros urbanos de Nueva York, Londres, París, Roma, Berlín o Madrid. En el bello e inquietante documental *La Tierra sin humanos* se especula acerca de la posible evolución del planeta si, por el motivo que fuera, desaparecieran sus habitantes. De ser ciertas sus previsiones, las populosas urbes de nuestros días no resistirían ni un siglo el silencioso y continuado abordaje de la vegetación salvaje, que asedia sus invisibles murallas, antes de hundirse en una espesa noche verde. Y en menos de un milenio, de sus más emblemáticos edificios solo quedarían las ruinas boscosas de una civilización desaparecida.

Cada vez parece menos remota la posibilidad de que el planeta pueda entrar en barrena y sufrir un colapso ecológico. Todo parece indicar que, si continuamos dilapidando los recursos naturales a una velocidad que sobrepasa la capacidad del planeta para reponerlos, acabaremos comprometiendo nuestra propia supervivencia. No faltan pruebas que avalan tal suposición. El deshielo de la Antártida, la deforestación, el cambio climático, la pérdida de biodiversidad, la contaminación atmosférica... no presagian nada bueno. Alentada por el justificado temor a que la Madre Tierra acabe convertida en una ciudad-mundo o en un Edén deshabitado, se extiende una nueva concepción milenarista que espolea la imaginación utópica. Numerosos profesionales del urbanismo, la arquitectura, la sociología o incluso el arte intentan prevenir una catástrofe medioambiental impulsando la creación de naturópolis, *smartcities*, ciudades jardín y otros proyectos ecourbanísticos más o menos realistas o delirantes.

El miedo al porvenir puede prender la chispa del cambio, pero con toda probabilidad este se verá condenado al fracaso sin una narrativa que le dé forma, permita visualizar los objetivos y suministre a la imaginación el estímulo para alcanzarlos. La ciudad de Detroit, en el estado norteamericano de Michigan, es un ejemplo revelador de cómo se puede revertir un proceso de degradación del paisaje urbano. La antaño capital mundial de la industria automovilística se vio afectada dramáticamente por la desindustrialización, debido a la deslocalización de las fábricas en busca de emplazamientos con mejor accesibilidad, la entrada en ese competitivo sector de compañías japonesas y europeas y las sucesivas crisis del petróleo, hasta el punto de perder en los últimos cincuenta años la mitad de su población y quedar convertida en un fantasma de lo que fue en sus días de esplendor, cuando las cadenas de montaje de Ford, General Motors y Chrysler ofrecían trabajo a sus cerca de dos millones de habitantes. No parece exagerado decir que únicamente permanecieron en Detroit las personas que no tenían recursos para abandonar la cada vez más decadente ciudad. La fuga de los contribuyentes con mayor poder adquisitivo agravó la crisis fiscal y precipitó la bancarrota económica, política y social, que fue acompañada de graves disturbios raciales, un alarmante aumento de la criminalidad y el progresivo deterioro de los servicios sociales. El paro se cebó con los trabajadores, hasta el punto de que solo uno de cada cuatro tenía empleo.

Si alguien se hubiera paseado por sus peligrosas calles en aquellos sombríos días se habría cruzado seguramente con viandantes mayoritariamente de color, mal vestidos y peor calzados, con un inconfundible aire de perdedores, y que daban la impresión de dirigirse a ninguna parte. El tráfico rodado era más lento y escaso de lo habitual por aquellas avenidas con el asfalto descarnado y lleno de baches, en cuyas cunetas languidecían coches abandonados a su suerte desde hacía meses o años. A ambos lados se sucedían casas familiares que se caían de viejas, con el césped descuidado e invadido por las malas hierbas, las ventanas tapiadas y el tejado semihundido. Fantasmales bloques de pisos se alzaban junto a parques públicos asilvestrados y vías muertas de tranvías, de las que había terminado por apoderarse la maleza. Apenas había tiendas a la vista y las pocas que todavía mantenían sus puertas abiertas eran licorerías.

En las áreas industriales de la periferia reinaba un estridente silencio, ahondado por el gorjeo de los pájaros. Naves con los cristales rotos y los muros pintarrajeados de grafitis y obsoletas y herrumbrosas estructuras fabriles, completaban ese escenario de pesadilla. Ese desolador panorama comenzó a cambiar cuando los ciudadanos, que todavía no se habían despedido de su endeudada e ingobernable ciudad, tomaron la iniciativa y se organizaron por su cuenta para cubrir sus necesidades más elementales. Así fue como empezó uno de los experimentos sociales más interesantes de nuestra época. Haciendo de la necesidad virtud, por pura supervivencia, sin más pretensiones que el autoabastecimiento, se pusieron a plantar hortalizas para consumo propio en terrenos abandonados, solares sin construir, jardines públicos, descampados y otros espacios residuales. Esas iniciativas espontáneas fueron el germen de huertos comunitarios, granjas urbanas y cooperativas de productores autogestionados, que se transformaron en espacios participativos de socialización, donde no tardó en cristalizar un fuerte sentimiento de comunidad.

Cuando parecía que las cosas no podían ir a peor y que todo estaba perdido, Detroit comenzó a renacer de sus cenizas, o mejor sería decir de sus ruinas, gracias a la agricultura urbana. Mientras experimentaban el gozo sin sombras de plantar juntos, sus desamparados habitantes convertidos en orgullosos horticultores se fueron reapropiando de la ciudad, transformando su metabolismo y asumiendo el protagonismo de su historia. Actualmente existen alrededor de 1.200 proyectos en marcha de muy variada índole, que suministran frutas y verduras frescas a una población que, por primera vez en mucho tiempo, está creciendo. A todo esto hay que añadir el impulso que se ha dado a la producción de energías renovables, el reciclaje de residuos, las plantas de compostaje y los proyectos de fitorremediación de los suelos contaminados por vertidos tóxicos industriales. Todas esas iniciativas agroecológicas han contribuido a fortalecer los lazos comunitarios, fomentar la participación vecinal y la integración de los colectivos más desfavorecidos, a la par que potenciaban el desarrollo social. La que fuera capital del motor se ha reinventado como una *ecourbe*, capaz de autoabastecer hasta el 50 por ciento de las demandas de alimento de su población, lo que la convierte en una de las ciudades más autosuficientes del planeta y en un modelo a seguir.

El sueño de una revolución verde se nutre de ejemplos como Detroit, en los que resuena la épica del instinto de supervivencia ecológico. La conversión de ese *gulag* medioambiental en una auténtica ciudad jardín del siglo XXI es ya una historia legendaria, tan cautivadora y fascinante como la creación de Versalles o del Central Park. Para afrontar los desafíos que nos plantea un mundo superpoblado con éxito y hacer realidad la utopía ecourbana precisamos de una narrativa que dote de sentido los sacrificios necesarios para llevarla a cabo. Refundar la ciudad requiere unos nuevos principios. Exige la transformación radical de la sociedad y la toma de conciencia por parte de sus integrantes de la frágil complejidad de lo viviente y de su insignificante lugar en el cosmos.

El mito fundacional de esa nueva mentalidad bien podría inspirarse en la agroecología. Que en la tierra abonada con detritus orgánicos crezcan alimentos saludables y limpios no parece menos prodigioso que el asfalto ceda el terreno al campo y las semillas del futuro crezcan en los huertos urbanos. Estos están llamados a desempeñar un papel crucial en las saturadas metrópolis del mañana tanto en el abastecimiento de hortalizas saludables, de calidad y producidas localmente, como en la regeneración medioambiental de las áreas degradadas. Pero no solo garantizan la soberanía alimentaria, sino lo que resulta más importante todavía: combaten el aislamiento y la fragmentación social, y contribuyen decisivamente al bienestar y *bienser* de sus habitantes. Ni que decir tiene que se trabaja mucho y duro para cuidar un huerto, pero así y todo el horticultor urbano no es un trabajador. La plusvalía que obtiene es más moral que económica. Y, por usar irónicamente una expresión marxista, el fruto de su trabajo no solo le pertenece, sino que además disfruta comiéndoselo. Cultivar tal vez sea el más genuino acto de rebeldía ante el incesante proceso de mercantilización de todas nuestras actividades y el desvarío de una sociedad que venera la rentabilidad casi a cualquier coste y promueve un consumismo irresponsable, sin medida, fuera de toda lógica.

El concepto de *desarrollo sostenible* no captura la esencia y la envergadura de esa revolución sin precedentes. El objetivo de los urbanitas,
metamorfoseados en horticultores, es menos el imposible retorno a la
naturaleza que el reencuentro con la propia naturaleza. Que el futuro
del planeta se escribirá con mano verde es cada vez más evidente.
Antes o después deberemos optar entre seguir cavando nuestra propia fosa o los cimientos de las ecópolis del futuro.

REFERENCIAS BIBLIOGRÁFICAS

ÁBALOS, Iñaki (ed.) (2009): *Naturaleza y artificio. El ideal pintoresco en la arquitectura y el paisajismo contemporáneos*, Barcelona, Gustavo Gili, Compendios
de Arquitectura Contemporánea.

AGULLES, Juanma (2017): *La destrucción de la ciudad. El mundo urbano en la culminación de los tiempos modernos*, Madrid, Los libros de la Catarata.

AYMONINO, Carlo (1972) *Orígenes y desarrollo de la ciudad moderna*, Laboratorio
de Urbanismo de la Universidad de Barcelona (comp.) (trad.), Barcelona, Gustavo Gili.

BATLLE, Enric (2011): *El jardín de la metrópoli. Del espacio romántico al espacio libre
para una ciudad sostenible*, Barcelona, Gustavo Gili, Land&Scape.

BERQUE, Agustin (2010): *Histoire de l'habitat idéal. De l'Orient vers l'Occident*,
París, Du Félin.

BRIZ, Julián; DE FELIPE, Isabel y KÖHLER, Manfred (eds.) (2018): *Agricultura urbana en altura. Vertical Urban Agriculture*, Madrid, Agrícola Española.

CLÉMENT, Gilles (2004): *La sagesse du jardinier*, París, L'oeil neuf éditions.

– (2007): *Manifiesto del tercer paisaje*, Barcelona, Gustavo Gilli, Mínima.

– (2012): *Jardins, paysage et génie naturel*, París, Fayard y Collège de France,
Leçons inaugurales du Collègue de France, París.

COLE, Anastasia (2014): *Farm on the Roof. What Brooklyn Grange taught us about
entrepreneurship, community, and growing a sustainable business*, Nueva York,
Penguin Random House.

FERNÁNDEZ CASADEVANTE, José Luis y MORÁN, Nerea (2015): *Raíces en el asfalto. Pasado, presente y futuro de la agricultura urbana*, Libros en Acción,
Cartografías del vivir n.º 4.

HOWARD, Albert (2007): *The Soil and Health. A Study of Organic Agriculture.*
Kentucky, University Press of Kentucky.

– (2010): *An Agricultural Testament*, Londres, Benediction Classics.

KING, Franklin Hiram (2004): *Farmers of Forty Centuries. Organic Farming in
China, Korea, and Japan*, Nueva York, Dover Publication.

KOOLHASS, Rem (2015): *Delirio de Nueva York*, J. Sainz (trad.), Barcelona, Gustavo Gili.

LATOUCHE, Serge (2007): *Petit traité de la decroissance sereine*, París, Mille et une Nuits.

LE CORBUSIER (2006): *Hacia una arquitectura*, M. Llorente (trad.), Madrid, Apóstrofe.

LUGINBÜHL, Yves (2012): La *mise en scène du monde. La construction du paysage européen*, París, CNRS.

NÆSS, Arne (2017): *Une écosophie pour la vie. Introduction a l'écologie profonde*, Éditions du Seuil, París, Anthropocène.

PACCALET, Yves (2007): *Sortie de secours*, París, Arthaud.

PALLASMAA, Juhani (2012): *La mano que piensa. Sabiduría existencial y corporal en la arquitectura*, Moisés Puente (trad.), Barcelona, Gustavo Gili.

– (2016): *Habitar*, Álex Giménez Imirizaldu (trad.), Barcelona, Gustavo Gili.

PASTI, Umberto (2014): *Jardines, Los verdaderos y los otros*, María Ángeles Cabré (trad.), Barcelona, Elba.

RABHI, Pierre (2010): *Vers la sobriété heureuse*, Arlés, Actes Sud.

– (2011): *Manifeste pour la terre et l'humanisme. Pour une insurrection des consciences*, Arlés, Actes Sud Babel n.º 1057.

SEIFERT, Alwin (2007): *Agricultura sin venenos o el arte de hacer compost*, María Ángeles Pérez Latorre (trad.), Barcelona, RBA.

SORIN, Fran (2016): *Digging Deeps. Unearthing your creative roots through gardening*, Filadelfia, Braided Worlds.

TRACHANA, Angelique (2014): *Urbe ludens*, Gijón, Trea.

24

NUTRIR LA TIERRA QUE NOS NUTRE
(EL MAL)

> No hay maldad tan mala como la que
> nace de la semilla del bien.
>
> BALDASSARE CASTIGLIONE

A fin de mantener la fertilidad de la tierra se había practicado tradicionalmente la rotación de cultivos, la tala y quema del bosque o el abono con residuos orgánicos y detritus de origen animal, hasta que bien entrado el siglo XX aparecieron los fertilizantes químicos y se perfeccionaron las técnicas de compostaje. Detrás de estos logros de trascendental importancia se encuentran dos científicos alemanes, cuyas vidas, no por paralelas menos antagónicas, están lejos de ser intachables. Por más que todos sin excepción nos hallemos en deuda con ellos, el veredicto de la historia no les es, ni mucho menos, favorable. Hay tantos puntos oscuros en sus biografías que resulta imposible saber si merecen nuestra condena o admiración.

Nos gusta creer que las personas malvadas son, en realidad, enfermos, ignorantes o, por emplear las palabras de Hannah Arendt, incapaces de pensar críticamente. Pero, como sabemos, la verdad suele ser más compleja e imprecisa que nuestros juicios. En ocasiones los peores canallas actúan movidos por los más nobles ideales, y otras las mayores vilezas se llevan a cabo con la mejor intención. Seguramente más de un lector se sorprenda y frunza el ceño al leer que las primeras leyes de protección de los animales (24 de noviembre de 1933) y de la naturaleza (1 de julio de 1935) fueron promulgadas por un régimen tan despiadado y poco respetuoso con la vida humana como el nazi. Por la misma época en que se aprobaba una legislación pionera orientada a la preservación de los "monumentos naturales", la creación de "zonas rurales protegidas" y la defensa de las especies amenazadas, se emprendía la persecución de los judíos y la limpieza étnica al amparo de las recién decretadas Leyes Raciales de Núremberg (1935).

Llama poderosamente la atención que el amor por la tierra pudiese convivir, sin aparente contradicción, con un aberrante afán genocida. La razón es bien simple. Al identificar la naturaleza autóctona con la esencia de lo alemán se firmó un pacto fáustico entre la ecología y el racismo, que alentó la obsesión por preservar la pureza del paisaje y de la sangre. Los mismos argumentos filosóficos se esgrimían para salvaguardar o depurar la flora vernácula y la sociedad del Tercer Reich de elementos extraños, foráneos o intrusos. Pero una cosa es afirmar que las plantas locales se adaptan mejor al terreno, requieren menos cuidados y crecen más saludables y vigorosas, y otra bien distinta proclamar la supremacía aria. En otras palabras, un ideal romántico de pureza se puso al servicio de una política xenófoba y criminal.

El tema del ecofascismo es complejo y escurridizo, pero también ilustra a la perfección cómo los extremos a veces se confunden y la sensibilidad ecologista puede no estar reñida con la anestesia moral. El caso de Alwin Seifert (1890-1972) es emblemático a este particular. Durante los años veinte este botánico autodidacta, de origen bávaro, se convirtió en uno de los mayores exponentes del movimiento ambientalista. Su encendida defensa del paisaje germano, el valor de las áreas naturales incontaminadas y del jardín local, libre de plantas extranjeras (*bodenständiger Garten*), sintonizaba con la doctrina nazi de exaltación de la sangre y la tierra (*Blut und Boden*), lo que le llevó a prestar servicios en el campo de concentración de Dachau como capo jardinero. Allí supervisó un programa experimental de agricultura biodinámica para abastecer de alimentos al ejército alemán. Por lo demás, en calidad de "abogado para el paisaje" del Reich (*Landschaftsanwalt*), contribuyó con sus intervenciones a reducir el impacto medioambiental de la red de autopistas e integrarlas en la campiña, sembrando vegetación autóctona a lo largo de su recorrido.

La mefistofélica figura de Alwin Seifert, al que sus camaradas de partido apodaban "Señor Madre Tierra", encarna como nadie la ambigüedad moral y la inquietante dualidad de los planteamientos nacional-ecologistas. En aras de alcanzar una naturaleza aria, sus defensores no vacilaron en cometer las mayores atrocidades, poniendo de manifiesto que un alma verde puede coexistir, mal que nos pese, con un corazón negro. Ya casi al final de sus días, cuando el recuerdo de su pasado nazi se había prácticamente borrado de la memoria colectiva, Alwin Seifert conoció un momento de gloria gracias a la publicación de *Agricultura sin venenos o el arte de hacer compost* (1971), que no tardó en convertirse en uno de los libros de cabecera de los permacultores, sobre los que siguió ejerciendo su magisterio durante décadas. Solo nos resta decir que la agricultura orgánica cuenta con su propio canon literario y su parnaso particular, en el que también se encontrarían entre otros *Farmers of Firty Centuries* de F. H. King, o *The Soil and Health* y *An Agricultural Testament* de sir Albert Howard. Todas estas obras son mucho más que manuales de jardinería, pues encierran auténticas lecciones de filosofía y espiritualidad.

Tan desconcertante o más que la soterrada conexión entre ecología y fascismo resulta la vinculación, no por poco conocida menos estrecha, entre la industria agrícola y armamentística. Los compuestos nitrogenados, esenciales para la elaboración de explosivos, constituyen también, por una ironía de la química, una inmejorable fuente de fertilidad. De ahí que, tras la Segunda Guerra Mundial, algunas plantas de municiones se reciclasen como fábricas de abonos sintéticos. Merced al uso intensivo de estos, así como a la mejora de los plaguicidas, los sistemas de riego y las especies vegetales, el rendimiento de las tierras de labor se disparó y la productividad de los cultivos alcanzó unos niveles nunca vistos. La así llamada Revolución Verde contribuyó a satisfacer la exigencia de alimentos de una población mundial en continuo crecimiento.

Si el hambre no se ha erradicado aún hoy del planeta no ha sido por culpa de la escasez de recursos, sino por un injusto reparto de estos. Se podría afirmar sin exagerar que el descubrimiento de los fertilizantes nitrogenados representa uno de los mayores logros de la civilización. Y la persona que lo hizo posible, Fritz Haber (1868-1934), con toda seguridad encabezaría la lista de los benefactores de la humanidad, pues ninguno de ellos ha ayudado a salvar más vidas que él. La síntesis del amoníaco a alta presión a partir del hidrógeno y el nitrógeno, un proceso conocido como Haber-Bosch, le hizo justo merecedor del premio Nobel de Química en 1918. Con eso y todo, no está claro cómo juzgará la posteridad a este químico alemán de origen judío, pues además del papel de venerable investigador, tiene el dudoso honor de ser el padre de la guerra química.

Haber contribuyó a los esfuerzos bélicos de Alemania durante la Gran Guerra creando el devastador gas dicloro, que la *Werhmacht* liberaría en las trincheras del frente occidental contra las tropas aliadas, integradas por franceses, belgas e ingleses, y en el oriental contra las rusas. Y para colmo de males, un grupo de investigadores bajo su dirección creó, acabadas ya las hostilidades, un poderoso pesticida de triste recuerdo: el gas Zyclon, una variante del cual (Zyclon-B) fue utilizado años más tarde para terminar con la vida de miles de prisioneros en Auschwitz-Birkenau y otros campos de exterminio. De hecho, algunos de sus allegados, familiares y amigos perecieron en las cámaras de gas durante el Holocausto. A pesar de haberse convertido al cristianismo, obtenido el premio Nobel y prestado incontables servicios a su patria, Fritz Haber no logró redimirse de su condición de judío. Y no le quedó otro remedio que, despojado de sus distinciones y con el corazón roto por su amor no correspondido a Alemania, exiliarse antes de que fuera demasiado tarde. La muerte, a causa de una insuficiencia cardiaca, le sorprendió en un hotel de Basilea el 29 de enero de 1934, a la edad de sesenta y cinco años, cuando se dirigía a Palestina.

Las brillantes trayectorias científicas de Alwin Seifert y Fritz Haber se vieron ensombrecidas por la acusación de crímenes de guerra. Hay razones de peso para condenarlos al último círculo del infierno y también para encumbrarlos a la gloria. Dejando aparte otras consideraciones, ambos encarnan los polos opuestos de la agricultura industrial y la orgánica, de la productividad y la sostenibilidad, de los fertilizantes químicos y el compostaje. Representan la cara y la cruz de la moneda de la supervivencia alimentaria, acuñada con el sacrificio anónimo de las víctimas, un fervoroso y malsano nacionalismo y la instrumentalización de la ciencia. Son los mismos o parecidos dilemas a los que nos enfrentamos actualmente. Hoy como entonces, el conformismo representa la peor amenaza de todas. De nuestra capacidad para encontrar soluciones innovadoras va a depender la viabilidad del planeta. El ejemplo de Haber y Seifert nos infunde confianza en la creatividad humana para hallar salidas cuando parece que no hay ninguna. Buena prueba de ello son tanto la agricultura sostenible como la Revolución Verde.

El descubrimiento y la aplicación intensiva de novedosos fertilizantes y pesticidas químicos permitió a finales de los años sesenta un incremento exponencial de la producción de alimentos, sin el que, con toda seguridad, la población mundial jamás hubiera podido crecer como lo hizo. De los 3.500 millones de personas que habitaban el planeta en 1970 se pasó en apenas cuatro décadas a 7.000 a principios del siglo XXI. Resulta difícil calcular cuántos de esos individuos deben su existencia a unos productos de laboratorio, tan comunes como denostados hoy. No tenemos manera de saberlo, pero podemos afirmar, sin riesgo a equivocarnos, que el vigente modelo agroindustrial está en la práctica agotado. Baste recordar su insostenible coste: degradación de las tierras de cultivo, pérdida de la biodiversidad, contaminación de los acuíferos y riesgos derivados para la salud humana del incesante empleo de pesticidas, herbicidas, insecticidas, fungicidas, plaguicidas y un largo etcétera de productos fitosanitaritos, como se les acostumbra a llamar de un tiempo a esta parte para enmascarar su verdadera naturaleza tóxica.

La permacultura, por su parte, constituye una de las alternativas más esperanzadoras a las actividades agrícolas intensivas. Ese término, acuñado en 1978 por los ecólogos australianos Bill Mollison y David Holmgren, resulta de la contracción de «agricultura permanente», entendida como aquella que tiene un coste cero medioambiental y, por lo tanto, se puede mantener indefinidamente. Su propósito consiste en crear hábitats humanos viables a largo plazo, partiendo del aprovechamiento racional de los recursos naturales y combinando nuestros conocimientos científicos con la sabiduría tradicional en beneficio de la producción de alimentos saludables, limpios y al alcance de todos los bolsillos. Frente a los monocultivos propugnan la creación de ecosistemas donde convivan diferentes especies vegetales. Conciben la diversidad como una riqueza y una garantía de estabilidad. Su apuesta a favor de la cooperación en lugar de la competencia podría asimismo inspirar la búsqueda de la armonía social y servir de principio rector de un nuevo modelo de comunidad más justa e integradora. Si hay una

imagen germinal, capaz de movilizar las fuerzas ocultas de la fraternidad universal, la cooperación entre los rivales y despertar una conciencia superior es la de la Tierra como casa común de la especie humana.

REFERENCIAS BIBLIOGRÁFICAS

CHARLES, Daniel (2009): *Master Mind: The Rise and Fall of Fritz Haber, the Nobel Laureate Who Launched the Age of Chemical Warfare*, Harper Collins.
— (2006): *Between Genius And Genocide: The Tragedy of Fritz Haber, Father of Chemical Warfare*, Jonathan Cape, Londres.
FUKUOKA, Masanobu (2016): *Sembrando en el desierto. Semillas para la regeneración del planeta*, Cauac Editorial Nativa.
— (2011): *La revolución de una brizna de paja. Una introducción a la agricultura natural*, EcoHabitar.
HAGER, Thomas (2008): *The Alchemy of Air. A Jewish Genius, a Doomed Tycoon, and the Scientific Discovery That Fed the World but Fueled the Rise of Hitler*, Broadway Books.
HOLMGREN, David (2002): *Permaculture: Principles and Pathways Beyond Sustainability*, Holmgren Design Services.
HOWARD, Albert (2007): *The Soil and Health. A Study of Organic Agriculture*, University Press of Kentucky.
— (2010): *An Agricultural Testament*, Benediction Classics.
KING, F. H. (2004): *Farmers of Forty Centuries. Organic Farming in China, Korea, and Japan*, Dover Publication.
MOLLISON, Bill (1979): *Permaculture One, A Perennial Agricultural System for Human Settlements*, Tagari Publications.
— (1996): *Permaculture Two. Practical Design for Town and Country in Permanent Agriculture*, Tagari Publications.
— (1991): *Introduction to Permaculture*, Tagari Publications.
— (1988): *Permaculture. A Designers' Manual*, Tagari Publications.
SEIFERT, Alwin (2007): *Agricultura sin venenos o el arte de hacer compost*, María Ángeles Pérez Latorre (trad.), RBA, Barcelona.
STOLTZENBERG, Dietrich (2015): *Fritz Haber: Chemist, Nobel Laureate, German, Jew*, The Plunkett Lake Press.
WHITEFIELD, Patrick (2016): *The Earth Care Manual: A Permaculture Handbook for Britain and Other Temperate Climates*, Permanent Publications.
WILLIS, George (2018): *Permaculture, Principles and Practice*, Larsen and Keller Education.

25

CLOROFILA Y TECNOFOBIA
(LA ALIENACIÓN)

> Los hombres se han convertido en he-
> rramientas de sus herramientas.
>
> HENRY DAVID THOREAU, *Walden* (1854)

*U*na de las más sorprendentes paradojas de nuestra ya paradójica época es que, mientras el mercado pone a nuestro alcance cada vez más productos, el trabajo se está volviendo un bien más y más escaso. Los únicos empleos que, según los expertos, subsistirán a la feroz competencia de las máquinas, más productivas y eficientes, serán aquellos que conlleven responsabilidades directivas como gestionar equipos o participar en negociaciones, exijan habilidades artísticas o creativas que impliquen interacciones sociales complejas o la manipulación de objetos irregulares. Los jardineros tendrán asegurados sus puestos de trabajo durante las próximas décadas, así como algunas otras profesiones cuyas ocupaciones, por el momento, no pueden automatizarse, bien sea porque exigen don de gentes o dotes de liderazgo, bien sea porque precisan de la capacidad para resolver problemas de forma innovadora.

En un primer momento se han digitalizado tareas repetitivas y poco complejas, pero es cuestión de tiempo que los robots desempeñen labores cada vez más expertas y quién sabe si creativas.

Nadie sabe a ciencia cierta cómo afectará esa ingente automatización al mercado laboral. Algunos expertos auguran que muchos empleos, y no solo de baja cualificación, serán desempeñados por máquinas, lo que ahondará la brecha social hasta el punto de amenazar la estabilidad del sistema. Otros, por el contrario, advierten que la mayoría de los oficios del futuro están todavía por inventarse y que las innovaciones tecnológicas generarán nuevas oportunidades de empleo, que compensarán con creces la pérdida de puestos de trabajo. Como quiera que sea, vamos hacia una sociedad poslaboral en la que trabajar adquirirá un nuevo significado y no será lo que era.

Acaso no estaban tan equivocados los seguidores de Ned Ludd que, en los albores de la revolución industrial, sabotearon y destruyeron telares, cardadoras e hiladoras mecánicas a vapor en las ciudades algodoneras y los pueblos de tejedores de Inglaterra durante las primeras décadas del siglo XVIII, llevados por el temor a perder su empleo y su alma, y el descontento provocado por los abusos del incipiente sistema fabril, que condenaba a la miseria a los trabajadores. Fue en Nottingham donde se creó ese personaje de leyenda, bajo cuyo estandarte se llevaron a cabo las primeras revueltas obreras. Los campesinos y artesanos proletarizados arremetieron con inusitada furia contra las odiosas máquinas, no tanto porque se opusieran al progreso o fueran unos "retrógrados oscurantistas", como los tildaron algunos intelectuales de la época, sino porque convertían a los operarios en parte de sus engranajes. Atentando contra el sagrado principio de la propiedad privada, esos iracundos mecanoclastas se rebelaron contra unos salarios de hambre y la pérdida de la calidad artesanal de su trabajo. Sus actos vandálicos fueron el elegíaco canto de cisne de la sociedad preindustrial. Entonces no menos que ahora, el progreso ha exigido sacrificios a los que siempre se han resistido las víctimas.

Los motines y revueltas luditas, que se iniciaron en marzo de 1811 en Nottingham, fueron reprimidos por las tropas gubernamentales hasta su total extinción en el otoño de 1816. Y sus líderes se vieron en algunos casos condenados a morir en la horca y en otros deportados a Australia. Las semillas de esa revuelta rebrotarían con vigor pocos años después en las tierras de labor del sudeste de Inglaterra. El general Ludd cambió de nombre y volvió a la carga con el nombre del capitán Swing en el momento en que los *landlords* y los granjeros ricos empezaron a introducir el uso de trilladoras mecánicas. La chispa de la insurrección prendió rápidamente entre los jornaleros, a los que el pago del diezmo de la iglesia anglicana y el alquiler de sus parcelas ahogaban. Los disturbios se iniciaron en agosto de 1830 en Kent, de ahí se extendieron a Sussex y muy pronto se propagaron como un reguero de pólvora a otros treinta condados. Durante esos turbulentos meses se sucedieron los sabotajes, pillajes y motines. A finales de 1831 la insurrección ya era historia y las huestes del capitán Swing se desmovilizaron.

Por la mismas fechas en que, viendo su modo de vida peligrar, se iba abriendo paso en las mentes de los urbanistas ingleses la imperiosa necesidad de crear jardines públicos, que sirviesen de "pulmones de la capital", según la acertada expresión utilizada por el paisajista John-Claudius Loudon en una carta publicada en el *Times*, y de solaz y esparcimiento de la clase obrera, que había emigrado en masa del campo a la ciudad para atender la pujante demanda de mano de obra de la industria y que se hacinaba en míseros arrabales. Londres, que contaba al comienzo del siglo XIX con un millón de habitantes, se convirtió en el polo de atracción del éxodo rural, hasta tal punto que, apenas cuarenta años después, había duplicado su población. Y antes de 1900 la había quintuplicado. Pocas décadas más tarde de que la rebelión ludita hubiera sido definitivamente sofocada, el disfrute de los jardines dejó de ser monopolio de una minoría acaudalada, y se crearon los primeros parques de recreo urbanos en la capital inglesa. El primero de una larga dinastía, que no ha dejado de crecer hasta nuestros días, fue Birkenhead (1847), obra del influyente paisajista Joseph Paxton. Con anterioridad había abierto sus puertas el parque real de Regent's (1835), situado en el centro urbano, entre la ciudad de Westminster y el municipio de Camden. Cundiría el ejemplo y en los años venideros la Corona Británica autorizaría el uso público de otras de sus céntricas propiedades: Green Park (1826), Kesington Gardens (1841), St. James Park (1887)... Merece también una mención especial el *arboretum* de Derby, financiado por Joseph Strutt, empresario textil y antiguo alcalde de esa localidad industrial, y dedicado a "aquellos sin cuyo trabajo no habría hecho su fortuna", tal y como se podía leer en un panfleto distribuido por los obreros el día de su inauguración, el 16 de septiembre de 1840.

Joseph Strutt pertenecía a un raro linaje de empresarios bienintencionados y reformistas, que rechazaban el antagonismo de clases y se oponían a la explotación del hombre por el hombre. Por más que esas propuestas más o menos visionarias de mejorar las condiciones del proletariado industrial naufragaron en el puerto y no lograron cambiar la brutal y mísera realidad laboral de la época, sí contribuyeron, qué duda cabe, a mantener viva la confianza en el género humano y la esperanza de que el mundo no tenía por qué ser como era. Forma parte de esa fraternidad de potentados filántropos y fervientes creyentes en el progreso Robert Owen (1771-1858). Este exitoso industrial puso en práctica sus ideas protosocialistas en su fábrica de tejidos de New Lamark (Escocia), donde redujo la jornada laboral de sus empleados, construyó escuelas y economatos para las familias obreras y prescindió de la mano de obra infantil.

En 1825, cinco años antes de que las huestes de campesinos sin tierras del capitán Swing arremetieran contra las trilladoras y arados mecánicos, se aprestó a dejarlo todo, cruzar el Atlántico e ir en pos de su sueño de crear una modélica comunidad donde no existiera la propiedad privada y todos trabajaran en beneficio de todos. Con este propósito, invirtió su cuantiosa fortuna en adquirir una aldea situada en Harmonytownship (Indiana) y, junto a novecientos correligionarios, puso en marcha una granja cooperativa, heredera de la *Utopía* de Tomás Moro y de la *República* de Platón. Poco importa que New Harmony no alcanzara la meta que se había fijado y, pasados tres años, se disolviera. El sueño de la copropiedad y la cogestión de la tierra constituyó uno de esos rotundos fracasos condenados al éxito; pues polinizó la imaginación de aquellos pensadores que no se contentaban con analizar la realidad, sino que aspiraban también a cambiarla. Su simiente germinaría en los falansterios de Charles Fourier, en las Icarias de Étienne Cabet, las comunas anarquistas y un sinfín de experiencias de vida comunitaria y proyectos de sociedades alternativas más justas, sin explotados ni explotadores. No ha habido época en que los humanos no hayan caído en la tentación de planificar la felicidad e intentar hacer realidad la fantasía de la ciudad ideal. Todas las generaciones han necesitado pasearse por los jardines de la utopía para recobrar la fe en sí mismos.

Desde que comenzó la sociedad industrial los trabajadores siempre han mantenido una relación ambivalente con las máquinas. Estas les permitían economizar esfuerzos y les facilitaban la realización de tareas, pero al mismo tiempo amortizaban puestos de trabajo y amenazaban con suplantar a los usuarios. Tendemos a olvidar que el problema del excedente de mano de obra originado durante la primera revolución industrial se solventó gracias a la emigración forzosa hacia las nuevas tierras, occidentales y australes, de al menos cincuenta millones de europeos en busca de nuevas oportunidades laborales, y la sangría de dos guerras mundiales. Desde esa perspectiva, la tecnología digital plantea el mismo dilema que antaño, con la salvedad de que ya no quedan territorios en blanco en el mapa donde desplazar a la población desempleada, y de la guerra no cabe ni hablar. A la galopante velocidad a la que evoluciona la inteligencia artificial, no parece descabellado pensar que, en los próximos años, muchas personas dejarán de poder llamarse asalariados, dado que seguramente no podrán vender su fuerza de trabajo a cambio de un salario más o menos justo. Entre tanto, la lucha de clases habrá dejado de ser el motor de la historia y el trabajo se habrá convertido en un lujo al alcance de unos pocos felices (*the happy few*). De momento, cada vez más asalariados engrosan las filas del precariado laboral, pobres con contratos de trabajo a tiempo parcial y mal remunerados, muchas veces autónomos o pluriempleados. Todo parece indicar que solo una minoría verá cumplidas las promesas de la revolución digital y la civilización del ocio, mientras que una mayoría padecerá estrecheces y sobrevivirá como esclavos asalariados en el Reino de la Necesidad.

Cuando creemos estar avanzando hacia un mundo posindustrial, poslaboral y poshumano, en realidad nos vamos encaminando sin casi darnos cuenta en la dirección de una nueva sociedad estamental, en la que una selecta minoría de afortunados gozarán de enormes privilegios vetados a la mayoría, y probablemente no será el menor de ellos disponer más libremente de su tiempo. Irónicamente las únicas comunidades humanas en las que el trabajo no es una prioridad, y no consume la mayor parte de la energía y el tiempo vital de sus integrantes, son las tribus de cazadores recolectores, que todavía permanecen ajenos al progreso tecnológico en los más recónditos rincones de nuestro globalizado planeta. En esas sociedades de la opulencia primitiva, como las denominó el antropólogo Marshall Sahlins, las personas cubren sus necesidades de subsistencia con apenas emplear entre quince y veinte horas semanales a tareas bastante llevaderas y, todo hay que decirlo, muy poco estresantes, lo que les deja tiempo libre para holgazanear creativamente. En otras palabras, han hecho de la escasez virtud y han optado por simplificar sus obligaciones en lugar de acumular excedentes. Les preocupa menos disponer de mercancías que de su tiempo. Son la prueba viviente de que la escasez material puede coexistir con un rico mundo cultural de complejos rituales y mitologías y una vida satisfactoria. Hay algo de verdad en su caso en el dicho de que no es más rico quien más tiene, sino quien menos necesita.

Si un día los habitantes del futuro consiguen liberarse del yugo del trabajo, tienen sus necesidades materiales cubiertas sin tener que dedicar un tercio de su vida a obtener los medios de subsistencia y se convierten en dueños de su tiempo, se enfrentarán a la peliaguda cuestión de que cómo emplear sus días. No en vano "las mayores dificultades del individuo empiezan cuando puede hacer lo que quiere", como observó Aldous Huxley. Sin la excusa de las obligaciones laborales y el pretexto de la falta de disponibilidad, no podrán seguir eludiendo el dilema filosófico por excelencia de cómo quieren vivir, se verán enfrentados al vértigo de la libertad y tendrán que decidir si quieren cambiar una servidumbre por otra o elegirse a sí mismos. Y en vez del trabajo, será el ocio el que será embrutecedor y alienante.

Aquellos que, en nuestros días, podrían abrazar la causa ludita están demasiado encariñados con sus dispositivos electrónicos para desconfiar de ellos. Se encuentran tan absortos realizando compras digitales o surfeando por las redes sociales que no caen en la cuenta de que engendran su propia servidumbre. Esos dispositivos electrónicos seducen primero a los que convertirán en esclavos. Es curioso comprobar que el pensamiento mágico vuelve en el mismo intento de despacharlo. El fácil manejo de los sofisticados dispositivos electrónicos, cuyos complejos algoritmos se hallan muy por encima de la capacidad de comprensión del hombre de la calle, explica que estos revistan un aura casi sagrada y se conviertan en fetiches narcisistas. Su poder de fascinación en los usuarios deriva precisamente de su inefable funcionamiento.

Habría mucho que hablar acerca de si son estos los que utilizan esas poderosas e intrusivas herramientas digitales o, más bien a la inversa, son estas las que generan en ellos necesidades que ignoraban tener, colonizan su intimidad a cambio de un poco de entretenimiento y ahogan su diálogo interno con el ruido de más información de la que pueden asimilar. Nada atestigua mejor el poder apabullante de sumisión de las nuevas tecnologías que el hecho de que sus usuarios se presten de buena gana al asedio constante de ofertas y solicitaciones comerciales y se hallen disponibles a cualquier hora y en cualquier lugar.

Todavía es muy pronto para saber qué ocurrirá si se lleva hasta sus últimas consecuencias la digitalización de la sociedad y las máquinas llegan a ser capaces de leer nuestros pensamientos, descifrar nuestras emociones y prever con absoluta fiabilidad nuestro comportamiento. Su control sobre los seres humanos podría tal vez llegar a ser completo si no fuera porque los individuos no son tan predecibles como parece, defraudan constantemente las expectativas depositadas en ellos, a menudo rompen las reglas y su conducta rara vez sigue un curso lógico. Su naturaleza contradictoria excede la capacidad de cálculo de los algoritmos analíticos. La imprevisibilidad del animal humano evidencia su espíritu paradójico, su insaciable curiosidad y su anhelo casi enfermizo de novedades, y constituye sin duda la última trinchera de su autosuficiencia.

Los seres humanos siempre han tenido miedo a la libertad, pero aún más a perderla, y se han vengado de la realidad fabulando. Su incapacidad para vivir sin certidumbres consoladoras, ni fantasías compensatorias, solo es comparable a su irreductible amor a la verdad y la independencia interior. Así se explica que, aun cuando jamás existiera un Ned Ludd, numerosos artesanos convertidos en obreros combatiesen a sus órdenes. A fin de cuentas, nada es más real que las ficciones colectivas. Las sociedades se amasan con mitos que sirven de levadura y fermento a los cambios históricos. Su mítica figura personificó la rebeldía contra el maquinismo deshumanizador y encarnó el malestar de la incipiente clase trabajadora ante un futuro, no menos entonces que ahora, lleno de incertidumbres.

Todo cambió cuando los asalariados se convirtieron en consumidores y el orgullo de pertenecer a la clase trabajadora cedió el terreno a la conciencia individualista. En aquel momento el afán altruista de avanzar juntos hacia una sociedad más justa fue suplantado por el culto al yo y la ansiedad por el estatus. Dios hacía ya mucho tiempo que había abandonado el mundo, pero la desaparición del sentimiento de fraternidad entre los parias de la Tierra supuso que la Humanidad entera se quedase huérfana de padre y madre. Las personas se vieron solas ante el arduo dilema de tener para ser, de alcanzar metas profesionales a costa de los mayores sacrificios si querían gozar de una identidad, lo que les ponía irremisiblemente a competir con sus semejantes y, por si esto fuera poco, con ellos mismos. En el momento en que sus sueños ya no tenían que ver con ideales sino con cosas, la serpiente de la insatisfacción se coló en el paraíso capitalista. ¿De qué nos sirve trabajar como esclavos para adquirir productos que no necesitamos con el fin de agradar a personas que no apreciamos? La Organización Mundial de la Salud hace tiempo que ha alertado de la pandemia de depresión y estrés que sacudirá a las así llamadas, sin atisbo de ironía, sociedades de la abundancia. De ser ciertas sus previsiones, la religión del consumismo propagada por el capitalismo ha topado con un escollo nada desdeñable: a fuerza de acumular cosas, los seres humanos se han encontrado con el vacío.

A los que hacen responsables de todos los males de la humanidad a la propiedad privada y el culto al dinero y abogan por un retorno a la naturaleza, tal vez convenga recordarles que esta encierra, tras su aparente placidez, una implacable lucha sin cuartel entre especies, que pugnan por imponerse a sus rivales. Si bien se piensa, el reino vegetal puede concebirse como una metáfora visible del capitalismo más desalmado después de todo, donde la supervivencia del más apto hace las veces de las leyes del mercado y el equilibrio de los ecosistemas se corresponde con el orden económico. Y la eficiencia sería un sinónimo de la belleza del paisaje silvestre. Y bien mirado, un jardín, en tanto que una porción de naturaleza delimitada y domesticada para disfrute humano, representaría un ejemplo ilustrativo de una economía planificada, donde la mano invisible del jardinero, guiada por ideales estéticos o fines utilitarios, regula la competencia, impone límites al ciego instinto vital de las plantas y somete a esa réplica humanizada de la naturaleza a su voluntad. Avanzando un poco más en esta analogía, podríamos afirmar que no es el jardinero el que hace el jardín, sino el jardín el que hace al jardinero.

REFERENCIAS BIBLIOGRÁFICAS

BAUMAN, Zygmunt (2013): *Vida líquida*, Albino Santos Mosquera (trad.), Barcelona, Planeta, Austral.

– (2017): *Retrotopía*, Albino Santos Mosquera (trad.), Barcelona, Paidós, Estado y Sociedad.

BREGMAN, Rutger (2017): *Utopía para realistas. A favor de la renta básica universal, la semana laboral de quince horas y un mundo sin fronteras,* Javier Guerrero Gimeno (trad.), Barcelona, Salamandra.

HARARI, Yuval Noah (2016): *Sapiens. De animales a dioses,* Joandomènec Ros i Aragonès (trad.), Barcelona, Debate.

– (2017) *Homo Deus, Breve Historia del mañana,* Joandomènec Ros i Aragonès (trad.), Barcelona, Debate.

LAFARGUE, Paul (2008): *El derecho a la pereza,* Doble J, El Arte de Pensar.

MAYER-SCHÖNBERGER, Viktor y CUKIER, Kenneth (2015): *Big data. La revolución de los datos masivos,* Antonio J. Iriarte Jurado (trad.), Madrid, Turner, Noema.

MORRIS, William (2016): *La Era del Sucedáneo y otros textos contra la civilización moderna,* Olivier Barancy (ed.), Javier Rodríguez Hidalgo (trad.), Logroño, Pepitas de Calabaza.

– (2013): *Cómo vivimos* y *Cómo podríamos vivir,* Federico Corrientes Basús (trad.), Logroño, Pepitas de Calabaza.

PÉREZ, Ciudadano (2009): *69 razones para no trabajar demasiado,* Madrid, El Viejo Topo.

RIESMAN, David *et al.* (1989): *La muchedumbre solitaria,* Noemí Rosemblat (trad.), Barcelona, Paidós, Mundo Interior.

RUSSELL, Bertrand (2004): *In Praise of Idleness and Other Essays,* Londres y Nueva York, Routledge Classics.

SENNET, Richard (2000): *La corrosión del carácter. Las consecuencias personales del trabajo en el nuevo capitalismo,* Daniel Najmías (trad.), Barcelona, Anagrama, Argumentos.

TIROLÉ, Jean (2017): *La economía del bien común*, María Cordón Vergara (trad.), Madrid, Taurus.

VAN DAAL, Julius (2015): *La cólera de Ludd. La lucha de clases en Inglaterra al alba de la Revolución Industrial*, Diego Luis Sanromán (trad.), Logroño, Pepitas de Calabaza.

ZELDIN, Theodore (2015): *Los placeres ocultos de la vida. Una nueva forma de recordar el pasado e imaginar el futuro*, Isabel de Miquel (trad.), Barcelona, Actual.

26

SEMILLERO JARDINOSÓFICO
(LA SABIDURÍA)

*P*ropongo acuñar el término *jardinosofía* para designar un género de obras filosófico-literarias que, desde los lejanos tiempos de Epicuro, Lucrecio y Virgilio, celebran el gozo intelectual y sensorial de los jardines, la vivificadora experiencia de cultivar y el contacto benéfico con la naturaleza. En el trasfondo de esas obras de muy variada intención late el anhelo de una sabiduría genuina, que nos ayude a vivir con más lucidez y serenidad. Esta se reconoce en la felicidad, o al menos en un tipo de felicidad, emparentada con "la tranquila posesión de uno mismo" de la que habla Séneca y la búsqueda de una forma razonable de placer como pretende Epicuro. La mejor manera de procurar esa salud del alma tal vez sea "cultivar el propio jardín", siguiendo la propuesta de Voltaire al final del *Cándido*. Cuidar de las plantas nos reconecta vital y espiritualmente con la tierra que pisamos y favorece la concentración en el presente, el diálogo con uno mismo y la paz interior. He aquí el verdadero significado de la *jardinosofía*.

Hay un tipo especial de literatura que consiste en reducir el argumento, los personajes, las descripciones, los diálogos e, incluso, la voz del autor al trazo enérgico de una sola frase o unas pocas. Habrá quien piense que los aforismos se parecen a semillas, que encierran una novela o un ensayo en potencia, o a la simiente que contiene el código genético de un libro de muchas páginas. Otros, por el contrario, tienden a verlos como bonsáis del pensamiento y una especie de epopeya o tratado en miniatura. No faltará tampoco quien los compare a flores de invernadero, cuya embriagadora fragancia flotará largo tiempo en el silencio que se abre tras el punto final. Como quiera que sea, vivimos en un mundo superpoblado de palabras, donde la brevedad no solo es una cortesía hacia el lector sino la manera más

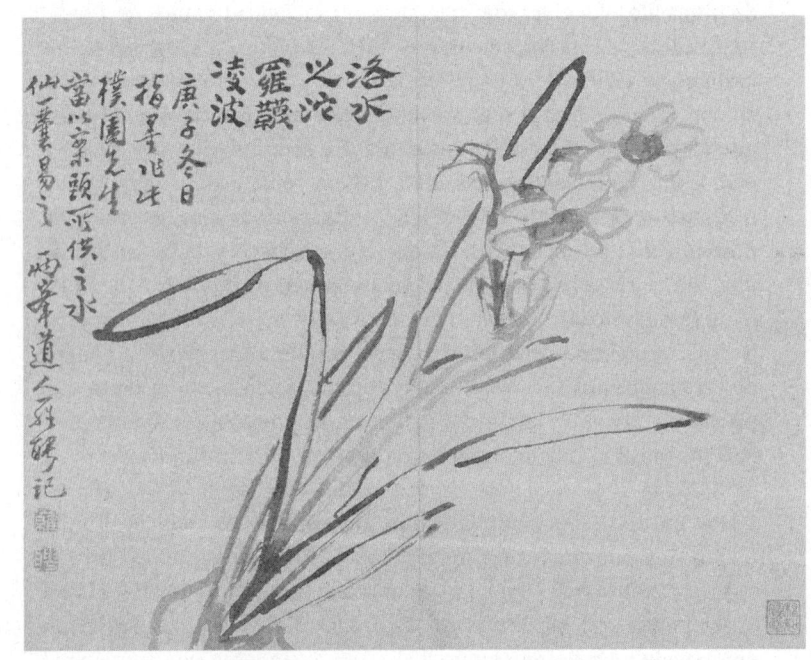

rápida y segura de tocar su alma. Este puede ahorrarse el esfuerzo de suspender voluntariamente la incredulidad y apurar de un trago, sin pensárselo dos veces, estas reflexiones de alta graduación. Un ligero aturdimiento le nublará la conciencia y, por un momento, sentirá la fresca caricia de la verdad.

Todos los aforismos tienen algo de sortilegio y de maldición, de vaticinio y de revelación incumplida. Suenan como la frase inaugural de una narración memorable o la que cierra abruptamente un libro revelador. Y estos pensamientos cultivados, escritos con las manos sucias de tierra y encallecidas por el uso frecuente de las herramientas, no resultan ninguna excepción. No pretenden ser un herbario de hermosas frases desecadas, ni por supuesto un oráculo manual para los amantes de las plantas, ni mucho menos un tao de la sabiduría jardinera, sino simplemente un manifiesto, escrito a vuelapluma, en defensa del jardín como terapia filosófica, como medicina del alma.

- La cerca hace el jardín.
- Ver crecer lo que plantamos es una de las fuentes de gozo más genuinas.
- Entre las dos sílabas de la palabra jardín cabe la inmensidad de los sueños humanos.
- En los jardines el afán de retornar a la naturaleza se confunde con el deseo de escapar de la realidad y la añoranza del paraíso con el anhelo de un mundo mejor.
- Ya que nuestros intentos de regresar al paraíso terrenal están condenados al fracaso, el empeño de cultivar jardines es la única gloria posible.
- Tal y como es el jardín, así es el jardinero.
- El jardín es una metáfora visible de la felicidad: una isla en tierra firme.
- Tal vez porque el primer oficio del hombre fue el de jardinero, los descendientes de Adán y Eva no consideran el cuidado, duro en ocasiones y gratificante siempre, de un trozo de tierra un trabajo, por más que se trabaje mucho para convertirlo en un pequeño Edén.

- En los jardines reverberan nuestros ideales éticos, estéticos y políticos, y resuena la vieja y ambivalente melodía del amor por la naturaleza.
- No hay nada más artificial que el deseo de ser natural. Un buen ejemplo de que la más sofisticada forma de artificio suele consistir en la aparente ausencia de artificio, es el jardín paisajista. Un proyecto no por paradójico menos sublime: perfeccionar la naturaleza para que parezca, si cabe, más natural.
- Si la casa es nuestra segunda piel, el jardín constituye nuestro otro yo. Si la casa es un espejo de nosotros mismos, el jardín representa una proyección de nuestros anhelos y ambiciones.
- Al igual que los árboles, los seres humanos crecen hacia arriba y hacia abajo, buscando la luz y adentrándose en la oscuridad, elevándose del suelo y echando raíces.
- Hasta el jardín más insignificante y vulgar, cuando lo contemplamos el tiempo suficiente, se vuelve infinito.
- En un jardín nunca estamos solos.
- El filósofo que todos llevamos dentro debe fabricar su propia medicina del alma con las plantas que cultiva en su huerto.
- Una de las reglas más importantes de la gramática jardinera es que el todo es más que la suma de las partes.
- Los jardines se dotan de alma cuando captan el espíritu del lugar, el aroma del tiempo y el aliento de la naturaleza.
- Por más que la materia prima del jardín sea efímera, este tiene vocación de permanencia.
- El jardinero asiste a la fiesta de gala de la naturaleza vestido de mendigo.
- Cultivar ejercita una ética del cuidado. Nos desensimisma y colma. No hay jardineros insatisfechos.
- Hay que hacer una tan sutil como compleja fotosíntesis filosófica para florecer por dentro, para adquirir la sabiduría de necesitar poco y la felicidad de no esperar nada.
- Cuanto más superpoblado esté el mundo, más fuerte será el anhelo de retornar a la naturaleza y más intensa la pulsión

verdolátrica. No cabe duda de que la Edad de Oro de los jardines está por venir.

- La sed de naturaleza en el urbanita contemporáneo solo es comparable a su hambre de serenidad y paz interior.
- Sabio y savia.
- La planta es el único elemento constructivo que, lejos de estar sometido a la fatiga de los materiales, obedece a la ley de los crecientes. Con el paso del tiempo gana tamaño y valor.
- Dentro de la pujante industria de la felicidad los jardines corren el riesgo de convertirse en un bien de consumo más, en una mercancía sometida a la ley de la oferta y la demanda, en un desierto florido. Si la planta se vuelve un mero producto comercial, el jardinero se transforma en un simple reponedor
- Nosotros construimos los jardines y los jardines nos construyen a nosotros. Cuando el jardín se convierte en mascota, el jardinero se transforma en amo.
- En el fondo plantar no es más que otra forma de plantarse ante la lucropatía imperante, el consumismo compulsivo y el frenesí maniaco del siempre más.
- El mejor jardín es aquel que transforma el ojo en oído; las vistas, en música; y la belleza del paisaje, en medicina del alma.
- La experiencia del jardín es sinestésica: tocar con la mirada, paladear con el oído, escuchar con el olfato.
- Si el jardín es la respuesta, ¿cuál es la pregunta?
- Plantar tiene mucho de plegaria laica, que se eleva hacia el cielo con la mirada puesta en la tierra.
- La próxima revolución científica que nos espera es el final del zoocentrismo. El ser humano dejará de ser un mono con un gran cerebro para convertirse en un ser vivo descendiente de organismos fotosintéticos.

Tanto o más que a semillas, bonsáis o flores de invernadero, los aforismos se parecen a rizomas. Estos son tallos subterráneos que crecen a ras de tierra adoptando formas impredecibles. Esos proteicos organismos, que echan vástagos hacia arriba y raíces hacia abajo, se extienden por el suelo circundante creando una intrincada malla de conexiones. Para protegerse del frío o la sequía, en algunos casos pueden perder durante el invierno o el verano sus partes aéreas y conservar únicamente el tallo o el tubérculo, que almacena los nutrientes y el agua a la espera de que llegue una estación más favorable.

Los pensadores Gilles Deleuze y Félix Guattari, ambos un prodigio de inventiva, sombría lucidez y destreza conceptual, se sirvieron de este sistema de reproducción vegetal utilizado por el lirio, el jengibre, la caña y muchas plantas vivaces como una metáfora visual para describir una nueva manera de pensar la realidad descentralizada, dinámica y multiforme, que se contraponía al rígido y estático modelo arbóreo de la razón totalizadora. Mientras que este tipo de pensamiento sigue un esquema lineal y jerárquico, y obedece a la lógica del calco y la reproducción uniformizadora, tal y como evidencian sus hojas, copias las unas de las otras, el pensamiento rizomático posee una estructura reticular y se diversifica incesantemente cartografiando el territorio y multiplicándose en todas las direcciones.

No hace falta entender la *cultalatinoparla* posmoderna, ni las indigestas argumentaciones de esos ilustres hijos del Mayo del 68 francés para que esa imagen, de gran densidad simbólica, quede grabada con fuerza en la memoria del lector. Este asombroso enunciado captura toda su filosofía: "Muchas personas tienen un árbol plantado en la cabeza, pero en realidad el cerebro es más un rizoma que un árbol". Por muy inconformista, radical e iconoclasta que sea su rocosa prosa, su teoría adolece del mismo esquematismo y simplicidad que denuncia en la filosofía clásica. Unos pensadores más sensibles a la poesía de los árboles o menos miopes a su biología no hubieran desdeñado, sin pensárselo dos veces, el modelo de pensamiento arbóreo por esconder, a su juicio, una violencia oculta al excluir la diferencia y renegar de la diversidad. No podían estar más equivocados y alejados de la realidad al convertir al árbol, firmemente arraigado en un punto de la tierra e irguiéndose solitario hacia la luz, en un símbolo de la unidad y la totalidad de la razón discursiva. Es sabido que sus raíces, cuyo comportamiento Charles Darwin comparó con un animal sin cabeza, forman extensas redes, a través de las cuales mantienen un fructífero diálogo químico con las bacterias y los hongos simbióticos del suelo. Su compleja arquitectura nada tiene que envidiar a los rizomas, y nos recuerda la enigmática sabiduría con que los árboles se integran en la comunidad ecológica.

Así y todo, debo a Deleuze y Guattari la idea de escribir un libro rizoma, en el que todas las partes estén interconectadas y no se sepa con exactitud dónde acaba un escrito y comienza otro. El contenido de un capítulo se prolonga en sus vecinos y sus ecos se escuchan en los más apartados rincones de esta obra, que, pese a su heterogénea apariencia, entona el mismo canto. Aunque he preferido desoír la recomendación hecha por esos irreverentes *philosophes* en un tono casi litúrgico: "¡Haced rizoma y no raíz, no plantéis nunca! ¡No sembréis, horadad! ¡No seáis uno ni múltiple, sino multiplicidades!". Su osadía intelectual ha inspirado estas páginas.

REFERENCIAS BIBLIOGRÁFICAS

ARAÚJO, Joaquín (2017): *El pensamiento ecológico en aforismos*, Almenara, Tundra.

AURELIO, Marco (2012): *Meditaciones*, Miquel Dolç (trad.), Madrid, Taurus, Great Ideas.

DELEUZE, Gilles y GUATTARI, Félix (2010): *Mil mesetas. Capitalismo y esquizofrenia*, Umbelina Larraceta y José Pérez Vázquez (trad.), Valencia, Pre-Textos.

– (2010): *Rizoma. Introducción*, Umbelina Larraceta y José Pérez Vázquez (trad.), Valencia, Pre-Textos.

DE PRÉCY, Jorn (2018): *El jardín perdido*, Marco Martella (ed.) y María Eugenia Ferrari (trad.), Barcelona, Elba.

EPÍCTETO (1996): *Disertaciones con Arriano*, Paloma Ortiz García (trad. y anot.), Barcelona, Planeta DeAgostini n.º 80, Los Clásicos de Grecia y Roma.

– (2017): *Un manual de vida*, Paloma Ortiz (ed.), Palma de Mallorca, Olañeta, Pequeños Libros de la Sabiduría.

EPICURO, *Obras completas*, José Vara (trad.), Madrid, Cátedra, Letras Universales.

LAFFON, Martine (2010): *Petite philosophie du jardinier*, Toulouse, Milan.

LICHTENBERG, Georg Christoph (1990): *Aforismos*, Juan del Solar (ed. y trad.), Barcelona, Edhasa.

LUCRECIO (2012): *De rerum natura. De la naturaleza*, Eduardo Valentí Fiol (trad.), Barcelona, El Acantilado.

MONTAIGNE, Michel de (2003): *Ensayos completos*, Almudena Montojo (trad.), Madrid, Cátedra, Biblioteca Avrea.

MOORE, Charles W.; MITCHELL, William y TURNBULL, William (1993): *Poetics of Gardens*, The Cambridge y Londres, MIT Press.

NUSSBAUM, Martha C. (2003): *La terapia del deseo. Teoría y práctica en la ética helenísitica*, Miguel Candel (trad.), Barcelona, Paidós.

WILDE, Oscar (2014): *Aforismos*, Gabriel Insausti (trad.), Sevilla, Renacimiento.

PESSOA, Fernando (2014): *Aforismos*, José Luis García Martín (trad.), Sevilla, Renacimiento.

PIGANI, Erik (2008): *Le jardin philosophe*, París, Presses du Châtelet.

SCHOPENHAUER, Arthur (1999): *Parábolas, aforismos y comparaciones*, Andrés Sánchez Pascual (ed.), Barcelona, Círculo de Lectores.

SÉNECA (1984): *Cartas morales a Lucilio*, Jaime Bofill y Ferro (trad. y anot.), Barcelona, Orbis, Historia del pensamiento n.º 27.

– (2017): *Sobre la brevedad de la vida, el ocio y la felicidad*, Eduardo Gil Bera (trad.), Barcelona, El Acantilado.

WAGENSBERG, Jorge (2006): *A más cómo, menos por qué*, Barcelona, Círculo de lectores.

CUARTA PARTE

QUÉ SIGNIFICA SER HUMANO

27

UN JARDÍN PROPIO O CÓMO DEJAR DE SER UNA FLOR DE INVERNADERO
(EL FEMINISMO)

> Me preguntaba cuáles podrían ser las razones que llevan a tantos hombres, clérigos y laicos, a vituperar a las mujeres, criticándolas bien de palabra bien en escritos y tratados. [...] No es que sea cosa de un hombre o dos [...] sino que no hay texto que esté exento de misoginia. Al contrario, filósofos, poetas, moralistas, todos –y la lista sería demasiado larga– parecen hablar con la misma voz para llegar a la conclusión de que la mujer, mala por esencia y naturaleza, siempre se inclina hacia el vicio.
>
> CRISTINA DE PIZÁN,
> *La ciudad de las damas* (1405)

*U*na cosa es lo que decimos y otra muy distinta lo que hacemos; y para complicarlo aún más, una tercera es lo que creemos decir y hacer. Son muchos más los que proclaman creer en la igualdad que los que predican con el ejemplo. Y entre estos últimos abundan también los que se mienten a sí mismos, hasta el punto de traicionar de palabra u obra los ideales que aseguran defender. Por más que nadie en su sano juicio se reconozca machista, afirme la inferioridad femenina o esgrima argumentos abiertamente sexistas, lo cierto es que no faltan hombres y mujeres a los que les delatan sus actitudes, gestos o juicios. La razón de que haya tantas personas que se contradigan, sean hipócritas o, sencillamente, actúen como unos farsantes es bien simple. Una gran mayoría quiere ser lo que hay que ser, pero no entiende el compromiso que eso conlleva, o no está dispuesta a asumirlo. Que alguien se declare convencido de la igualdad no garantiza, ni mucho menos, que comprenda el verdadero significado de esa palabra. Es más: probablemente piensa que recitar consignas feministas le exime o protege de algún modo de llevarlas a la práctica. La igualdad es una noción radical como pocas y exigente como la que más. Y aun cuando esté fuera de toda discusión, no resulta fácil interiorizarla y actuar en coherencia con ella. Nos urge rescatar su verdadero significado, depurarlo de todo tipo de adherencias ideológicas y manipulaciones para que luzca con toda su intensidad y desprenda su energía transformadora. Podríamos empezar preguntándonos con humildad y valentía qué supone en realidad ser iguales, algo tan aparentemente sencillo de entender como complicado de conseguir. Después de todo, no hay nada más antinatural que el natural deseo de ser iguales.

Contrariamente a lo que podría pensarse, la utilización de un lenguaje políticamente correcto ha permitido eludir a menudo ese compromiso, evitar asomarse al fondo de la cuestión y encarar sus cruciales implicaciones. Se nos suele dar mejor cambiar las palabras que los hechos, quejarnos que armarnos de valor y sermonear que actuar. Nos encanta aparentar que no tenemos prejuicios, que somos modernos y liberados, pero nos batimos en retirada, o nos atrincheramos en los manidos y viciados argumentos de siempre, cada vez que nos debemos enfrentar a la ardua tarea de redefinir qué significa ser un hombre o una mujer. Si queremos desaprender los patrones adquiridos, liquidar los estereotipos del pasado y liberar tanto a las unas como a los otros de cumplir con las expectativas de género que nos condenan a la insatisfacción, no nos queda más remedio que recorrer juntos el camino que nos propone el feminismo. Nos va mucho en juego a todos: la posibilidad de alcanzar una felicidad sostenible, una paz duradera que ponga fin a la secular guerra de los sexos.

La lucha de géneros ha sido y es el motor de la historia en no menos medida que la de clases. Es muy importante que la bandera del feminismo ondee en todas las conciencias sin distinción. Si queremos que sus ideales seduzcan a las personas de la calle con la promesa de resolver muchos de sus conflictos y contradicciones, es necesario que estas puedan visualizar claramente las ventajas de abrazar esta causa. La mejor manera de no caer en la complacencia o la resignación, y persuadir a hombres y mujeres de seguir combatiendo la violencia machista, el acoso sexual y la misoginia hasta en sus más sutiles formas es mostrar cómo el feminismo puede contribuir a mejorar sus existencias, poner remedio a su sufrimiento y aceptarse tal y como son. Visto desde esa perspectiva, representa menos una doctrina combativa que un ideal de vida y un modelo de sociedad; constituye no tanto un ideario como una actividad concreta y gozosa que dicta nuestro modo de estar en el mundo y de convivir con nuestros semejantes. Así lo cree, por ejemplo, Rebecca Solnit, quien escribe: "Hay más cosas de las que necesitamos librarnos: tal vez un sistema que premia la competitividad, la crueldad, el pensamiento a corto plazo y el más rudo individualismo; un sistema que funciona a la perfección para la destrucción del medio ambiente y el consumismo ilimitado: a esto le llamamos capitalismo. Personifica lo peor del machismo mientras destruye lo mejor de la Madre Tierra".

Esta lucha no tiene vuelta atrás, si bien todo parece indicar que llevará un tiempo poner fin a la desigualdad entre hombres y mujeres y acabar con la violencia por razones de género. Está claro que no basta con abolir las leyes discriminatorias y equiparar los derechos para que las mentalidades cambien. A veces incluso se tiene la decepcionante impresión de dar pasos sin avanzar, de que el horizonte se aleja al mismo ritmo con que nos acercamos a él, pero no es así. Un buen ejemplo de que, si bien no nos aproximamos a una sociedad igualitaria a la velocidad que nos gustaría, esa meta resulta ineludible es la historia, no por poco conocida menos épica, de algunas paisajistas victorianas contemporáneas de Virginia Woolf (1882-1941). Jane Loudon, Gertrude Jekyll y Vita Sackesville-West compartían con la autora de *Una habitación propia* una sensibilidad artística que encontró en la jardinería no solo un cauce de expresión, sino también un medio de reivindicar su condición femenina. Puede que, como mujeres, no tuvieran patria, pero no cabe duda de que hallaron en el jardín un espacio de realización personal.

Hasta entonces, las únicas mujeres que figuraban en la historia oficial de la jardinería por méritos propios habían sido refinadas regentes como Catalina de Médicis (1519-1589), la soberana Luisa Ulrica de Suecia (1720-1782) o la emperatriz consorte Josefina de Beauharnais (1763-1814), las cuales participaron activamente en la planificación de los parques de sus palacios; o miembros de la más rancia aristocracia como Guillermina de Bayreuth (1709-1763), hermana de Federico el Grande y esposa del margrave Federico de Brandeburgo-Bayreuth, con la ayuda de quien dio forma al jardín rococó de Sanspareil; la duquesa de Osuna (1752-1834), artífice del primer jardín inglés en tierras españolas, conocido como El Capricho, o la princesa de Pückler-Muskau (1785-1871), que hizo suya la *jardinomanía* de su marido y fue cocreadora del famoso parque homónimo.

En ningún otro lugar del mundo que no fuera Gran Bretaña, una mujer hubiera podido publicar en fechas tan tempranas como 1837 un libro con el expresivo título *Cada mujer es su propia floricultora*. Así describe sus intenciones la autora Louisa Johnson: "Necesitamos una obra que propicie que seamos nuestras propias jardineras: queremos saberlo todo por nosotras mismas". Confluyeron varios factores para que florecieran este tipo de figuras en el suelo cultural británico. Loudon, Jekyll, Sackesville-West y demás son herederas de la rica tradición paisajista inglesa, que hermanó a finales del siglo XVIII el arte del jardín con la pintura y la poesía, convirtiendo estas artes en "las tres hermanas" (*the three sisters*). Como escribió William Chambers: "Un jardinero no es solo un botánico sino también un pintor y un poeta". A esto se añadía la existencia de una burguesía, refinada y cosmopolita, que había prosperado con la industrialización y añoraba apasionadamente la naturaleza que había contribuido a destruir. Por lo demás, desde las colonias llegaban a la metrópoli del Imperio Británico ejemplares de plantas y árboles exóticos, tanto para estudiar su posible aprovechamiento económico como para satisfacer la curiosidad científica, la demanda de los coleccionistas y el gusto de novedades de los floricultores, lo que propagó, si cabe aún más, la fiebre botánica.

No tiene nada de extraño que en ese contexto la jardinería se convirtiese en una suerte de religión popular. Ya solo faltaba que las ideas sufragistas abonaran el terreno para que algunas mujeres, no sin grandes dificultades y tras vencer no pocas resistencias, consiguieran hacerse un nombre como profesionales del paisajismo o la horticultura. Estas primeras jardineras allanaron el camino hacia la emancipación, que recorrerían otras compañeras, poniendo en marcha una revolución imparable que todavía no ha acabado. Amén de provenir de buenas familias y contar con una educación exquisita, todas ellas compartían una actitud inconformista y una rebeldía innata, que se puso de manifiesto tanto en su actividad profesional como en su vida sentimental. Rompieron clichés también en el terreno afectivo y mantuvieron relaciones poco convencionales con sus parejas. Si nos detenemos a contar estas historias, es porque muchas veces están en el origen de su vocación y nos pueden ayudar a formarnos una idea más precisa de sus logros.

Empecemos por Jane Webb Loudon (1807-1858), quien contrajo matrimonio a la edad de veintitrés años con uno de los autores de tratados de jardinería más renombrado de la época victoriana, tras un episodio que, sin ironía, puede calificarse de novelesco. La joven Jane, que había perdido a su madre a una temprana edad y, tras su repentina ruina, también a su padre, un fabricante textil de Birmingham, antes de convertirse en una paria social decidió probar fortuna e intentar salir adelante escribiendo anónimamente un relato de ciencia ficción, cuando esta expresión no había sido todavía acuñada. Esa novela, titulada *La momia,* discurría en el año 2016 en una Inglaterra tecnológicamente avanzada. Uno de sus no pocos lectores fue John Loudon, quien seguramente no hubiera manifestado ningún interés por conocer a su misterioso autor si no fuera porque en sus páginas aparecían dos novedosos artilugios, un arado impulsado a vapor y una ordeñadora mecánica, con cuya existencia se había permitido soñar en una de sus propias obras. Esa feliz coincidencia intrigó al autor de la popular *Enciclopedia de jardinería.* Es fácil imaginarse su sorpresa cuando, por mediación de un amigo, descubrió que aquella narración futurista había salido de la pluma de una joven a la que doblaba en edad. Se cayeron mutuamente en gracia desde el primer momento. Y como si hubieran estado aguardando a que el otro irrumpiera en su vida, no quisieron esperar más para estar juntos y, en cuestión de unas pocas semanas, pasaron por el altar. Ese enlace fue no por romántico menos productivo, pues los Loudon exhibieron un notable espíritu capitalista y levantaron una próspera empresa familiar dedicada a editar revistas especializadas y libros sobre botánica, horticultura y diseños de jardines destinados a todo tipo de lectores. Su apellido se convirtió muy pronto en sinónimo de buen gusto y profesionalidad. Durante décadas mantuvieron, gracias a la ayuda artística de las cuñadas de Jane, un ritmo endiablado de publicaciones, que tampoco se interrumpiría tras el fallecimiento de John en 1843.

Aun cuando las obras de Jane contribuyeron, no menos que las de su marido, a fijar el estereotipo victoriano de la buena esposa, también animaron a las mujeres a trabajar con sus propias manos en el jardín y el huerto, de manera que su mundo ya no se reducía exclusivamente a la cocina, el cuarto de los niños y la iglesia. No está tampoco de más recordar que Jane Loudon fue la editora del *Lady Magazine of Gardening*, la primera revista de horticultura dirigida al público femenino, donde ofrecía consejos prácticos de floricultura, útiles recomendaciones sobre el cuidado de las plantas ornamentales y de interior y toda clase de sugerencias acerca de cómo diseñar un jardín propio.

En el caso de Gertrude Jekyll (1843-1932), era ella la que doblaba en edad a su compañero de fatigas jardineras. Cuando se conocieron, pasaba de los cuarenta años y era una reconocida artista plástica, mientras que él apenas contaba diecinueve y acababa de terminar los estudios de arquitectura en la Escuela de Arte de South Kensington en Londres. Edwin Lutyens, que así se llamaba aquel joven talentoso, había acudido a tomar el té a la casa familiar de los Jekyll en Surrey. Gertrude lo había invitado porque quería proponerle la construcción de una residencia en un terreno colindante que acababa de adquirir. Congeniaron enseguida, acaso porque compartían los ideales del movimiento *Arts and Crafts,* que se había rebelado contra la uniformización deshumanizadora impuesta por la industrialización y que defendía la tradición arquitectónica rural, acaso porque cada uno supo ver en el otro a su aliado natural para llevar a cabo sus planes de futuro. Hubo también otro factor, no menos decisivo, que contribuyó a forjar una camaradería sin fisuras entre ellos. A Jekyll le fallaba la vista desde hacía una década a causa de una avanzada miopía, hasta el punto de que en los últimos tiempos no le había quedado más remedio que colgar los pinceles y volcar su energía creativa en el paisajismo. Aumentar las dimensiones del lienzo a la escala tridimensional del jardín permitió a la cegata Gertrude "pintar con flores", tal y como ella misma recomendaba en uno de sus escritos.

No les costó ponerse de acuerdo sobre qué aspecto debía tener la casa y el jardín. Munstead Wood sería el primero de una larga serie de proyectos que llevarían a cabo juntos entre 1888 y el estallido de la Primera Guerra Mundial. En el curso de esa obra cristalizó su fructífero dúo profesional. En esto, como en tantas otras cosas, Jekyll rompió los moldes establecidos y no se doblegó a las convenciones de la época, llevada no por sus principios liberales y feministas sino por una recalcitrante excentricidad, tras la que se escudaba para proteger su libertad personal. Bajo el disfraz de una solterona enfundada en un discreto vestido de tafetán negro, con el pelo entrecano recogido en un rodete y unas gafas ovaladas de montura metálica, como aparece en las fotografías de la época, se escondía una mujer más independiente que la mayoría y sensible como pocas que, si bien renunció a ser esposa y madre, dejó tras de sí una prolija descendencia para la posteridad. Al final de sus días, con cerca de setenta años, había diseñado alrededor de cuatrocientos jardines y había publicado una docena de libros e innumerables artículos en revistas especializadas como *Country Life* y *The Garden*.

Muchas de sus mejores creaciones las llevó a cabo junto a Lutyens, con quien formó un equipo compenetrado y un tándem único. Cada uno extraía del otro lo mejor. Realzaba sus cualidades y compensaba sus defectos. Él contenía y encauzaba la propensión de ella a dejarse llevar por un impresionismo esteticista y caer en el abigarramiento; y ella suavizaba las severas aristas de su arquitectura y su austero armazón constructivo con unas armoniosas, fluidas y vistosas composiciones vegetales. El cromatismo pictórico de sus *mixed borders*, que aunaban en una estudiada amalgama plantas de colores, alturas y follaje diverso, se conjugaba con el rudo formalismo de los muros y parterres diseñados por Lutyens para crear una unidad contrastada y llena de encanto campestre. Jekyll puso sus ideas tradicionalistas al servicio de una estética innovadora y subvirtió la noción de lo que se consideraba hasta entonces un hermoso jardín, dando cabida en él a humildes plantas antaño juzgadas vulgares, como malvas, dalias o aguileñas, silvestres como las campanillas blancas, los narcisos o las vivaces. Incluso apreciaba las cualidades ornamentales de hortalizas como el ruibarbo, la calabaza, la judía o la alcachofa, cuyas preciosas hojas y flores nada tienen que envidiar a otras plantas supuestamente más bellas y delicadas. No parece exagerado afirmar que perfeccionó el concepto del *cottage garden* hasta convertirlo en un arquetipo duradero.

Si bien es difícil imaginar dos mujeres de personalidades más opuestas que la recatada y juiciosa señora Jekyll y la temperamental, liberada y esnob Vita Sackesville-West, esta última siempre se declaró su ferviente admiradora. De hecho, había tenido la oportunidad de conocer por mediación de su madre a la célebre paisajista y de beneficiarse de sus consejos, cuando esta era una anciana y ella una joven recién casada que acababa de descubrir su mano verde creando el jardín de su residencia familiar de Long Barn. La única hija del tercer barón de Sackesville, cuyo linaje se remontaba al mismísimo Guillermo el Conquistador, escandalizó a la biempensante pero ávida de chismorreos sociedad victoriana con sus excentricidades, su moral relajada y su desordenada vida amorosa. Corrían infinidad de chismes maliciosos sobre sus aventuras lésbicas. La escritora Virginia Woolf, miembro del grupo de Bloomsbury y diez años mayor que ella, fue una de sus conquistas más sonadas. Como dos damas de letras que eran, la escritura fue el cauce de expresión de su romance. Intimaron epistolarmente, carteándose a lo largo de más de un año antes de mantener el primer encuentro sexual. A medida que prendía entre ellas una pasión de combustión lenta y subía el tono erótico de su correspondencia, se fue abriendo paso en las mentes de ambas fabuladoras la idea de que terminarían juntas entre las sábanas. Dos mujeres menos inteligentes o más convencionales que ellas seguramente hubieran terminado por aborrecerse cuando se rompió el hechizo de la seducción, y dejaron de sentir devoción la una por la otra. Aquel *affaire* duró lo que un verano inglés, hasta que desembocó, en palabras de la propia Vita, en "una amistad respetable, cierta, durable, casta y tibia". Hay que tener un gran respeto intelectual por la otra persona o ser alguien muy honesto consigo mismo para que los rescoldos del amor no achicharren los brotes del aprecio mutuo. Vita corría ya detrás de otras mujeres, si alguna vez había dejado de hacerlo, cuando Virginia dio a la imprenta el original de la novela *Orlando*. Su andrógino protagonista, cuya existencia se desarrolla a lo largo de cinco siglos, primero como hombre y después como mujer, se inspira en Vita.

Si bien arrastró una fama hasta cierto punto merecida de casquivana, arrogante marimacho, vampiresa rompecorazones y no sé cuántas cosas más, no se puede decir de ella que fuera vulgar, cobarde ni mucho menos mezquina o rácana con sus afectos. Está claro que no era falsa, pero menos aún fiel o recatada, si exceptuamos por supuesto la escritura. Su desprecio por las convenciones sociales solo era comparable con su talento literario, quizá porque, como a ella misma le gustaba sugerir, por sus venas corría la sangre gitana de la bailarina española Josefa Durán, su abuela, de la que escribiría una biografía titulada *Pepita*, o porque eximida por su noble cuna y su fortuna personal de obedecer las imposiciones de la moral victoriana y el incordio de la discreción, pudo ser ella misma sin verse obligada a pactar con la gris realidad. Hasta que abandonó este mundo, bailó siempre al ritmo de su propia música. Y aunque navegó siempre a contracorriente, lo hizo en las aguas mansas de los privilegios de clase. Acostumbrada a hacer siempre su voluntad y a seguir sus propias reglas, las habladurías le acompañaron a lo largo de la vida como una nube de moscas a un caballo pura sangre. Nunca se molestó lo más mínimo en disimular su lesbianismo, lo que, por otra parte, no le impidió mantener una inquebrantable y apacible convivencia de medio siglo con su esposo, el parlamentario, diplomático y periodista Harold Nicolson, bisexual declarado como ella, con quien tuvo dos hijos, Nigel y Benedict, y construyó uno de los jardines más notables de Inglaterra: Sissinghurst.

En 1930, después de que Vita fuera apartada de la línea sucesoria por su condición de mujer y, pese a ser hija única, no pudiera heredar la mansión familiar de Knole, la pareja adquirió una ruinosa heredad isabelina situada en el condado de Kent, a unos setenta kilómetros al sur de Londres. Del antiguo esplendor de la propiedad medieval se conservaba en pie una torre doble, donde Vita acabaría instalando su estudio; las antiguas caballerizas y dos casitas. La situada al sur la ocuparía Harold y la otra, los hijos. Al mismo tiempo que acometían las reformas necesarias, comenzaron a trazar los ejes visuales y las líneas maestras del jardín sobre las tres hectáreas sembradas de ruinas de la antigua casa. Los paseos rectilíneos proyectados por Harold para unir las distintas dependencias conformaron una cuadrícula de patios ajardinados, conocidos como *garden rooms*, separados por altas tapias de ladrillo rojo y setos de tejo. Cada una de esas diez estancias o cuadros, invadido por la lujuriante vegetación, tiene personalidad propia. Uno alberga más de cien variedades de hierbas aromáticas plantadas en forma de damero. Otro acoge una rosaleda. Un tercero está formado por arriates delimitados por boj, donde se mezclan con elaborada naturalidad plantas ornamentales, arbustos floridos, vivaces y plantas trepadoras. Entre todos ellos destaca el llamado Jardín Blanco, tantas veces imitado y nunca igualado, que, desde entonces, ha servido de fuente de inspiración y modelo de muchos jardines temáticos. Fue Vita quien, al final de los años cuarenta, tuvo la idea de reunir en un mismo espacio diferentes flores monocolores (lirios, peonías, rosas, glicinas) creando una atmósfera etérea, en la que se siente palpitar la luz inmaculada.

A medida que su fogosidad se iba remansando con el correr de los años e iba dejando atrás sus días de empedernida seductora, Vita volcó sus energías vitales en hacer de Sissinghurst su arcadia privada. Si aceptamos que tal y como es el jardinero así es el jardín, este expresaría la libérrima personalidad de su propietaria y su delicada nobleza, también de espíritu. Su irrepetible magia nace del difícil equilibrio entre el esquematismo formal del diseño y las exuberantes plantaciones. Defendió esa neopintoresca concepción del jardín desde la tribuna del diario *The Observer*, en el que desde 1947 hasta su muerte en 1962 publicó semanalmente una columna titulada *In your Garden*.

La norteamericana de nacimiento y europea de adopción Edith Wharton (1862-1937) compartía con Virginia Woolf y Vita Sackesville-West su condición de mujer de letras y su pertenencia a la alta sociedad. Si bien las tres eran alérgicas a las convenciones, distaban

mucho de ser mojigatas y tenían un estilo de vida poco o nada ortodoxo, todas ellas contrajeron matrimonios de conveniencia. Pero a
diferencia de Virginia y Vita, quienes encontraron en sus parejas, si
no unos amantes entregados, al menos unos espíritus afines y unos
compinches fraternales, Edith se sintió profundamente desdichada
siendo la rehén de un marido que arrastraba la maldición familiar de
un trastorno depresivo. Pasarán bastantes años antes de que pudiera
divorciarse. Resuelta a rescatarse a sí misma de una existencia de
acomodada desesperación, decidió adquirir por cuenta propia en 1901
un terreno de cuarenta y cinco hectáreas en Lenox (Massachusetts),
donde levantó una mansión de estilo neopalladiano a la que llamaría
The Mount (el monte). La casa no menos que el jardín, en cuyo diseño
también se implicó activamente, reflejan su profunda nostalgia de Italia y su paisaje, según sus propias palabras, "cómplice de las mejores
ideas de la humanidad".

Contó para esta tarea con la inestimable ayuda de su sobrina Beatrix Jones Farrand (1872-1959), quien con apenas veintisiete años
acababa de fundar junto a otros diez colegas varones la Asociación
Americana de Arquitectos de Paisaje (ASLA). Esta tomó el testigo
de la señora Jekyll y se convirtió en la primera mujer paisajista en la
otra orilla del Atlántico. Como tantas otras damas que destacaron en
sus profesiones, hubo de demostrar un talento fuera de lo común y
una determinación a prueba de trabas y cortapisas. Desde muy joven
se preparó a fondo para hacer de su *hobby* una profesión. Siguió las
clases de botánica, ordenación del territorio y diseño de jardines del
célebre profesor Charles Sprague Sargent en la universidad de Harvard y completó su formación académica en la Escuela de Minas de
Columbia estudiando dibujo técnico y topografía. Perfeccionó este
amplio currículum recorriendo el viejo mundo para conocer sobre el
terreno los jardines públicos y privados de Inglaterra, Francia e Italia
y ver con sus propios ojos los trabajos de sus admirados William Robinson y Gertrude Jekyll.

Cuando se casó con cuarenta años cumplidos con el respetable historiador Max Farrand, Beatrix era ya una de las más prestigiosas paisajistas
norteamericanas. Entre sus clientes se encontraban algunas familias

de apellidos ilustres como los Rockefeller, los Morgan, los Roosevelt... A lo largo de seis décadas de actividad profesional realizó más de doscientos encargos, entre los que se cuentan importantes obras públicas como el Jardín Este de la Casa Blanca, el Jardín Botánico de Santa Bárbara en California y los campus de las universidades de Princeton y Yale. Entre todos ellos sobresale Dumbarton Oaks, que originariamente era la casa de campo de Robert y Mildred Bliss en Washington y que más tarde sería legada por sus propietarios a la universidad de Harvard. Ese jardín de once hectáreas, en el que comenzó a trabajar en 1922, resume por sí solo su credo estético: una traducción personal e integradora de los modelos italianos, ingleses y franceses, donde las estructuras de obra quedan desdibujadas por la lujuriante vegetación del jardín y este se funde con el paisaje circundante, creando una unidad poética. Se podría decir de él lo mismo que su tía escribió de los jardines italianos: "La arquitectura encontraba el medio de unir el arte y la naturaleza en un solo cuadro". En pocas palabras, busca la naturalidad mediante una meticulosa planificación siguiendo los preceptos de la señora Jekyll, de quien no solo será su heredera espiritual sino también su albacea. Fue gracias a la intervención de Beatrix Jones Farrand que sus bocetos y planos originales se salvaron de la destrucción durante la Segunda Guerra Mundial y fueron preservados en la universidad de Berkeley, donde se conservan hasta el día de hoy junto a su propio legado. Si todos los jardines expresan una cosmovisión, los suyos trasmiten los ideales de sencillez, practicidad y sinceridad, ensalzan valores como el respeto al orden natural y una armónica simplicidad y esbozan la imagen de un mundo mejor. Son, por decirlo categóricamente, un monumento a la elegancia.

En el jardín también se reflejó con especial viveza el debate acerca de la igualdad de los géneros y de la emancipación femenina. Algunas damas decimonónicas encontraron en la jardinería un medio de cultivar su individualidad, romper las barreras que ponían cerco a su creatividad y hacerse valer socialmente. Puede que, como representantes de las clases altas, tuvieran que bregar con menos prejuicios, contaran con más recursos o gozaran de mayor libertad, pero tampoco fue fácil para ellas desobedecer las expectativas de género proyectadas sobre "el bello sexo" y, contradiciendo el mito de la supremacía masculina, forjarse una reputación como paisajistas. Hasta bien entrado el siglo xx, la idea de que una mujer pudiese decidir su destino y ser tan capaz como el más capaz de los hombres resultaba chocante, cuando no subversiva. Difícilmente se puede sobrevalorar la importancia que tuvieron Jane Loudon, Gertrude Jekyll, Vita Sackesville-West, Edith Wharton y Beatrix Jones Farrand en que la jardinería dejase de ser un pasatiempo femenino y se convirtiera en una profesión también de mujeres. Eligiendo ser jardineras en lugar de mujeres florero, convirtiéndose en ellas mismas en vez de en lo que se esperaba de ellas, protagonizando su propia historia y no interpretando los deseos de otros, contribuyeron decisivamente a la causa feminista y, por consiguiente, a liberarnos a todos, sin importar el género, de la sumisión a los estereotipos. Tal y como escribió Rebecca Solnit: "Somos libres juntos o somos esclavos juntos".

Enarbolando el viejo ideal de la igualdad en apoyo de una sociedad nueva, el feminismo aspira a renovar los usos y costumbres sentimentales, transformar radicalmente la manera que tenemos de relacionarnos los seres humanos y redefinir el significado de la palabra amor. Al acuñar términos tan convincentes y esclarecedores como "acoso sexual", "violencia doméstica", "cultura de la violación", "feminicidio"..., ha contribuido a dar visibilidad a realidades inadmisibles, a trazar el frente de batalla y a ampliar el horizonte de nuestra libertad. Sus reivindicaciones afectan a todo y a todos. Los hombres, no menos que las mujeres, se benefician de sus conquistas, y no es la más pequeña de ellas verse libres de las opresivas exigencias de la hombría y de la obligación de cumplir con un castrador modelo de masculinidad.

Estas afirmaciones podrían sugerir la errónea idea de que es cuestión de una o dos generaciones que dejemos atrás la sociedad patriarcal, pero superar los prejuicios sexistas se ha revelado una tarea mucho más ardua de lo que nos parecía. Porque, nos guste o no, son más las personas que dicen creer en la igualdad de derechos y oportunidades que las que están dispuestas a renunciar a sus privilegios, a no imponer su voluntad, ni hacerse las víctimas. Alentados por la promesa de un mundo más justo e igualitario, imaginábamos erróneamente que bastaría con educar en la diferencia y castigar severamente la discriminación para poner término a la sinrazón del machismo y la misoginia. Pero el caso es que la necesidad de encajar, de complacer, de recibir aprobación impide a muchos seres humanos pensar claramente y atreverse a cambiar de mentalidad. Y el hecho de que, aún hoy, sea más difícil encontrar un interlocutor que un compañero sexual parece confirmar esta idea. A fin de cuentas, la igualdad está asociada a la ética del diálogo: el ejercicio espiritual por excelencia. Solo los iguales se entienden. Únicamente escuchamos a quien respetamos. Todo aquel que aspire, tanto da su género, a mantener relaciones auténticamente respetuosas, basadas en la reciprocidad y el cuidado mutuo, ha abrazado, conscientemente o no, la causa feminista.

En nuestra época el machismo ha mutado y colonizado nuevos nichos, camuflándose tras el culto a la belleza corporal, la mercantilización de los mitos del amor romántico, el lenguaje hipersexualizado de la publicidad, el obsceno narcisismo emocional de las redes sociales... Proliferan los juegos de ordenador, los videoclips musicales, los anuncios de todo tipo que rezuman machismo a la vieja usanza de los nuevos tiempos. Solo si son guapas, sexualmente activas o profesionalmente exitosas se les perdona a las mujeres la vida en muchos ámbitos. A pesar de ello, o quién sabe si por eso mismo, hay también coquetas sin remedio, ávidas de gustar a toda costa, con una mentalidad reaccionaria, que están dispuestas a servirse de truquillos feminoides para salirse con la suya. Así lo explica Camille Paglia: "Los machos, persiguen, se exhiben, riñen, disputan, y en general se comportan como idiotas por amor. Uno de los grandes fallos de gran parte de la ideología feminista es el estereotipo imbécil y poco generoso que ofrece de los hombres como tiranos y abusones, cuando de hecho, como sé muy bien por mi propia y mortificadora experiencia como lesbiana, los hombres se sienten atormentados por las coqueterías de las mujeres y por sus titubeos y volubilidad, sus manipulaciones y su inconsistencia, sus humillantes rechazos".

Tampoco está de más recordar que no es feminismo todo lo que reluce. El machismo vuelve incluso en el mismo discurso con que se le intenta despachar. Existe un populismo sexista muy extendido en ciertos círculos que regala los oídos a las mujeres, adula su vanidad sin reparos y canta sus excelencias por contraste y, a menudo, en detrimento de los varones. Quienes afirman por ejemplo que, para ellas, la comunicación es un valor en sí mismo, mientras que para ellos es un medio para conseguir un fin u otros tópicos por el estilo, caen en la absurda generalización que supone hablar en nombre de todas las mujeres o de todos los hombres, y la simplificación de considerar el género como una categoría fija y estable en lugar de fluida, dúctil o, por usar una expresión de nuestra época, líquida. Esto nos impide pensar con claridad y hace que nos perdamos por el camino de la igualdad. Está claro que es más difícil defenderse de la adulación que de las ofensas, y que todos, no solo los varones, hemos sido educados en la ideología machista, pero si queremos romper el círculo vicioso y la maldición de que las víctimas hagan víctimas, la mejor, por no decir la única, manera consiste en redefinir la semántica de la palabra género.

Sería muy burda y simplista nuestra perspectiva si pensáramos que los *sapiens* se dividen sin más en hombres y mujeres, con la excepción que confirma la regla de las personas transgénero. Lo masculino y lo femenino son como cariátides o atlantes que flanquean el amplio pórtico de entrada en la humanidad. Tanto da si nos acercamos más a un costado que al otro cuando traspasamos ese umbral bajo la mirada cruzada de esas imponentes figuras. Nadie nace mujer u hombre, sino que, como creía Simone de Beauvoir, se llega a serlo. Mirándolo de esta manera, la verdadera revolución consistiría, no en intercambiar los papeles, feminizar a los varones o masculinizar a las mujeres, sino en retornar a la perfección andrógina, al hermafroditismo primordial, a nuestra primitiva naturaleza bisexual. Más que disolver las diferencias en la unidad, se trataría de multiplicarlas hasta convertirlas en insignificantes. Unas líneas de la novela *Una habitación propia* de Virginia Woolf pueden ayudarnos a entender esta nueva perspectiva: "Es funesto ser un hombre o una mujer a secas; uno debe ser 'una mujer con algo de hombre' u 'hombre con algo de mujer'. Es funesto para una mujer subrayar en lo más mínimo una queja, abogar, aun con

justicia, una causa; en fin, el hablar conscientemente como una mujer".
No deja de ser llamativo y revelador leer algo así en la obra fundacional del feminismo moderno, que pronto cumplirá un siglo.

La voz de Virginia Woolf se suma a un coro femenino acallado, casi clandestino, que, desde muchos siglos atrás, entona en sordina el mismo canto, alzándose contra la hegemonía masculina y animando a las hijas de Eva a tomar las riendas de su vida. Una de las primeras *femmes de lettres* que, hartas de llevar una vida de polizón, se afanaron en gobernar la nave de su propia vida tal vez sea Cristina de Pizán. La autora de la utopía femenina *La ciudad de las damas* (1405) fue la primera mujer que se ganó la vida como escritora en Europa. Por más que entre un libro y otro, entre una narradora y otra hayan discurrido cinco siglos largos, sus ambiciones e intereses no difieren tanto. Las dos ponen su pluma al servicio de la misma causa y combaten con sus armas literarias los arraigados prejuicios misóginos. Cuesta trabajo aceptar que el odio a la mujer y la voluntad masculina de controlar su existencia hayan pervivido hasta nuestros días. Este machismo de nunca acabar bebe probablemente de las fuentes bíblicas y se alimenta de la creencia de que la instigadora Eva dio al traste con el deleite del paraíso terrenal. De ahí que su maldito linaje deba cargar, además de con la culpa del pecado original, con el resentimiento secular de los varones, apartados de la felicidad eterna por sus tentadoras compañeras, a las que exigirán sumisión para restañar su orgullo herido.

Se podrían llenar bibliotecas enteras con los escritos dedicados a lo largo de los siglos a argumentar la inferioridad natural de ese falso varón, de ese hombre castrado, de esa costilla de Adán que es la mujer. Todo el desprecio que destila la infame historia de la literatura misógina se halla contenido en esta contundente frase de la abadesa medieval Hildegarda de Bingen: "La mujer es débil y mira al hombre para sacar fuerza, como la luna recibe su fuerza del sol; por lo que tiene que estar sujeta al hombre y servirle siempre". Es difícil describir con mayor elocuencia y espeluznante precisión por qué una mitad de la humanidad, según el machismo secular, debe doblegarse a la otra para lograr la paz del hogar. Antaño como hoy, no ha dejado de ser del todo cierto lo que escribió hace ya demasiado tiempo Simone de

Beauvoir: "El más mediocre de los varones se considera frente a las mujeres como un semidiós".

En un mundo mejor nadie sometería a nadie contra su voluntad, no habría víctimas ni verdugos, ni tal vez géneros, bien porque proliferarían sin control, bien porque solo existiría el género humano. Ya lo dijo Platón: "Cada uno de nosotros no es más que una mitad de un ser humano, que ha sido separada de su todo, como se divide una hoja en dos". Seguramente la guerra de los sexos no acabará con un armisticio o una paz armada sino con la disolución de ambos bandos contendientes. Acaso la única manera de alcanzar la meta que se había fijado el feminismo sea hacer como Jane Loudon, Gertrude Jeckyll, Vita Sackesville-West..., y convertir el campo de batalla en un jardín y su cuidado en una declaración de independencia.

REFERENCIAS BIBLIOGRÁFICAS

BERLIN, Lucía (2016): *Manual para mujeres de la limpieza*, Eugenia Vázquez Nacarino (trad.), Madrid, Alfaguara.

BRIZENDINE, Louann (2006): *El cerebro femenino*, María José Buxó (trad.), Barcelona, RBA.

BROWN, Jane (1995): *Beatrix. The Gardening Life of Beatrix Jones Farrand. 1872-1959*, Viking.

BUTLER, Judith (2007): *El género en disputa. El feminismo y la subversión de la identidad*, María Antonia Muñoz (trad.), Barcelona, Paidós.

NGOZI, Chimamanda (2015): *Todos deberíamos ser feministas*, Javier Calvo (trad.), Barcelona, Random House.

DE BEAUVOIR, Simone (2005): *El segundo sexo*, Alicia Martorell (trad.), Madrid, Cátedra, Feminismos.

DE PIZÁN, Cristina (2000): *La Ciudad de las Damas*, Marie-José Lemarchand (introd., trad. y anot.), Madrid, Siruela.

ERICKSON, Carolly (1976): *The Medieval Vision. Essays in History of Perception*, Nueva York, Oxford University Press.

FESTING, Sally (1991): *Gertrude Jekyll. A biography*, Viking, Adult.

KELLAWAY, Deborah (1996): *The Virago Book of Women Gardeners*, Nueva York, Virago Press.

LANFRANI, Claudia y FRANK, Sabine (2009): *Las mujeres que aman las plantas*, María José Díez (trad.), Madrid, Maeva.

MORAN, Caitlin (2017): *Cómo ser mujer*, Marta Salís (trad.), Barcelona, Anagrama.

– (2016): *Cómo se hace una chica*, Gemma Rovira (trad.), Barcelona, Anagrama, Panorama de Narrativas.

MORRIS, Desmond (2004): *La mujer desnuda. Un estudio del cuerpo humano*, Miguel Hernández Sola y Virginia Villalón (trad.), Barcelona, Planeta.

NICOLSON, Nigel (1975): *Retrato de un matrimonio*, Óscar Luis Molina (trad.), Barcelona, Grijalbo.

PAGLIA, Camille (2001): *Vamps & Tramps. Más allá del feminismo*, Santiago García (trad.), Madrid, Valdemar, Intempestivas.

PALEY, Grace (2017): *La importancia de no entenderlo todo*, Arturo Muño (trad.), Madrid, Círculo de Tiza.

SACKVILLE-WEST, Vita (1986): *The Illustrated Garden Book. A New Anthology by Robin Lane Fox*, Atheneum.

SOLNIT, Rebecca (2016): *Los hombres me explican cosas*, Paula Martín (trad.), Madrid, Capitán Swing.

TANKARD, Judith B. (2011): *Gertrude Jekyll and the Country House Garden*, Nueva York, Rizzoli.

VARELA, Nuria (2013): *El feminismo para principiantes*, Barcelona, Ediciones B, No ficción.

WHARTON, Edith (2013): *Italian Villas and Their Gardens*, Read Books.

WILSON, Andrew (2003): *Paysagistes. Ceux qui ont marqué le siècle*, París, Octopus France/Hachette Livre.

WOOLF, Virginia (1980): *Una habitación propia*, Laura Pujol (trad.), Barcelona, Seix Barral, Biblioteca Breve Ensayo n.º 264.

– (1980): *Tres guineas*, Andrés Bosch (trad.), Barcelona, Lumen, Palabra en el Tiempo n.º 133.

28

GABINETE DE MARAVILLAS VEGETALES
DEL NUEVO MUNDO
(LA CURIOSIDAD)

> Ver... no es observar, sino comparar y
> clasificar.
>
> ALEXANDER VON HUMBOLDT

> La botánica es el arte de secar las plantas
> entre hojas de papel y de injuriarlas en
> griego y latín.
>
> ALPHONSE KARR

*D*esde la entronización de Carlos III en 1759 hasta la invasión napoleónica de la península ibérica en 1808 se llevaron a cabo cerca de sesenta expediciones científicas. Esos viajes auspiciados por la corona cumplieron muy variadas misiones: cartografiar litorales, trazar cartas náuticas y mapas, realizar mediciones astronómicas y operaciones geodésicas e inventariar la fauna y la flora de los cuatro virreinatos que integraban las Indias (Perú, Río de Plata, Nueva Granada y Nueva España), cada uno de ellos tan grande o más que toda Europa. No fue el menor de estos cometidos identificar, registrar y clasificar las riquezas botánicas de los territorios de ultramar del vasto imperio hispánico, además de enviar plantas vivas, semillas, herbarios y miles de ilustraciones a la metrópoli, con el fin de ampliar las colecciones reales del Jardín Botánico (1755) y el Gabinete de Historia Natural (1776) de Madrid.

Decenas de naturalistas de muy diversas procedencias, asistidos por ilustradores, incluidos algunos indígenas americanos, padecieron los rigores del clima, soportaron privaciones y quebrantos y arrostraron peligros, calamidades y fatigas sin cuento para herborizar selvas y cordilleras, altiplanos y valles, islas y desiertos del Nuevo Mundo, llevados tanto por la curiosidad científica como por la ambición de gloria y la posibilidad de mejorar su posición y obtener ganancias y prebendas.

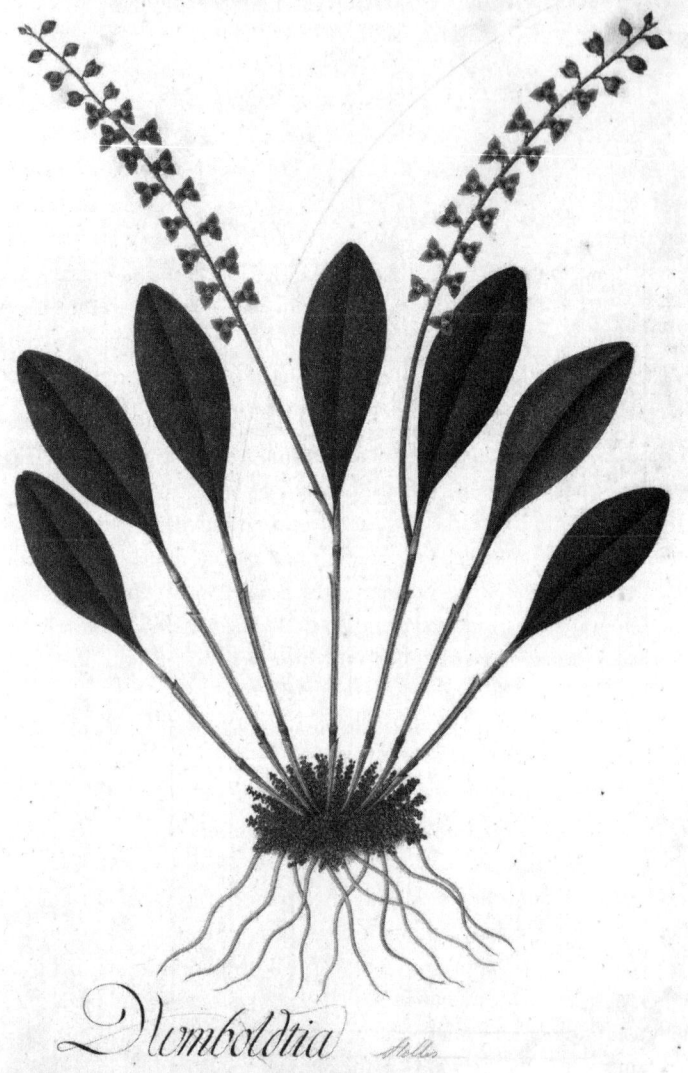

Homboldtia *Melles*

A la par que completaban el gran rompecabezas del reino vegetal, contribuían a documentar los bienes botánicos que la monarquía española poseía a lo largo y ancho de la Tierra, y a que esta no perdiese su posición ventajosa en la carrera colonial frente a otras pujantes potencias como Holanda, Inglaterra o Francia. Con independencia de la lealtad a un soberano u otro, la única bandera que reconocían todos los botánicos dignos de tal nombre era la nomenclatura binomial, un artificio tan útil como el planisferio o, lo que es lo mismo, la representación del globo terráqueo en un pliego de dos dimensiones. Mientras levantaban un mapamundi vegetal valiéndose de la taxonomía linneana, basada en los órganos sexuales de las plantas, proclamaban su fe en una historia natural común. A cambio de que ni el más insignificante matojo escapase a su pasión catalogadora, se impuso una uniformización totalizadora del conocimiento. La colosal tarea que emprendieron hace casi tres siglos aquellos naturalistas viajeros aún no se ha completado. Por lo que dicen los expertos, una tercera parte de la biodiversidad vegetal del planeta sigue sin identificarse ni clasificarse. Solo en el año 2016 se descubrieron 1.730 nuevas especies, la mayoría en Brasil, África y el sudeste asiático, entre las cuales se encuentran nuevas variedades de café, yuca, chirivía, rosas y gardenias.

A los participantes en esta epopeya colectiva se les brindaba también la ocasión de hacerse un nombre en la historia, convertirse en los herederos de un glorioso pasado y entrar a formar parte de una heroica tradición, que se remontaba al siglo XVI, cuando el médico humanista Francisco Hernández de Toledo comandó probablemente la primera expedición científica de la historia. Entre 1570 y 1577 exploró los territorios recién descubiertos de la Nueva España, que abarcaba la actual Centroamérica, México, buena parte de Estados Unidos y las principales islas del Caribe, recolectando información de flora y fauna. En las páginas de su *Manuscrito sobre los productos medicinales del Nuevo Mundo,* que incluye alrededor de dos mil ilustraciones realizadas por artistas mexicanos, se describen más de tres mil especímenes vegetales y quinientos animales.

Esa fue la primera de una larga serie de expediciones, que forman parte ya de la leyenda. La nómina de naturalistas que intervinieron en esa gesta científica sería muy larga, pero no deberían faltar en ella los nombres de Hipólito Ruiz y José Pavón, que encabezaron la Real Expedición Botánica a Chile y Perú entre 1777 y 1778, ni por supuesto el de José Celestino Mutis, gaditano de nacimiento pero afincado desde los veintiocho años en Bogotá, quien estudió y documentó desde 1783 a 1816 la flora del Nuevo Reino de Granada. Otras figuras destacadas fueron Martín Sessé y José Mariano Mociño, quienes exploraron las tierras de Nueva España entre 1787 y 1803, así como el francés Luis Née y el checo Tadeo Haenke, ambos integrantes de la mítica expedición naval comandada por Alejandro Malaspina que, entre 1789 y 1794, circunnavegó el continente americano, surcó el océano Pacífico hasta las antípodas, exploró las fronteras de la imaginación y volvió desde los confines del orbe para contarlo.

Acompañaban a los naturalistas ilustradores expertos en el arte de copiar fielmente la naturaleza, sin adornarla con los productos de la imaginación. Aunque estos dibujantes se hallaban sometidos a la autoridad de los botánicos y actuaban siguiendo sus indicaciones, sus méritos y habilidades con frecuencia no tenían nada que envidiar a los de sus mentores, con los que formaban un fructífero tándem creativo. Como escribió el insigne capitán de corbeta Alejandro Malaspina en una carta dirigida a Antonio Valdés el 26 de diciembre de 1778, justo antes de emprender rumbo a lo desconocido, esos artistas son "casi el alma del viaje, pues representarán en vivo aquellas cosas que en vano aun la pluma más diestra se esforzaría en describir". Seleccionados entre los más aplicados estudiantes de la Real Academia de Bellas Artes de San Fernando y los aventajados aprendices de los distintos talleres artísticos de las colonias, sin una educación formal pero acostumbrados a pintar retratos, escenas sacras y miniaturas religiosas. Esa tropa de anónimos artesanos del dibujo fueron los creadores en apenas cincuenta años de un pasmoso corpus de doce mil imágenes de plantas.

Esos esforzados ilustradores aprendieron a comprimir toda la información relevante sobre un espécimen vegetal en una sola hoja de papel. Por lo general, retrataban una única rama con hojas y flores, combinando distintas fases de la vida de una planta en un mismo dibujo. Al pie de la lámina solía aparecer el fruto en distintas fases de maduración. Se buscaba más que la fidelidad al modelo: facilitar a los naturalistas teóricos o de gabinete la tarea de identificación y comparación, ofreciéndoles una representación arquetípica de la especie en cuestión. Entre los millares de acuarelas, tintas y témperas que componen esa pasmosa enciclopedia visual hay una veintena de láminas sobre las que los naturalistas aún no se han puesto de acuerdo y que parecen desafiar las ideas establecidas. Si bien no corresponden a ninguna planta conocida, esas imágenes tampoco dan la impresión de ser inventadas. Respetan los estrictos criterios de catalogación, reproducen la anatomía vegetal con exactitud y pericia y, salvo por su motivo, no desentonan del conjunto. Aunque su existencia real o imaginaria posiblemente seguirá siendo un misterio sin resolver, nos proponemos rescatarlas del olvido y contar su historia.

LA NIÑA ÁRBOL

El más monstruoso espécimen vegetal entre la monstruosa flora de esas tierras todavía por nombrar tal vez sea "la niña árbol". Al pie de la lámina hay una leyenda escrita en letras de molde que reza: "Anónimo americano, quimera sin bautizar, *terra australis incognita*". El dibujo bellamente coloreado retrata a un ser híbrido, mitad humano, mitad vegetal. El centro de la hoja lo ocupa la cara de una joven indígena, poco mayor que una niña y de facciones agradables, a no ser porque de su mentón, orejas y nariz cuelgan unas extrañas verrugas de aspecto vegetal. Esas leñosas protuberancias, que recuerdan a raíces tuberosas, le confieren un aire grotesco. Al pie de la hoja hay tres apuntes de detalle: un pie del que brotan numerosos vástagos o chupones como púas de puercoespín, un dedo de la mano ramificado en otros tres con yemas parecidas a uñas, y la sección de una bulbosa verruga, en la que se aprecian las anillas concéntricas de crecimiento. A falta de otra explicación más plausible, se creyó que el motivo de esa ilustración era un personaje de fábula, una figura alegórica o un invento de la imaginación de un botánico fingido o apócrifo. De ahí que no mereciese la consideración de los naturalistas hasta época reciente. Han tenido que pasar más de dos siglos para que, a la luz de nuevos descubrimientos, la imagen de ese engendro vegetal pierda su aureola fantástica y cobre un nuevo significado. Casi con toda seguridad, la muchacha de la ilustración se hallaba aquejada de epidermodisplasia verruciforme, como se conoce en nuestros días esa rara dolencia genética, de la que hay tan solo cinco casos diagnosticados en todo el mundo.

NÓMADAS CON RAÍCES

En la brumosa frontera entre lo verosímil y lo verídico habitan criaturas vegetales de difícil catalogación como "el árbol que camina". La lámina dibujada a tinta y coloreada con aguadas reproduce una hoja de palma, un racimo de frutos semejantes a dátiles pero más grandes y un fragmento del tronco, del que brotan unas raíces con formas parecidas a tentáculos que se hunden en la tierra. No bastó la precisión taxonómica, ni la embaucadora belleza de la ilustración, para disipar las reticencias de los naturalistas de los siglos XVIII y XIX y lograr que estos suspendieran su incredulidad. La sola idea de que un árbol pudiera dar zancadas contradecía demasiado su visión del mundo vegetal y ponía a prueba sus más arraigadas convicciones.

Hasta bien entrado el siglo XX no se documentó la existencia de árboles nómadas, que se desplazan en busca de suelos más firmes, nutrientes o agua. Actualmente es bien conocido por los botánicos el caso de la *Socratea exorrhiza*, una palmera que vive en las selvas tropicales de Centroamérica y Sudamérica, dotada de poderosas raíces aéreas con las que se ancla a modo de puntales en el suelo movedizo, sujeto a una permanente erosión debido a las torrenciales lluvias. Gracias a este curioso mecanismo adaptativo consigue sortear los corrimientos de tierras y mantenerse erguida, a pesar de los aludes de barro que provocan las inundaciones. Habrá quien asegure que ese vigoroso árbol no desplaza su masa, sino que es la tierra la que se escurre bajo sus raíces, creando la ilusión del movimiento. Sea como sea, cambia de emplazamiento y se traslada de su asiento original hasta veintitantos metros por año.

Otro ejemplar de fábula, que parece sacado de una realidad botánica paralela, es el *Rhizophora mucronata*, conocido popularmente como "el árbol que camina". Este vive en zonas pantanosas de las costas de los trópicos formando una barrera natural entre el mar y la tierra que protege el litoral de la erosión producida por los temporales. Las ramas de este árbol anfibio desarrollan enormes raíces aéreas a fin de suministrarle nutrientes, permitirle respirar y dotarle de estabilidad frente a los vendavales. Estas acaban quebrándose por el peso, hundiéndose en el légamo del fondo y rebrotando por acodo unos pocos metros más allá.

DESIERTO FLORIDO

El desierto de Atacama, en el norte de Chile, es uno de los lugares más áridos del planeta. Pueden transcurrir décadas sin que caiga una sola gota del cielo. Pero un buen día los nubarrones, en lugar de pasar de largo arrastrados por el viento como tienen por costumbre, descargan sobre la reseca y sedienta tierra. De hoy para mañana, tras la providencial lluvia, el paisaje florece súbitamente. Esa desértica llanura, que parece extenderse hasta el infinito, sale de su yermo letargo, revive de pronto y, como por arte de magia, se cubre de un manto de flores multicolores. Y el aire se inunda de penetrantes fragancias para atraer a los insectos polinizadores desde las lejanas poblaciones costeras hasta el interior de aquel páramo. Su frenético zumbido y el sensual canto de las aves pueblan por unas horas aquellas ardientes soledades, antes de que se haga de nuevo un polvoriento y ensordecedor silencio.

No debió de ser poca la extrañeza de los naturalistas viajeros que asistieron por primera vez a aquel insólito espectáculo. Sin acabar de creerse lo que veían, se apresuraron a recolectar, escrutar, cotejar y dibujar *in situ* aquella avalancha de plantas nunca vistas que las lluvias habían hecho florecer. Pero antes de que pudieran culminar esa tarea, todo había acabado y el único vestigio de lo sucedido eran unas pocas láminas aisladas. Dado que esos especímenes vegetales, endémicos de aquellas inhóspitas regiones, no volvieron a ser identificados por naturalista alguno, estas acabaron siendo expurgadas de las colecciones botánicas y relegadas al olvido. La refinada belleza de esas imágenes no contribuyó a su aceptación por la comunidad científica, ya que fue tomada como una prueba más a favor de su vocación ornamental y su falta de verosimilitud. Tampoco ayudó en este sentido la leyenda que figuraba al pie de la lámina: "Visión del Paraíso Terrenal". A sus autores seguramente les hizo concebir ideas extrañas la imagen de aquel desierto florido y les vino a las mientes el recuerdo del jardín del Edén, donde los padres de la humanidad dieron sus primeros pasos y recolectaron sus primeras flores.

HOMÚNCULO SILVESTRE

La pretensión de dibujar todas las plantas del Nuevo Mundo resultaba excesiva sin ser una locura, desmesurada pero épica, como tantas empresas imposibles. Entre esos miles de láminas hay una cuyo motivo no es un vegetal, aunque ciertamente lo parezca. El dibujo retrata a una criatura a mitad de camino entre el buen salvaje y un árbol antropomorfo, con la piel cubierta de hojas en lugar de pelo, sosteniendo un tallo de maíz a modo de cetro y tocado con una corona de flores. Por más montaraz que sea el aspecto de ese niño, no cabe duda de su pertenencia al reino animal. Tal vez para justificar su presencia en una colección de estampas botánicas, el naturalista de la expedición se sintió obligado a incorporar un escrito aclaratorio al pie de la página, lo que añade otra singularidad a esa imagen ya de por sí singular. Este escrito, bellamente caligrafiado y orlado con una cenefa vegetal, reza:

> Infante silvestre hallado como Dios lo trajo al mundo por Juan de Andrade y Concolocorvo el primer domingo de Cuaresma del año de Nuestro Redentor de mil setecientos sesenta y ocho, a cinco leguas de Iquitos, junto a las orillas del río Amazonas, en las ignotas tierras del noreste, donde fue a buscar riquezas y ensanchar los reynos de España con comisiones y poderes que le otorgó el virrey del Perú. Gran maravilla es saber que este

descendiente de Adán y Eva y vasallo del emperador habitaba en la selva sin la compañía de otros infieles, ajeno por completo a las promesas del bautismo y los dones del habla. No dize palabra, pero tiene vivo ingenio y no pocos talentos, y no es el menor destos la maña que se da con las plantas, pues no parecen esconder secreto alguno para él.

De ahí en adelante, los acontecimientos se sucedieron más o menos como sigue. Juan de Andrade se hizo cargo de ese niño salvaje, quien muy pronto se reveló como un inmejorable guía en aquel laberinto de verdor sin nombre. Sus innatas dotes para orientarse en esa impenetrable espesura y encontrar alimento, cobijo o remedio a cualquier dolencia en medio de la selva, fueron de incalculable ayuda para su tutor. Según la creencia compartida por muchos de sus colegas naturalistas, este le debe a su ahijado algunos de sus más importantes descubrimientos, que nunca hubiera hecho sin ayuda de su infalible olfato vegetal. Como quiera que sea, esta historia se interrumpe bruscamente cuando zozobró la nave, en la que sus protagonistas, con el propósito de dar a conocer sus hallazgos en la corte, zarparon desde el puerto de Callao rumbo a la península. Todos sus tripulantes desaparecieron engullidos por las aguas, junto con uno de los herbarios más completos de los que se tiene noticia y una colección de láminas sin parangón, no pocas salidas de la mano del joven Andrade, como se conocía al antiguo salvaje reconvertido en avezado dibujante y botánico intuitivo. Son muchos los que, a lo largo de los siglos, se han lamentado de la pérdida de aquel tesoro iconográfico, pero nadie se ha molestado todavía en contar la historia de quien lo hizo posible.

PANACEA AMAZÓNICA

Los denodados esfuerzos realizados por parte de la administración colonial para comercializar algunas plantas descubiertas en las Indias con propiedades parecidas a otras bien conocidas, como el té de Bogotá, la canela americana, la pimienta de Tavasco o malagueta no dieron los resultados esperados. Bien sea porque sus virtudes eran inferiores a las de sus competidoras o porque no se supo organizar su explotación a gran escala ni introducir su consumo entre la población, su comercio nunca estuvo a la altura de las expectativas generadas, con la honrosa excepción de la corteza de quino, más conocida como "corteza del jesuita", que constituyó durante mucho tiempo el tratamiento más efectivo contra la malaria. Sin entrar a valorar si este fracaso mercantil fue la causa o la consecuencia del declive económico del imperio español durante el siglo XVIII, lo cierto es que su decadencia corrió pareja al ascenso de los Países Bajos como potencia colonial, sobre todo a partir de la creación de la Compañía Holandesa de las Indias Orientales en 1602, que monopolizó el lucrativo tráfico de especias como la canela, la pimienta o la nuez moscada.

El curso de los acontecimientos podría haber sido otro si una plaga de mosca blanca, que llegó al Nuevo Mundo en la bodega de los navíos, no hubiera atacado y llevado a la extinción a las plantas de *Panax amazonica*, conocida popularmente como "sanalotodo". Aunque hace siglos que nadie ha visto un espécimen vivo, su morfología se describe con todo lujo de detalles en un dibujo en tinta china. Esa lámina ha quedado traspapelada para siempre entre la fantasía y la realidad. A falta de un ejemplar con que cotejarla, ha pasado de la historia natural a engrosar las páginas de la literatura fantástica. Puede que su inesperada desaparición también haya dado pábulo a la leyenda, pregonada a los cuatro vientos por las más variopintas fuentes, de que sus hojas poseían virtudes casi milagrosas como depurativo y estimulante. Bastaba masticarlas durante un rato para saciar el apetito y sentirse lleno de vigor, con la mente clara y capaz de todo. Era tan valorada por los indígenas que la consideraban un regalo de los dioses y la ingerían ritualmente durante sus ceremonias sagradas. Los galenos recetaban sus dulces bayas como febrífugo y reconstituyente. Y por si esto fuera poco, el brebaje obtenido tras hervir los pétalos de sus fragantes y delicadas flores era empleado como tónico para combatir la melancolía. Otros preferían quemarlos en un incensario para limpiar las miasmas del aire y conciliar un plácido sueño. Resulta una conjetura bastante razonable pensar que, de no haber desaparecido de la faz de la Tierra, la historia de la expansión europea no hubiera sido la misma. Y quién sabe si el sueño de dominación universal de la monarquía española se hubiera hecho realidad.

SEMILLAS QUE SALTAN

Solo unos pocos expedicionarios que se habían adentrado en las montañas del norte de México, por entonces situadas en los espacios en blanco de los mapas, lejos de la civilización y la providencia, conocían la existencia de unas semillas que brincaban en la palma de la mano. El anónimo ilustrador, seguramente un indígena azteca tan dotado para el dibujo como ignorante de la taxonomía linneana, no tuvo inconveniente en dar a ese extraño arbusto el nombre nativo pero tan poco científico de "frijol saltarín". Pese a la buena factura de la lámina y su técnica refinada, esa denominación hizo daño a los ojos de los botánicos, que la expurgaron sin mayores miramientos. Han tenido que pasar casi tres siglos para que alguien cayera en la cuenta de que reproducía un ejemplar de *Sebastiania palmeri* y la rescatase del fondo de los archivos del Jardín Botánico. Lo que ignoraban los doctos naturalistas de la época es que algunas de esas semillas albergan la larva de un microlepidóptero, conocido científicamente como *Cydia deshaisiana*. Ese quimérico inquilino, que pugna por salir, ha llegado hasta allí después de que una polilla haya puesto sus huevos en el interior de la flor. Cuando estos eclosionan, la pupa comienza a devorar la celulosa mientras la vaina se va volviendo dura y marrón. Al alcanzar la madurez, rompe la pared vegetal de su incubadora y sale volando, convertida en una mariposa gris y plateada que morirá en unos pocos días tras realizar una nueva puesta de huevos.

Por más que, como dijo el poeta, las plantas sean hijas del silencio, un ensordecedor estrépito reina en la selva. A ninguna hora del día o de la noche cesa el ajetreo. Pero no son únicamente los sonidos de los animales, las aves o los insectos los que llenan el aire sino el crepitar de las cortezas de los árboles, el repiqueteo monocorde de la lluvia sobre las hojas, el murmullo de las copas mecidas por el viento, el crujido leñoso de las ramas podridas al quebrarse, la detonación metálica de los frutos al estallar en pedazos contra el suelo, el chasquido de unas invisibles pisadas en la hojarasca y otros mil agudos y graves ruidos que componen ese fantasmal y estridente coro, ampliado por la bóveda verde. Ese fragor impedía pensar con claridad y hacía concebir ideas extrañas a los miembros de las expediciones que se adentraban en la espesura. Los naturalistas y cazadores de plantas no avisados se desquiciaban al no poder pegar ojo ni relajarse, asediados por la sorda vibración del follaje, creciendo sin parar a su alrededor, y la palpitante respiración de la selva, más cercana que un cuerpo. Contribuía a empeorar ese tormento la humedad del ambiente, el pegajoso calor y la continua impresión de estar siendo acechado por mil ojos agazapados en la penumbra.

Habrá quien piense que el naturalista de la expedición científica al Mato Grosso acusaba esos síntomas cuando, desoyendo el buen juicio y las más elementales reglas de la taxonomía, etiquetó a un árbol como "ceiba aulladora". Ese desconcertante apelativo figura al pie de varias láminas, que muestran fragmentos del espinoso tronco, característico de los miembros de la familia *Malvaceae*, pero con una particularidad: hay unos extraños signos, parecidos a jeroglíficos, grabados en su corteza. Se desconoce si los indígenas realizaban aquellas incisiones para orientarse en la jungla, trasmitirse mensajes u honrar a los espíritus. Se ha especulado incluso con la posibilidad de que los sonidos de sus estridentes voces, leyendo en voz alta esas inscripciones, llegaran a oídos de los expedicionarios y les indujera a suponer que los árboles bramaban. Esa descabellada idea pudo relampaguear en su mente nublada por el cansancio y aturdida por el estruendo reinante. En un estado general de febril agotamiento resulta fácil dejarse confundir por las apariencias y caer en falsas ilusiones. Estaban seguramente demasiado desasosegados para comprender que esos aullidos procedían de los monos que vivían emboscados entre las ramas del árbol.

*

Las maravillas del Nuevo Mundo eran tantas y sus prodigios tan increíbles que durante los siglos XVI, XVII y XVIII colonizaron la imaginación de los europeos y nutrieron los gabinetes de curiosidades. En sus abigarrados anaqueles encontraron acomodo las más variopintas criaturas del reino vegetal y animal y los objetos más dispares traídos de las Indias, un territorio cubierto por la bruma del misterio, donde todo era posible y la fantasía no conocía límites. Todo cabía en esas eclécticas colecciones, que serían el germen de los futuros museos de ciencias naturales y antropología: herbarios de flores tropicales, fósiles de bestias desconocidas, momias incas, cabezas humanas jibarizadas, vestigios de El Dorado, el esqueleto de una sirena capturada en el río Orinoco, el arco de una amazona y un sinfín de rarezas, que parecían sacadas de las fábulas y las leyendas, y que traían a la mente el recuerdo del Paraíso Terrenal y la Edad de Oro.

Si bien extender las fronteras del imperio allende del océano supuso a larga ensanchar los horizontes mentales de los europeos, durante varios siglos en sus cabezas convivieron sin conflicto el pensamiento mágico y científico. La realidad americana resultaba tan pasmosa e impactante que lo imposible a menudo se disfrazaba de veraz: salvajes con apariencia de personas, monumentales ruinas de civilizaciones desaparecidas, plantas y animales nunca antes vistos y tantos otros portentos que escapaban a su comprensión, se salían de sus coordenadas intelectuales y no tenían cabida en las palabras. Las imágenes suplieron esa falta de vocablos en el diccionario para explicar lo que tenían delante de los ojos. El Nuevo Mundo, a medio camino entre la arcadia y la utopía, puso a prueba la confianza de los naturalistas en sus sentidos. Los exploradores de las Indias debieron con frecuencia renegar de sus ojos y oídos para seguir creyendo en las ideas heredadas y los prejuicios establecidos. Y se inmunizaron al estupor adquiriendo el hábito de lo insólito.

A la luz de estas consideraciones, las láminas de las que venimos hablando aparecen como teselas que no encajan en el mosaico del conocimiento, como piezas sueltas del puzle de la realidad y páginas expurgadas de la historia natural. Esas imágenes marginales de la flora del continente americano aúnan fascinación y curiosidad científica por los arcanos del reino vegetal. Son reliquias de una gloriosa era de descubrimientos botánicos, en la que la ciencia imitaba al arte y este a la naturaleza.

REFERENCIAS BIBLIOGRÁFICAS

AA VV (1989): *La botánica de la expedición Malaspina, 1789-1794*, Madrid, Turner.

AYALA, Francisco y CELA CONDE, Camilo José (2001): *Senderos de la evolución humana*, Madrid, Alianza Ensayo n.º 188.

BLEICHMAR, Daniela (2016): *El imperio invisible. Expediciones botánicas y cultura visual en la Ilustración hispánica*, Horacio Pons (trad.), México, Fondo de Cultura Económica.

ECO, Umberto (2013): *Historia de las tierras y lugares legendarios*, María Pons Irazazábal (trad.), Barcelona, Lumen.

ELLIOTT, John Huxtable (1972): *El Viejo Mundo y el Nuevo (1492-1650)*, Rafael Sánchez Mantero (trad.), Madrid, Alianza Editorial.

GALERA, Andrés (ed.) (2016): *El Arca de Neé. Plantas recolectadas por el botánico Luis Neé durante la Expedición Malaspina*, Madrid, Consejo Superior de Investigaciones Científicas/Real Jardín Botánico.

GONZÁLEZ CLAVERÁN, Virginia (1988): *La expedición científica de Malaspina en Nueva España, 1789-1794*, México, El Colegio de México.

HUGH, Thomas (2010): *La conquista de México. El encuentro de dos mundos, el choque de dos imperios*, Víctor Alba (trad.), Barcelona, Planeta.

KAGAN, Richard L. (ed.) (2001): *España, Europa y el mundo atlántico. Homenaje a John H. Elliott*, Lucía Blasco Mayor (trad.), Madrid, Marcial Pons.

MANGUEL, Alberto y GUADALUPPI, Gianni (2000): *Breve guía de los lugares imaginarios*, Madrid, Alianza.

MARTÍN-MERÁS, María Luisa (1993): *Cartografía marítima hispana. La imagen de América*, Madrid, Consejo Superior de Investigaciones Científicas.

MORRIS, Desmond (1968): *El mono desnudo. Estudio del animal humano,* J. Ferrer Aleu (trad.), Barcelona, Plaza & Janés.

MUNDY, Barbara E. (1996): *The Mapping of New Spain. Indigenous Cartography and the Maps of the Relaciones Geográficas,* Chicago, The University of Chicago Press.

PRATT, Mary Louise (2010): *Ojos imperiales. Literatura de viajes y transculturación,* Buenos Aires, Fondo de Cultura Económica.

RAMACHANDRAN, Ayesha (2015): *The Worldmakers. Global Imagining in Early Modern Europe,* Chicago, The University of Chicago Press.

RODRÍGUEZ, Inmaculada y MÍNGUEZ, Víctor (eds.) (2011): *Arte en los confines del imperio, visiones hispánicas de otros mundos,* Castellón, Publicacions Universitat Jaume I.

SÁENZ-LÓPEZ, Sandra y PIMENTEL, Juan (eds.) (2018): *Cartografías de lo desconocido. Mapas en la Biblioteca Nacional de España,* Madrid, Biblioteca Nacional de España.

SANPÍO, María Pilar y HIGUERAS, María Dolores (coords.) (2001): *La armonía natural. La naturaleza en la expedición marítima de Malaspina y Bustamante (1789-1794),* Madrid, Lundwerg.

SAPOLSKY, Robert M. (2007): *El mono enamorado y otros ensayos sobre nuestra vida animal,* Patricia Teixidor (trad.), Barcelona, Paidós, Transiciones n.º 64.

WULF, Andrea (2017): *La invención de la naturaleza. El mundo de Alexander von Humboldt,* María Luisa Rodríguez Tapia (trad.), Barcelona, Taurus, Memorias y biografías.

29

'FOTÓFAGOS' Y 'POSOMNÍVOROS'
(LA NECESIDAD)

> Los mecanismos como el enmascara-
> miento, el distanciamiento y la evasión
> propician en nosotros el olvido de los
> destructivos preliminares de casi todos
> los actos de creación; incluso de uno
> tan básico y necesario como es el de la
> preparación de la comida. Hay pocos li-
> bros de cocina que lleven el título *Matar
> y cocinar* o *Destripar y cocinar*, y, aun así,
> ¿cómo sería posible lo uno sin lo otro?
>
> YI-FU TUAN, *Escapismo*.

*E*n los países que se dicen desarrollados, los individuos pueden estar al mismo tiempo, y sin aparente contradicción, sobrealimentados y malnutridos. De la misma manera que se sienten aislados pese a estar hiperconectados, malcomen, y eso que la alimentación ha llegado a ser una de sus mayores obsesiones. Vivimos en un tiempo harto confuso, lleno de contrastes y paradojas, en que cocineros con estatus de artistas del espectáculo y nutricionistas convertidos en gurús del bienestar se disputan la atención del público con las dietas milagro y los trastornos de la alimentación. Parece que cuanto más se habla de cocina peor se come. Abundan las personas que invierten más tiempo contando calorías o leyendo artículos sobre nutrición que cocinando. Los *calorimetras* y los *iconóvoros* son dos personajes arquetípicos de nuestra época. Los primeros consideran la comida como un mero combustible para la máquina del cuerpo y los segundos un signo de distinción. Estos rinden culto a los chefs estrella y aquellos a la delgadez.

Mientras los gastos en alimentación per cápita disminuyen en las sociedades occidentales y aumenta el consumo de platos elaborados o precocinados, la obesidad se ha convertido en una auténtica pandemia. Hasta el 90 por ciento de los hombres, el 80 por ciento de las mujeres y el 50 por ciento de los niños presentan, según los especialistas, porcentajes de grasa corporal dañinos para la salud. Estas cifras son tan elevadas debido a que bastantes personas que, según las coordenadas establecidas, no están aquejadas oficialmente de sobrepeso acumulan sin embargo excesiva grasa en sus tejidos. Esos obesos ocultos o falsos flacos también se hallan expuestos a las enfermedades llamadas, sin atisbo de ironía, "de la civilización": diabetes, dolencias cardíacas, derrames cerebrales y trastornos del aparato digestivo. La obsesión por una alimentación sana en nuestro mundo globalizado e hipertecnológico nos habla de nuestros temores soterrados y aspiraciones irrealizables. Pero antes de proseguir, volvamos la mirada al comienzo de esta historia.

Tendemos a olvidar que la vida en la Tierra depende de las inmóviles y silenciosas plantas, y su casi milagrosa capacidad para captar los fotones de luz solar y transformarlos en energía química, que almacenan en sus hojas, tallos y frutos. Estos se convertirán en pasto de herbívoros y estos, a su vez, en sustento de los carnívoros. Las plantas se alimentan de luz y nosotros, directa o indirectamente, de ellas, así que no parece exagerado calificar a los seres humanos de *fotófagos*. La idea de metabolizar la invisible luz puede sonar poética y exagerada, pero también es muy real. Tal vez carezcamos de la habilidad de los vegetales para sintetizar moléculas complejas de carbono a partir de los rayos del sol, pero no cabe duda de que somos muy eficaces a la hora de digerirlos e incorporarlos a nuestro propio organismo. No olvidemos tampoco que, gracias a la alquimia de la fotosíntesis, estos absorben dióxido de carbono y desprenden oxígeno, uno de los elementos que, sobra decir, hacen respirable la atmósfera. Se calcula que existen entre trescientas mil y quinientas mil especies vegetales en el planeta, de las que se han descrito únicamente la mitad, y solo una pequeñísima parte de ellas constituye la base de nuestra alimentación.

Es casi un tópico decir que la cocina hizo al humano. Lo cierto es que el dominar el fuego permitió al *Homo erectus* asar la carne, lo que ahorró trabajo al maxilar e hizo innecesario contar con incisivos, caninos y molares tan desarrollados como antes para desgarrar y masticar. Por otro lado, la retracción de la mandíbula y la reducción del tamaño de los dientes permitieron que la cavidad craneana de los homínidos albergase cerebros cada vez mayores, a cuyo crecimiento contribuyó decisivamente el aumento en la ingesta de proteínas. Los humanos poseen el mayor cociente de encefalización del reino animal, incluidos la ballena y el elefante. O para decirlo más claramente, su masa cerebral comparada con la corporal es la más elevada. Algunos expertos sostienen que el excedente de energía y tiempo que supuso aprender a cocinar lo cambió todo y abrió el camino hacia el rico y complejo mundo simbólico. Liberados de pasar el día masticando como los otros primates, nuestros antepasados perfeccionaron los sonidos guturales, hasta convertirlos en un lenguaje articulado, dando una nueva función a la lengua, el paladar y los dientes.

Nuestra materia gris pesa alrededor de kilo y medio, lo que representa cerca del 2 por ciento de la masa corporal, si bien consume el 18 por ciento de la energía que ingerimos en forma de alimentos. La explicación a esa desproporción hay que buscarla en nuestra intensa actividad mental diurna y también nocturna. La evolución cultural corrió pareja con la aparición del sueño profundo, al que no es ajeno desde luego una digestión más ligera y la protección que ofrece el fuego. Muchos miles de años después, el último espacio sin cartografiar, la postrera tierra virgen, se encuentra entre nuestras dos orejas. Ese kilo y medio de masa gelatinosa con forma de media nuez encierra la respuesta a todas las interrogantes, y no es la menor de ellas por qué el ser humano no hace ascos a comerse casi cualquier ser vivo, incluidos sus propios congéneres. Su voraz naturaleza solo es comparable a su insaciable curiosidad culinaria. A fuego lento se cocinaron no solo la carne de las presas de caza sino también los mitos y las leyendas. Si la escritura comenzó como un prosaico inventario de sacos de grano, cabezas de ganado y demás bienes excedentes, las primeras palabras de la tribu seguramente estuvieron relacionadas con la preparación de los alimentos. Alrededor del fuego surgió la ética del diálogo. Cocinar rima con conversar.

Si las plantas hablaran, nos recordarían que, durante nuestra corta estancia en la Tierra, la mayor parte del tiempo hemos sido cazadores-recolectores y solo muy recientemente, apenas hace diez mil años o menos, agricultores y ganaderos sedentarios. Poco importa que vayamos vestidos a la última moda, con uniforme de trabajo o taparrabos, nuestro cuerpo sigue siendo el de un nómada omnívoro y oportunista. Muchos de los problemas a los que nos enfrentamos los *sapiens* modernos, empezando por la obesidad y el sobrepeso, siguiendo por el estrés y la depresión y continuando por la violencia social y la desigualdad, derivan precisamente del desajuste existente entre nuestra realidad biológica y social. El echar raíces en un lugar y empezar a cultivar nuestros alimentos no representó ninguna ventaja, si acaso lo contrario, en todos los aspectos de la vida, incluida la salud. La dieta se empobreció, el trabajo se volvió rutinario y aumentó la exposición a gérmenes y agentes patógenos. Tanto fue así que, hasta bien entrado el siglo XVIII, no se recuperó la esperanza de vida que tenían los cazadores-recolectores en tiempos prehistóricos. Cuesta entender por qué nuestros antepasados abandonaron un estilo de vida más saludable y libre por otro más exigente y esclavo. Se ha especulado con la posibilidad de que la caza escaseara a consecuencia de su éxito reproductivo, lo que les hubiera impulsado a asentarse en el territorio y producir su propia comida. Esta hipótesis arroja una nueva luz sobre la supuesta revolución agraria y no pocas sombras sobre la civilización urbana.

En algún punto del camino hemos tomado un desvío y nos hemos alejado tanto de la naturaleza que ya no percibimos como aberrante el hecho de que dos manzanas sean tan iguales como dos piezas salidas del mismo troquel, que los mercados dispongan en cualquier época del año, sin importar la estación, de todo tipo de frutas y verduras o que los paisajes agrarios de antaño hayan quedado reducidos a monocultivos, y su biodiversidad se haya perdido en nombre de la productividad. A la par que los alimentos se transformaban en productos industriales, se reducían los empleos en el sector agropecuario y aumentaban los relacionados con el procesamiento de sus artículos y su transporte y comercialización hasta el consumidor final. La cada vez más larga cadena alimentaria ocupa a mucha más gente que el cultivo de la tierra y la cría de animales, apenas entre un 2 y un

3 por ciento de la población activa en los países desarrollados. La explicación de esa aparente paradoja es muy simple: se ha impuesto un modelo industrial y altamente tecnificado en la producción de comida.

Es difícil encontrar en la realidad las bucólicas y costumbristas escenas reproducidas en los paquetes de los alimentos envasados, que te hacen salivar tan solo con ver sus envoltorios. Esa "égloga del supermercado", como la llama con mordaz ironía Michael Pollan (*Cocinar*, 2014), evoca en la imaginación del potencial comprador la utopía poética campesina (idílicas visiones de ondulantes campos de trigo bañados por el sol, estampas de vacas y ovejas pastando felizmente en prados de un verde inmaculado y granjas familiares de tarjeta postal) y las dulzuras del hogar (guisos y postres caseros, mesas repletas de suculentos manjares y sabrosos platos como los de antes). Nada más lejos de los monocultivos intensivos, las reses estabuladas en cebaderos, los silos de grano con apariencia de naves espaciales y equipados con cintas transportadoras y los cultivos hidropónicos bajo mantos de plástico que se extienden más allá de donde alcanza la vista, por no mencionar las plantas de envasado o los mataderos industriales. Tiene razón Pollan cuando escribe: "La idea de que los alimentos están conectados con la naturaleza, el trabajo humano o la imaginación es difícil de concebir cuando nos llegan en paquetes, totalmente preparados. La comida se convierte en un producto básico más, en una abstracción y, cuando eso sucede, nos convertimos en una presa muy fácil para las corporaciones que venden versiones sintéticas de algo real, algo a lo que yo denomino 'sustancias comestibles con aspecto de comida'".

El mercado alimentario global se rige por el principio de producir barato y vender caro. Esa irrefrenable búsqueda de beneficios, ajena a remilgos ecológicos y escrúpulos éticos, acaba representado paradójicamente una seria amenaza para el sistema capitalista que dice defender, pues erosiona la confianza en que se cimenta la ficción colectiva de la economía de mercado. Al anteponer la rentabilidad y la eficiencia a cualquier otro valor, nos lleva a recelar de sus informaciones. Las dudas y las cautelas de la persona de la calle hacia la industria agroalimentaria están más que justificadas. Basta intentar descifrar la etiqueta de un paquete corriente de galletas o de cualquier otro producto envasado para que se rompa el hechizo de la "égloga del supermercado". Algunos de sus ingredientes resultan irreconocibles para los compradores, que no saben a qué atenerse cuando leen esas referencias alfanuméricas parecidas a códigos secretos.

Esa opacidad ha minado la seguridad de los consumidores más informados, entre los que se ha extendido la sospecha de que los conservantes y aditivos incorporados a la mayoría de los alimentos, aun cuando sean legales, no resultan, ni mucho menos, saludables. Y otro tanto cabría decir de los procesos de producción y manipulación de la agricultura y ganadería extensiva. No es ningún secreto que en los criaderos se suministran antibióticos a los pollos y los cerdos; que a causa del uso generalizado de pesticidas es peligroso ingerir frutas y verduras que no hayan sido previamente lavadas, que se ceba al ganado con pienso elaborado en parte con restos de otros herbívoros o que los nitratos utilizados como abonos se fijan en los tejidos de las plantas que forman parte de nuestra dieta.

Ese creciente malestar ha impulsado el desarrollo de una oferta alternativa orgánica, que, si bien hace gala de no utilizar fertilizantes ni pesticidas químicos, así como tampoco antibióticos y hormonas, sigue siendo un modelo de producción claramente industrial y, en muchos aspectos, igual de poco respetuoso con el medio ambiente y la salud de los consumidores que el convencional. Cada vez son menos las personas indiferentes a lo que comen las plantas y animales que ellos más tarde comerán, y cada vez más las que están dispuestas a rascarse el bolsillo y pagar algo más a fin de calmar su ansiedad y recobrar, junto a la confianza perdida, el genuino sabor de los alimentos. Promover la esquizofrenia del consumidor que, por una parte, desea creer y, por la otra, no puede evitar desconfiar de las promesas de la publicidad se ha revelado una tan sutil como eficaz estrategia comercial para incentivar el consumo. Las mismas empresas multinacionales que están en el origen de nuestras preocupaciones han desarrollado una oferta alternativa de productos alimenticios ligeros, dietéticos, bio, orgánicos, veganos, sin gluten, sin lactosa, sin azúcares añadidos, sin aceite de palma, así como un sinfín de sucedáneos destinados a tranquilizar la conciencia del consumidor.

Esta nueva industria ha sabido rentabilizar nuestro deseo de llevar una buena dieta y se ha aprovechado de nuestras aprensiones y desorientación para comercializar bayas, semillas, algas exóticas, cereales y legumbres de tradiciones culinarias foráneas y una amplia variedad de "superalimentos" y remedios naturales con el argumento de que poseen propiedades depurativas, antioxidantes, vigorizantes o inmunoestimulantes. Sus reclamos y eslóganes comerciales no van destinados a convencernos sino a seducirnos, no apelan a nuestra razón sino a nuestros deseos y temores que, todo hay que decirlo, conocen mejor que nosotros mismos. Por más que sepamos que las cosas no son, ni mucho menos, como nos las pinta la publicidad, nos prestamos de buena gana a caer en sus redes, porque nos eso nos permite convivir con las contradicciones sin problemas de conciencia y sentirnos íntegros sin vernos obligados a cambiar de costumbres, ni comprometernos en serio con la defensa del medio ambiente, ni por supuesto asumir nuestra responsabilidad como consumidores.

Si bien se mira, hay algo ridículo y profundamente infantil en prescindir de alimentos de toda la vida en aras del bienestar o, simplemente, por seguir la moda, en comer sucedáneos de hamburguesas o salchichas hechos con tofu, seitán, tempeh, algas u otros sustitutos de la carne, por no hablar de desgrasar la leche para que tenga las mismas calorías que el agua o enriquecer esta con vitaminas o radiaciones. Nuestro papanatismo ha llegado a tal punto que estamos dispuestos a suspender la incredulidad si los alimentos tienen nombres o procedencias exóticas, vienen envueltos en el celofán de un lenguaje ecológicamente correcto o sazonados con una narrativa inspiradora. Preferimos comprar una grata fantasía que mirar de cara a la sucia realidad, estamos dispuestos a pagar más con tal de evitarnos el conflicto interno que supone pensar que no hacemos lo suficiente por nuestra salud, la sostenibilidad del planeta o el comercio justo. Las estrategias de *marketing* de la industria alimentaria orgánica han llegado a ser tan sibilinas y rentables como las de la convencional, si no más. Y, como aquellas, se confabulan con nuestra falta de tiempo para que no nos hagamos demasiadas preguntas, cuya respuesta seguramente no nos gustaría conocer.

Los clientes de los establecimientos de productos orgánicos tendemos a olvidar que estos han recorrido cientos, cuando no miles, de kilómetros desde los más apartados lugares antes de encontrarse al alcance de nuestra mano, con un ingente gasto de combustible y la consiguiente contaminación. Tampoco nos gusta oír que las cualidades de muchos superalimentos están tanto o más presentes en otros comestibles más humildes y baratos pero sin un aura bio o eco. Y nos cuesta aceptar que somos víctimas de las modas más que celosos de la salud. Una vez asumimos que vivimos engañados, todavía queda por saber cuánta verdad somos capaces de soportar sin perder la fe en el sistema o, por decirlo de otro modo, cuántas mentiras podemos contarnos a nosotros mismos sin traspasar la frontera de la cordura. Esa es seguramente la única autenticidad a la que podemos aspirar, tanto en este asunto como en otros. Corresponde a cada cual encontrar el punto justo entre la lucidez y el autoengaño en el que pueda seguir sintiéndose conectado con el mundo y consigo mismo.

Fuera del dominio del mercado, donde ya no rige el código de barras, se sitúan los pequeños productores locales y las granjas familiares. Aunque, por ahora, no pueden abastecer las necesidades de grandes poblaciones, la agricultura y la ganadería de proximidad representan una alternativa viable a la producción industrial de alimentos. Desde la utopía realista de los huertos urbanos en altura, plantados en las azoteas de los bloques de pisos, que suministran frutas y verduras frescas y saludables a los vecinos y los restaurantes del barrio, pasando por las cooperativas de consumidores responsables asociadas con granjeros de las inmediaciones y siguiendo por los mercados de productos orgánicos en pueblos y ciudades, se extienden fórmulas de aprovisionamiento de víveres que escapan al control de las grandes corporaciones. Cada vez son más las personas indignadas o, simplemente, descontentas o escamadas de sus opacos procedimientos que optan por otras vías de avituallamiento. Aunque todavía falta mucho para que la agricultura kilómetro cero pueda competir con la industria alimentaria, orgánica o no, y quién sabe si un día desbancarla. Se ha puesto en marcha una revolución pacífica, alentada por las contradicciones del propio sistema, llamada a transformar radicalmente nuestros hábitos de consumo. Si Karl Marx hubiera sido horticultor, seguramente lo hubiera expresado del siguiente modo: el capitalismo encierra en su interior la semilla de su transformación. No hay mejor símbolo de lo que podría ser, pero todavía no es.

Las semillas han tenido siempre una gran importancia estratégica y constituido una munición tan valiosa o más que las balas en los conflictos bélicos. Buena prueba de ello es el siguiente episodio poco conocido de la Segunda Guerra Mundial. Durante el sitio de Leningrado (actual San Petersburgo) por el ejército alemán, un grupo de aguerridos científicos perecieron de inanición mientras custodiaban el banco de semillas creado en 1926 por Nicolái Ivánovich Vavílov (1887-1943). En el curso de una década de expediciones a lo largo y ancho del planeta este prestigioso botánico soviético había recogido simiente de numerosas especies silvestres y cultivadas. Tenía en mente no solo preservar la diversidad genética sino también acabar con el hambre en el mundo, creando híbridos de plantas más resistentes y productivas, capaces de prosperar incluso en condiciones bioclimáticas adversas. No se había borrado de su memoria el recuerdo de los millones de famélicos compatriotas que, pocos años antes, habían muerto por culpa de las malas cosechas.

El heroísmo de los científicos que protegían aquel tesoro de germoplasma vegetal resulta, si cabe, aún más épico si pensamos que, haciendo alarde de una fuerza de voluntad y una capacidad de sacrificio a prueba de bombas y estómagos vacíos, resistieron el inclemente asedio no solo de las tropas nazis sino también de sus desnutridos conciudadanos, las voraces ratas y el hambre feroz. Cuando el 27 de enero de 1944 el ejército rojo puso fin al terrorífico cerco, que había durado nada menos que 872 días, los libertadores descubrieron en el sótano del Instituto de Genética Vegetal sus escuálidos cadáveres congelados. Cuesta entender de dónde sacaron el coraje necesario para mantenerse en sus puestos y resistirse a echar mano al grano, los tubérculos o las patatas de siembra que tenían a su alcance.

La suerte que corrió el propio Vavílov no fue menos trágica. El haber sido miembro del Comité Ejecutivo Central de la Unión Soviética, presidente de la Sociedad Geográfica y premio Lenin de Ciencia no le libró de un juicio injusto y una sentencia a pena de muerte, que le sería conmutada por veinte años de trabajos forzosos. Mientras la *Werhmatch* sitiaba Leningrado, falleció en la cárcel, víctima de las privaciones. Su delito fue defender la genética mendeliana, considerada "una seudociencia burguesa" y contrarrevolucionaria. Firmó su sentencia de muerte al enfrentarse al camarada Trofim D. Lysenko, quien propugnaba una agronomía compatible con la ortodoxia estalinista y acorde con la propaganda oficial y los intereses del nuevo líder del partido. Según esa disparatada biología proletaria, la variabilidad no dependía de los genes ni de las mutaciones, sino única y exclusivamente del esfuerzo y la planificación. Siguiendo un rudimentario razonamiento lamarckiano, Lysenko afirmaba que los caracteres adquiridos se trasmitían a la descendencia en clara sintonía con los ideales del socialismo real. Tuvieron que pasar varias décadas, cuantiosas malas cosechas y no pocas hambrunas antes de que se desenmascararan sus falsas promesas de llenar los graneros, se desacreditaran sus formulaciones plagadas de incorrecciones científicas y polinizadas de fanatismo y se rehabilitara oficialmente la figura de Vavílov. El calvario de los heroicos científicos que protegieron su legado no fue en balde, pues ese banco de semillas contribuyó decisivamente a restituir la producción agrícola y mejorar el rendimiento de los cultivos soviéticos una vez acabada la contienda.

Con la misma idea de preservar la biodiversidad vegetal se creó el año 2008 el Banco Mundial de Semillas en una remota isla del Círculo Polar Ártico llamada Longyearbyen, perteneciente al archipiélago de soberanía noruega de Svalbard. A esa cripta del juicio final, como también se conoce esa moderna arca de Noé vegetal, se accede por un túnel de ciento cincuenta metros excavados en el permafrost, que se adentra en el interior de una montaña de arenisca permanentemente helada. Una bóveda de hormigón alberga a una temperatura constante de 18 °C bajo cero la simiente de la práctica totalidad de las plantas comestibles del planeta, en previsión de lo que pudiera pasar en un futuro si no se corrigiesen los efectos perniciosos del cambio climático y la explosión demográfica, una plaga arrasase las cosechas o aconteciese cualquier otra catástrofe de imprevisibles consecuencias.

Esos cientos de miles de semillas, guardadas al vacío en bolsas de plástico perfectamente deshidratadas para evitar que se echen a perder y almacenadas en cofres sellados dentro de tres cámaras acorazadas como si de un juego de cajas chinas se tratase, no solo son un valioso seguro para la humanidad en caso de crisis medioambiental o emergencia alimentaria sino también una historia viva de la agricultura. Desde la revolución neolítica hasta nuestros días, durante más de diez mil años los humanos hemos seleccionado y modificado las semillas que cultivamos para satisfacer nuestras necesidades de alimento.

Aunque tiene un vago aire de leyenda, ese tesoro de germoplasma vegetal enterrado bajo una montaña de hielo en el Polo Norte simboliza la causa común de la ciencia y su idea de unidad tras la diversidad de la especie humana. En el extremo opuesto se sitúan las empresas productoras de semillas mejoradas. Un reducido y selecto grupo de corporaciones transnacionales del sector químico o farmacéutico como Bayer, Monsanto, Dupont o Novartis, que también fabrican fitosanitarios y fertilizantes, controlan el mercado de las semillas transgénicas de alto rendimiento.

La globalización de la agricultura ha posibilitado el actual proceso de concentración urbana y el desorbitado crecimiento de las ciudades. Si estas se han podido desarrollar muy por encima de sus recursos locales y desconectadas a menudo de su entorno rural, ha sido gracias al flujo incesante del comercio transnacional de alimentos. Pero la distribución de mercancías a gran distancia, responsable de aproximadamente la mitad de las emisiones mundiales de gases de efecto invernadero, comienza a no ser social ni medioambientalmente sostenible. A la larga la única manera de garantizar un suministro de víveres saludables, asequibles para la inmensa mayoría de la población y sin inasumibles costes ecológicos pasa por la expansión de la agricultura urbana y la creación de mercados y ferias locales, cooperativas de consumo vecinales y una red de distribución y venta de reducidas dimensiones. Urge que el actual mercado global de alimentos, basado en el consumo de combustibles fósiles abundantes y baratos, ceda el terreno hacia un modelo de proximidad, en el que se acorte la cadena alimentaria y se diluyan las fronteras entre el campo y la ciudad.

Quizá el futuro haya comenzado a escribirse en Nueva York, donde una nueva generación de agricultores urbanos creó en el año 2009, coincidiendo con la explosión de la burbuja inmobiliaria y el inicio de la recesión, la primera granja comercial en altura del mundo: Brooklyn Grange. Lo que empezó siendo el sueño de un grupo de jóvenes emprendedores y ecoactivistas de plantar un huerto productivo a gran escala, primero en la azotea de un edificio de Long Island City (Queens) y, a continuación, en Army Yard (Brooklyn), se ha convertido en una próspera y lucrativa explotación agropecuaria. Esos diez mil metros cuadrados de terreno representan el medio de subsistencia de cerca de una docena de horticultores, sin contar voluntarios y becarios, que recolectan alrededor de veinticinco mil kilos de alimentos, entre hortalizas, frutas, hierbas aromáticas, huevos y miel. Aunque esos resultados son suficientemente elocuentes y hablan por sí solos, resultan insignificantes en un contexto más amplio, sobre todo si los comparamos con las estratosféricas cifras del comercio global de alimentos. Pero se equivocan rotundamente quienes piensan que se trata de una simple moda pasajera en lugar de un experimento social de gran envergadura. Y no solo porque su ejemplo esté cundiendo por doquier, sino también porque su filosofía empresarial está inspirando nuevas fórmulas de negocio, basadas en la fuerza multiplicadora del asociacionismo y la interdependencia consciente con el entorno que, sin dejar de cuidar del planeta y de la gente que lo habita, pretenden ser rentables.

En el fondo se trata de redefinir el significado de la palabra consumidor y depurarlo de las connotaciones clientelares que lo lastran, y dotarlo de un nuevo sentido. Del mismo modo que, para ser un animal político, no basta con depositar una papeleta con el voto en una urna cada cierto número de años, sino que hay que participar activamente en la vida de la comunidad; para convertirse en un consumidor consciente y responsable no es suficiente con adquirir alimentos más o menos limpios, de marcas acreditadas en la preservación del entorno natural. Si los seres humanos son los únicos animales que cocinan es porque antes han hecho la compra en un supermercado, en una tienda de alimentos orgánicos o en un mercado de productores locales. Esa sola decisión implica una declaración de principios y constituye un acto político. Y no solo porque elegir un establecimiento u otro representa ya de por sí una forma de sufragio, sino porque ese dilema nos enfrenta a la peliaguda cuestión de la libertad y la responsabilidad. Y por si eso no fuera ya suficientemente arduo, la publicidad intenta dirigir y moldear las preferencias del comprador e inducirle a escoger la buena opción. Parece una perversa versión de la *paideia* platónica, según la cual "la educación consiste en enseñar a desear las cosas correctas".

Sin necesidad de compartir este punto de vista, los lectores estarán de acuerdo en que la única forma de cambiar el sistema alimentario pasa por reeducar a los compradores a fin de que se conciencien de las implicaciones de sus hábitos de consumo, la importancia de reducir la huella agroecológica y las ventajas de comprar localmente. Nos toca a todos y cada uno aprender a vivir por debajo de nuestras posibilidades y por encima de nuestros intereses particulares, más apegados a la tierra y menos a nuestro yo. En nuestra sociedad posindustrial, poslaboral, poshumana, en la que todo es *pos*, incluso la verdad, la agricultura de proximidad se ha convertido en una parábola sobre el valor de la autenticidad y la necesidad de retornar a los orígenes para saltar más lejos.

En un futuro próximo la nutrigenómica desempeñará un papel decisivo a la hora de decidir qué nos conviene comer. Esa nueva disciplina permitirá, a partir del análisis del genoma de un individuo, elaborar una dieta a la medida de sus disposiciones y requerimientos biológicos, lo que contribuirá a evitarle problemas de salud y alargar su esperanza de vida. Una vez llegados a ese punto, el estresante dilema al que se han enfrentado los omnívoros como nosotros desde que el mundo es mundo será cosa del pasado. Aquel día nos habremos convertido en *posomnívoros*.

REFERENCIAS BIBLIOGRÁFICAS

CORDÓN, Faustino (1980): *Cocinar hizo al hombre*, Barcelona, Tusquets, Los Cinco Sentidos.

HARRIS, Marvin (1989): *Bueno para comer. Enigmas de la alimentación y la cultura*, Joaquín Calvo Basarán y Gonzalo Gil Catalina (trad.), Madrid, Alianza Editorial, p. 6.

LEVI-STRAUSS (1968): *Mitológicas I. Lo crudo y lo cocido*, México, Fondo de Cultura Económica.

POLLAN, Michael (2008): *La botánica del deseo. El mundo visto a través de las plantas*, Raúl Nagore (trad.), Donostia, Navarrorum Tabula.

– (2014): *Cocinar. Una historia natural de la transformación*, Juan Castilla Plaza (introd. y trad.), Madrid, Debate.

– (2017): *El dilema del omnívoro. En busca de la comida perfecta*, Raúl Nagore (trad.), Madrid, Debate.

PUIGDOMÈNECH, Pere (2009): *Las plantas que comemos*, Madrid, Consejo Superior de Investigaciones Científicas/Los libros de la Catarata, ¿Qué sabemos de? n.º 5.

TUAN, Yi-Fu (2003): *Escapismos. Formas de evasión en el mundo actual*, Karen Müller (trad.), Barcelona, Península, Atalaya n.º 125, p. 15.

30

EL OFICIO DE 'JARDINOPEDA'
(LA EDUCACIÓN)

> Aún debemos aprender el arte de vivir
> en un mundo sobresaturado de infor-
> mación. Y también debemos aprender
> el aún más difícil arte de preparar a las
> próximas generaciones para vivir en se-
> mejante mundo.
>
> ZYGMUNT BAUMAN

*L*a pedagogía es una rama de la jardinería, por lo mismo que educar es otra acepción de la palabra cultivar. Todos somos plantas y jardineros. Nos cultivamos los unos a los otros. El verdadero significado de enseñar es "sembrar los espíritus", como afirma Platón por boca de Sócrates en el diálogo *Fedro*. Las palabras del maestro son semillas, pero solo germinarán si caen en un suelo fértil. Esto mismo plantea la crucial cuestión de cómo preparar el terreno. La jardinería y la educación son profesiones de humildes. Los que siembran la tierra y los que cultivan el espíritu tienen algo en común: el sudor de su frente no dará frutos hasta pasado un tiempo. Enseñar se parece a plantar: nunca estás seguro de si fructificará el esfuerzo, si brotará la simiente que esparces, pero esa emoción pone en juego lo mejor del ser humano: esperanza, confianza, paciencia, perseverancia, tenacidad y, por supuesto, humildad. Nada que merezca la pena se consigue en la vida sin esas cualidades.

Ni que decir tiene que la mejor manera, por no decir la única, de defender unos ideales es practicarlos. Nadie puede ayudar a otro a ser autónomo, a pensar por sí mismo o a mostrar empatía si carece de esas cualidades. Nadie puede enseñar a leer, pensar o escribir creativamente si él mismo no lo hace en su vida privada, por propia iniciativa, por puro y simple placer. Y tener más edad, títulos o rango no facilita la tarea docente cuando se carece de credibilidad. Ser fiable es

el principal mérito de un educador. De ahí nace la autoridad moral y el magnetismo personal, de la coherencia entre hechos y palabras, entre lo que se predica y lo que se hace. Sin honestidad un enseñante carece de legitimidad. Un alumno está más dispuesto a disculpar las equivocaciones, las salidas de tono e, incluso, el sarcasmo que la falta de autenticidad. En pocas etapas de la vida se es más susceptible a la hipocresía que en los años escolares. Si bien se piensa, parece lógico que alguien implicado en cuerpo y alma en forjarse una identidad no tolere a los farsantes y sienta un hondo rechazo por quien se traiciona a sí mismo, no es fiel a sus ideas y se muestra incoherente. Tal vez sea esta la principal dificultad a la que se enfrentan los llamados a ejercer esta profesión endemoniadamente hermosa. Si bien pocas personas lo creen hoy, el oficio de educar ha contado siempre con fervientes y entusiastas seguidores.

Difícilmente se puede subestimar el papel de un buen maestro o un profesor. Rara es la biografía en la que esa figura no desempeña un lugar destacado para que la persona en cuestión no se perdiese por el camino o encontrase el suyo. Hablando de esas deudas de gratitud contraídas en las etapas de formación con alguno de nuestros educadores, resulta emblemático el caso de Albert Camus. Cuando fue a recoger el premio Nobel de literatura en 1957, dedicó su discurso a su maestro de la escuela primaria. En sus lejanos días de infancia en Argel el señor Louis Germain supo vislumbrar las cualidades de aquel chico sin recursos pero viva inteligencia, y convenció a su abuela para que no entrara de aprendiz de un oficio con el argumento de que le ayudaría a preparar el examen de ingreso. En la cima de su gloria literaria, el laureado escritor le escribió de su puño y letra una breve carta, que crece en el recuerdo, donde pueden leerse estas palabras de una conmovedora humildad:

> Sin usted, sin la mano afectuosa que tendió al niño pobre que era yo, sin su enseñanza y ejemplo, no hubiese sucedido nada de todo esto. No es que dé demasiada importancia a un honor de este tipo. Pero me ofrece por lo menos la oportunidad de decirle lo que usted ha sido y sigue siendo para mí, y le

puedo asegurar que sus esfuerzos, su trabajo y su generoso trato continúan siempre vivos en uno de aquellos escolares que, a pesar de los años, no ha dejado de ser su alumno agradecido.

La respuesta del señor Germain dice más de los valores de la educación que el más sesudo tratado de pedagogía: "Creo conocer bien al simpático hombrecillo que eras. El placer de estar en clase resplandecía en toda tu persona. El éxito no se te ha subido a la cabeza. Sigues siendo el mismo Camus". Todas las palabras cuentan en esa misiva. Leyéndola se tiene la impresión no solo de que la complicidad entre maestro y alumno ha subsistido al paso de los años, sino de que, ayer como hoy y probablemente mañana, el gozo de aprender es el principal argumento a favor de ir a la escuela.

Hemos olvidado casi todo lo que, en su día, nos dijeron en clase. Después de pasar por las manos de muchos educadores, solo unos pocos han dejado una huella profunda en nuestra memoria. Años enteros de calentar el pupitre quedan resumidos en una o unas pocas frases inolvidables de esta maestra o de aquel profesor de instituto, cuyo carisma no ha cesado de crecer con el tiempo. Recuerdo como si fuera ayer cuando la señorita Carla se ponía seria y, con una exasperación más impostada que real, soltaba con voz tabacosa aquello de "quien no escucha no aprende". Era más que una afirmación. Esas pocas palabras contenían la simiente de una sabiduría pacientemente segregada a lo largo de muchos años de docencia. Toda su concepción de la vida se hallaba capturada en esa sentencia, que solo mucho tiempo después llegaría a valorar en su justa medida. Durante mis años escolares ningún profesor me causó mayor admiración que don Andrés. Una de sus frases preferidas era: "Pero fíjense bien en lo que les voy a decir: no están solos". Irradiaba una alegría seductora al hacer esa afirmación, que, de tanto en tanto, aún me sorprendo repitiendo para mis adentros. Me parece estar viéndolo con su barba entrecana y su porte distinguido, paseando la mirada por el aula, mientras tamborileaba con los dedos sobre la mesa antes de decir con una sonrisa llena de recovecos, como quien revela un secreto: "Quien bien te quiere te hará llorar". En la vida de todos hay un señor Germain, una señorita Carla o un don Andrés, que percibían nuestra indefensión con solo mirarnos, veían en nosotros cualidades que desconocíamos tener y podían imaginar nuestro futuro mejor que nosotros mismos.

Hay un aspecto crucial que es fácil pasar por alto. Es tan elemental pero tan sutil que, a menudo, se olvida: la escuela no ha sido concebida para hacer a los alumnos más felices o libres. Su objetivo es adiestrar a los futuros ciudadanos para que encajen en un sistema productivo, inculcarles una jerarquía de valores y troquelar su mente. Contrariamente a lo que afirman las leyes educativas, el propósito de la enseñanza es la asimilación, lo que en una sociedad tan enferma y desequilibrada como la nuestra implica anular la curiosidad natural y fomentar la competencia y el individualismo.

Los modelos educativos traslucen una voluntad de domesticación y control enmascarada tras el respeto a la diferencia y la diversidad. Incentivan el uniformismo y el conformismo, promueven la obediencia a costa de la libertad de pensar por uno mismo y constriñen la creatividad dentro de los moldes establecidos. Tan pronto como comprendemos que el sistema escolar da la espalda al espíritu crítico, la autonomía y la iniciativa que dice buscar, comenzamos a ver por todas partes sus aberrantes contradicciones. Un buen ejemplo de cómo arrincona en la práctica los ideales que dice defender en teoría es el concepto de "fracaso escolar". Esta etiqueta, tan socorrida como perversa, culpabiliza a las víctimas de su situación, de paso que exonera a la institución de una responsabilidad que, cuando menos, debería ser compartida. Queremos llamar la atención sobre el hecho de que se haga servir esta expresión cuando los alumnos no cumplen las expectativas de los enseñantes, y no cuando estos desperdician el talento de aquellos.

Cuando los maestros se convierten en amaestradores y los profesores en profesionales, la enseñanza se resiente, pierde su esencia y se vacía de sentido en manos de burócratas y funcionarios. Educar será un verbo impersonal, una cáscara hueca si no contiene la semilla del amor. De hecho, si no fuese porque ese término está tan gastado y resulta tan potencialmente ambiguo, sería el más apropiado para definir el trabajo del docente. Esta es la palabra clave y el único ingrediente imprescindible en cualquier receta de una buena educación, sea esta la que sea. Por cualquier lado que se mire y por más que nos incomode, la docencia es una actividad erótica. Para captar la atención de alguien hay que seducirle. Solo quien se siente atraído presta de buena gana oídos a las palabras ajenas, y está dispuesto a escuchar algo que contradice su visión del mundo. El gozo es la principal, por no decir la única, manera de contar con un aliado voluntario en clase. La realidad es, sin embargo, muy distinta.

Parece que, en lugar de la alegría compartida, el desánimo se ha instalado en los centros educativos. De un tiempo a esta parte se ha ido ensanchando la brecha entre la escuela y el alumnado hasta extremos grotescos. No son un secreto las elevadas cifras que alcanza en nuestro país el mal llamado fracaso escolar, por no mencionar los índices de absentismo y abandono. En honor a la verdad hay que decir que si los estudiantes pudieran escoger sin represalias entre asistir a las clases o no seguramente las aulas se vaciarían. Los colegios e institutos han dejado de ser el lugar donde quisieran estar una gran parte de ellos. Si se les pregunta por qué, no vacilan en responder que las lecciones de sus profesores les aburren y que les sirve de poco o nada lo que estos les intentan enseñar. A estas quejas no pocos docentes replican en las mismas encuestas, evaluaciones de diagnóstico y estudios de satisfacción diciendo que su oficio no es entretener a los alumnos, que no están aquí para divertir ni complacer y que sin esfuerzo no puede haber recompensa. Y con toda seguridad no les falta razón. Otros representantes de la profesión, más descreídos de las bondades del sistema o menos convencidos de contar con la complicidad de padres y políticos, argumentan que los centros escolares no pueden suplir a la familia ni desempeñar las funciones de la asistencia social. Unos y otros sienten que, en el mejor de los casos, la escuela les falla y, en el peor, les estafa.

El tema de la crisis educativa es amplio y complejo. Abordarlo en todas sus dimensiones nos llevaría demasiado tiempo y nos apartaría del objetivo de este escrito, pero podríamos apuntar al menos uno de los factores de ese desencuentro: la flagrante contradicción entre las metas a las que se aspira y los métodos seguidos para alcanzarlas.

No está claro si la misión de la escuela es enseñar a vivir sin amos o a seguir las normas establecidas, si desarrollar la capacidad de razonamiento o de asimilación, si fomentar la integridad o la integración. En teoría se anima a los alumnos a pensar creativamente y en la práctica se les insta a obedecer acríticamente. Una cosa es aprender a reflexionar por uno mismo y otra muy distinta abrirse paso en la vida. Ese clima de confusión trae como consecuencia el descrédito de la institución que, admitámoslo, aspira a ideales opuestos y persigue fines contradictorios. Si uno lo medita con cuidado, una de las razones de la crisis luce evidente: la falta de credibilidad.

Parece lógico que, si medimos el éxito en la vida exclusivamente por el nivel de ingresos, los títulos profesionales y el estatus alcanzado, el objetivo de la escuela sea superar pruebas, sacar buenas calificaciones, obtener diplomas, subir la media, estar entre los primeros, tener un buen expediente y no sé cuántas más operaciones perfectamente cuantificables numéricamente con el falso rigor y la impersonal superficialidad de las estadísticas. Hay algo profundamente aberrante y peligroso en que el lenguaje pedagógico haya ido adoptando un tono cada vez más mercantil: "rendimiento académico", "productividad", "competencias básicas", "optimizar el esfuerzo", "consecución de objetivos", "inversión intelectual" y un largo etcétera de conceptos con resonancias empresariales, que parecen sacados de planes de viabilidad económica y balances financieros.

La escuela, como tantas otras instituciones sometidas al asedio del capitalismo en su irrefrenable búsqueda de beneficios, ha acabado traicionando sus ideales y desnaturalizándose, hasta el punto de transformar el placer de estar en clase en una mercancía más y convertir a los alumnos en consumidores del saber. Entre tanto, la figura del profesor y su talento para motivar ha dejado de ser el pilar básico del sistema educativo, y su lugar lo han ocupado las nuevas tecnologías digitales. Se podría resumir la historia de la enseñanza diciendo que los discípulos se convirtieron en novicios, estos en escolares, luego en estudiantes y, por último, en clientes.

Jean-Jacques Rousseau, en la obra fundacional de la pedagogía moderna *Emilio o de la educación* (1762), ya aborda con inusitada osadía intelectual la cuestión de cómo formar a un ser humano para que llegue a ser feliz y libre. Su tratado contiene la simiente de la inquietud renovadora y aboga con una mezcla de fervor misionero y narcisismo sentimental a favor de una *paideia* jardinística, una educación integral de los niños conforme a la naturaleza, en la que los enseñantes se convierten en *jardinopedas*, si se me permite el neologismo, más interesados en cultivar que en adiestrar su carácter, y la poda en la perfecta metáfora de la falsa educación, castradora y antinatural. Esos pedagogos con vocación de jardineros, en lugar de recortar con mano diestra los impulsos de sus pupilos, dar forma a sus inclinaciones naturales y dirigir su progreso intelectual como si fueran las ramas de árboles o arbustos, deben permitir que los educandos se desarrollen libremente, sin poner trabas ni restricciones a su crecimiento, e intentar por todos los medios a su alcance que maduren sin dejar de ser ellos mismos. A este particular resultan esclarecedoras las siguientes líneas extraídas del *Emilio*:

> Tal es, por ejemplo, el de aquellas plantas que se evita su crecimiento vertical. La misma planta obedece la inclinación a que fue obligada, mas la savia no cambia su primitiva dirección, y si continúa su desarrollo, la planta vuelve a su crecimiento vertical. Igual sucede con las inclinaciones de los hombres. Mientras continúen en un mismo estado, pueden conservar las que provienen del hábito y son menos naturales, pero cambian y vuelve lo natural cuando la costumbre adquirida por la fuerza deja de actuar.

Estas ideas cimentaron su fama de reformador social, cosa que resultaría menos asombrosa si no hubiera entregado al hospicio los cinco retoños que tuvo con Thérèse le Vasseaur. Es posible que estos supusieran una pesada carga, mientras viajaba de país en país intentando escabullirse de la policía política, o un estorbo a la hora de solicitar asilo y protección a sus aristocráticos admiradores. O puede que, simplemente, representaran cinco bocas más que alimentar. Como quiera que sea, no parecen las mejores credenciales para quien desempeñaría un papel tan destacado en la nueva ciencia de la educación. Nadie ha podido comprender cómo la insensibilidad de la que hizo gala "el más sensible de los hombres", por no hablar de su hipocresía, megalomanía y fanatismo, no previno contra su ideario a sus lectores, ni constituyó un inconveniente para que ejerciera un magisterio decisivo sobre tantos pedagogos vocacionales. Resulta cuando menos chocante que quien escribió "El hombre es naturalmente bueno y solo las instituciones lo han hecho malo" se acabara convirtiendo en el ideólogo de una de las principales instituciones de nuestra sociedad: la escuela. Seguramente esta hubiera seguido un curso muy diferente si no hubiera tomado como santo patrón al desalmado e inconmovible Rousseau y hubiera asumido como propias sus contradicciones.

Es casi un tópico afirmar que una buena educación previene contra el fanatismo y vacuna contra la manipulación, que una persona cultivada es alérgica a la sinrazón y proclive al diálogo. Resulta, sin embargo, más difícil ponerse de acuerdo acerca de qué significa eso de una *buena educación*. No hay manera de contestar a esa pregunta sin posicionarse acerca del tipo de persona que se desea produzca el sistema educativo. Y semejante cuestión compromete forzosamente la concepción de la vida de uno y es indisociable de lo que para cada cual representa tener éxito en ella. Casi nada. Frente a los que entienden que la escuela es un poderoso instrumento de control ideológico al servicio de una sociedad mercantilizada, alienada y alienante, se encuentran los que reivindican su poder emancipador y de salvaguarda de los valores democráticos. No tenemos intención de debatir aquí sobre el tema, sino simplemente señalar que las autoridades educativas harían mejor en preocuparse menos por normalizar y más por proteger el sacrosanto principio de la igualdad de oportunidades, dado que, si este no se respeta, la escuela pública está condenada a convertirse en una red asistencial y la escuela privada en una empresa rentable. Y las dos a no alcanzar las metas que se habían fijado.

El camino de la excelencia hacia una vida independiente, satisfactoria y plena se bifurca, antes o después, en un sendero que lleva a hacer dinero, labrarse un porvenir profesional y escalar socialmente y otro que se encamina a ser más dueño de uno mismo y libre para escoger tu destino. El viejo ideal clásico de la sabiduría y la ética del diálogo no concuerda de ninguna manera con los valores de la rentabilidad, la competencia y la especialización. El caso es que las irresolubles contradicciones de la escuela son también las de la sociedad. Poco importa si somos jóvenes o adultos, todos nos debatimos entre el anhelo de encajar y la necesidad de distinguirnos, vacilamos entre el afán de ser como los demás y el horror de convertirnos en uno más. Escindidos como estamos entre el deseo de ser alguien y el pavor a no ser nadie, necesitamos novelar nuestras andanzas y desventuras a fin de dotarlas de sentido y poetizar la realidad para hacerla soportable.

La vida continuamente se burla de nuestras aspiraciones y nos pone en el camino a los que, si lo sabemos ver, serán nuestros maestros. No ofrecen el aspecto de venerables sabios, ni nobles preceptores, sino más bien de personas vulgares y corrientes, sin otra virtud en particular que la de ser la horma de nuestro zapato, de poner a prueba nuestra paciencia y la firmeza de nuestros principios. Tienen un talento especial para descubrir nuestros puntos flacos, meter el dedo en la llaga y sacarnos de quicio. Su más valiosa enseñanza será, dicho sea sin ironía, bajarnos del pedestal. Sus impertinencias, provocaciones y desaires nos permiten percatarnos de cuánta distancia media entre lo que creemos ser y lo que realmente somos, hasta qué punto resultamos vulnerables y cuán necesitados estamos de falsas seguridades. Nos obligan a vernos a nosotros mismos con despiadada lucidez y a recorrer un camino dentro de nuestras cabezas que conduce fuera de nuestro yo. Nos fuerzan a enfrentarnos a nuestros temores y debilidades si no queremos ceder al odio, al resentimiento o la amargura y transformarnos en alguien que no deseamos. Esa lección de humildad es la más decisiva que recibiremos nunca. Son esos aguafiestas que cuestionan la complaciente visión que tenemos de nosotros mismos, los que nos impulsan a despojarnos de certidumbres y expectativas, a sacrificar nuestro orgullo y vanidad y a mudar de piel. Su magisterio es directamente proporcional a su capacidad de hacer temblar nuestras convicciones, desestabilizar nuestro ánimo, llevarnos al límite y tocarnos en lo más profundo. Si bien la tarea de convertirte en el protagonista de tu propia novela resulta más ardua de lo que uno imagina, ese aprendizaje es el único que acredita para ayudar a otros a encontrar su camino.

Todos estamos necesitados de modelos y llamados a convertirnos en maestros. Dentro de todos nosotros habitan un mentor y un aprendiz ocultos, que intercambian los papeles según la ocasión y dan o aprenden a diario lecciones, insignificantes en ocasiones y de crucial importancia otras. A veces hacemos gala de conocimientos y virtudes que ignorábamos tener, y otras no somos ejemplo de nada. Debemos asumir que todos de alguna manera somos veteranos y de alguna manera novatos, de alguna manera avezados y de alguna manera mendrugos. Humildad es el calificativo que mejor define la actitud tanto de un buen preceptor como de un buen alumno, y eso se debe a que ambos están dispuestos a escuchar y a que les sorprendan. Cumplir años nos debería llevar a ser menos infelices, más sabios y mejores aprendices.

El verbo educar procede del latino *educere*, que significa literalmente guiar (*ducere*) hacia fuera (*ex*). He aquí el sentido último y la razón de ser del oficio de maestro, profesor, docente, educador, enseñante o como quiera llamársele: ayudar a un adolescente o un niño a encontrar su camino, a sacar a relucir lo que en esencia es, a desarrollar su propia naturaleza. Eso constituiría, según John Dewey, el padre de la pedagogía moderna, la condición de posibilidad de una buena vida. La verdadera formación tiene que ver menos con la información que con la seducción. No por nada los verbos educar y seducir comparten la misma etimología. En cuanto empiezas a asumir esa forma de pensar, la labor del educador cobra un nuevo significado. Una cosa es poseer conocimientos y otra bien distinta saber cómo comunicarlos. Para trasmitir el goce de aprender hay que aprender primero el goce de trasmitir. Casi cualquier profesor puede enseñar, pero son muchos menos los capaces de encender la chispa de la curiosidad. La emoción del descubrimiento se apodera del alumno o no hay nada que hacer. Daniel Pennac resume esa declaración de principios en un poético enunciado: "Los caminos del conocimiento no confluyen en esta aula: ¡deben partir de ella!".

En lugar de perder el tiempo buscando explicaciones o justificaciones de lo mal que van las cosas, enmascarando la tozuda realidad con estadísticas, reformulando por enésima vez los planes de estudios o ampliando la indigesta jerga pedagógica con términos a cada cual más vacío y pretencioso, deberíamos aprender de esa especie, ya casi extinguida, de educadores que no han contraído el mal de la burocracia, ni se han convertido en profesionales de la queja. Haríamos bien en fijarnos más en aquellos profesores que atraviesan cada día el umbral del aula con sed de aventuras e, inmunes al desaliento, se someten al implacable escrutinio de la mirada de sus alumnos, con los que firman un contrato no escrito, cuya principal cláusula reza: "No te defraudaré". Nos iría mucho mejor si tomáramos ejemplo de aquellos docentes para los que no hay casos perdidos, y que se siguen empeñando en enseñar a los escolares ideas que contradigan su visión de las cosas para hacerlos crecer. Sus lecciones no les dejan indiferentes y no terminan cuando suena el timbre. Sus palabras avientan pensamientos que seguirán arremolinándose en las cabezas de los estudiantes mucho tiempo después de que hayan dejado atrás los muros del colegio o el instituto.

En un mundo mejor la escuela contribuiría de manera decisiva a que los alumnos fueran dueños de sí mismos, descubrieran su propio camino en la vida y pudieran alcanzar el cénit de su personalidad. Cuesta imaginar una tarea más noble y hermosa que colaborar a que las personas florezcan por dentro. La educación, así entendida, constituye una actividad creativa, más parecida a cultivar un huerto que a domesticar un animal. Un profesor de torpe agudeza dijo una vez que el verbo educar se conjuga reflexivamente, y matizó con irónica seriedad: su acción recae sobre el sujeto. Debemos asumir la tarea de formarnos, muchas veces desaprendiendo. Ese es el verdadero cometido de la vida: cultivar, cultivarse. Como las plantas, una persona cultivada nunca deja de crecer.

REFERENCIAS BIBLIOGRÁFICAS

BAUMAN, Zygmunt (2010): *Los retos de la educación en la modernidad líquida*, Alcira Nélida Bixio (trad.), Barcelona, Gedisa, Pedagogía Social.

BONA, César (2016): *Las escuelas que cambian el mundo*, Barcelona, Plaza & Janés.

BONALS, Joan (2013): *La práctica del trabajo en equipo del profesorado*, Barcelona, Graó.

CARBONELL, Jaume (2015): *Pedagogías del siglo XXI. Alternativas para la innovación educativa*, Barcelona, Octaedro.

CARSON, Rachel (2012): *El sentido del asombro*, María Ángeles Martín (trad.), Madrid, Encuentro.

CELA, Jaume (2011): *Tú me aprendes. Memoria y olvido de un aprendiz de maestro*, Barcelona, Graó.

CHOMSKY, Noam (2002): *La (des)educación*, Gonzalo G. Djembé (trad.), Madrid, Austral.

CYRULNIK, Boris (2002): *Los patitos feos. La resiliencia, una infancia infeliz no determina la vida*, Tomás Fernández Aúz y Beatriz Egibar (trad.), Barcelona, Gedisa.

FELBER, Christian (2005): *La economía del bien común*, Silvia Yusta Deusto (trad.), Bilbao, 2015.

FERRÉS I PRATS, Joan (2009): *La educación como industria del deseo. Un nuevo estilo comunicativo*, Barcelona, *Gedisa.*

JUBANY, Jordi (2012): *Aprendizaje social y personalizado, conectarse para aprender*, Barcelona, UOC.

LIPMAN, Matthew (2016): *El lugar del pensamiento en la educación*, Manuela Gómez Pérez (ed.) (trad.), Barcelona, Octaedro.

McCOURT, Frank (2008): *El profesor*, Alejandro Pareja (trad.), Madrid, Maeva.

PENNAC, Daniel (1993): *Como una novela*, Joaquín Jordá (trad.), Barcelona, Anagrama, Argumentos n.º 137.

– (2008): *Mal de escuela*, Manuel Serrat Crespo (trad.), Barcelona, Random House.

RECALCATI, Massimo (2016): *La hora de la clase. Por una erótica de la enseñanza*, Carlos Gumpert (trad.), Barcelona, Anagrama, Argumentos n.º 504.

ROUSSEAU, Jean-Jacques (1988): *Emilio o de la educación*, Antoni G. Valiente (trad.), Barcelona, Hogar del libro, Nova Terra n.º 21.

RUSSELL, Bertrand (1980): *Ensayos sobre educación*, Julio Huici (trad.), Madrid Espasa-Calpe, Austral n.º 1387.

STEINER, George y LADJALY, Cécile (2016): *Elogio de la transmisión*, Gregorio Cantera (trad.), Barcelona, Siruela, Biblioteca de Ensayo Serie Menor.

VAELLO, Joan (2013): *Cómo dar clase a los que no quieren*, Barcelona, Graó.

WILLINGHAM, Daniel T. (2011): *¿Por qué a los niños no les gusta ir a la escuela?*, Begoña Jiménez Aspizua (trad.), Barcelona, Graó.

31
LAS BELLAS HORAS DE UN INSIGNE JARDINÓPATA
(LA PASIÓN)

El verdadero jardinero se descubre delante del pensamiento salvaje.

JACQUES PRÉVERT

*E*l príncipe Hermann von Pückler-Muskau (1785-1871) perteneció a una raza ya extinta de viajeros estetas, escritores de borrascosa reputación y porte distinguido, pero por encima de todo fue un jardinópata como nunca se conoció, que dilapidó una incalculable fortuna llevado por su indómita pasión por los jardines. El carácter de un hombre es su destino, dijo Heráclito de Éfeso, y el del príncipe Muskau fue sin duda excesivo, incluso para un empedernido romántico como él, que encontró en el paisajismo un cauce para expresar su vehemente creatividad. No por casualidad sus contemporáneos le apodaron *toller* ("excéntrico") Pückler. Este calificativo adquiere con él un nuevo significado.

Miembro de una antigua familia de la nobleza de Silesia, heredó en 1811 la baronía de Muskau, una propiedad de más de quinientas hectáreas que se extendía a lo largo de las dos orillas del río Neisse, frontera natural y política entre Alemania y Polonia. A su vuelta de una estancia en Inglaterra, donde se había quedado fascinado por la belleza informal de Stourhead, Hawkstone, Stowe y otros parques paisajistas, se propuso imitar su ejemplo y convertir su feudo en uno de ellos. Para llevar a cabo esa colosal empresa de proporciones homéricas, que se prolongó la friolera de treinta años y que absorbió una incalculable cantidad de recursos financieros, no vaciló en mover montañas de tierra, trasladar de sitio pueblos enteros, plantar bosques y erigir castillos.

Menos que perfeccionar el paisaje, pretendía crear una obra de arte integral. Su megalomanía solo es comparable a su excentricidad. Buena prueba de lo primero es que el parque Muskau es con mucho el más extenso de Europa central. Posee una superficie mayor que la del Central Park (340 hectáreas) de Nueva York, el Hyde Park (140 hectáreas) de Londres y el jardín de Luxemburgo (25 hectáreas) de París juntos. Y para hacernos una idea aproximada de hasta dónde podía llegar su extravagancia, baste recordar que contrató a un veterano soldado como ermitaño, para que ocupara la cabaña que había mandado construir en un recodo de su majestoso dominio siguiendo el ejemplo de los parques ingleses, donde proliferaban este tipo de construcciones.

Por más extraño que pueda parecer, no fue infrecuente que se animasen esas toscas construcciones, muchas veces de troncos, ramas o raíces, con la presencia de un anacoreta de carne y hueso, en ocasiones acompañado de otros elementos de atrezo como ataúdes y calaveras que, seguramente, suscitaban una mezcla de fascinación y repulsión en los visitantes. A título de curiosidad recordemos que, para el sublime jardín de Hawkstone (Shropshire) y el parque paisajista de Charles Hamilton en Painshill (Surrey), se buscaron a través de anuncios en la prensa individuos dispuestos a ejercer el oficio de ermitaño a cambio de un techo, un plato de comida caliente y una nada desdeñable suma de guineas anuales. Entre sus obligaciones, a juzgar por algunos de los contratos que han llegado hasta nuestros días, estaba vestir una áspera túnica, no cortarse las uñas ni la barba, portar una biblia, residir de forma permanente en la cabaña y no intercambiar palabra alguna con el servicio ni los visitantes. Cuando no se encontraba a nadie dispuesto a cumplir esas arduas obligaciones, se optaba por instalar en su lugar una figura de cera o un autómata.

El parque abraza la ciudad de Bad Muskau como un anillo, que se funde con las tierras de labor circundantes y se interna en la ciudad a través de corredores verdes. Desde el castillo medieval, reconstruido en 1860, se despliega una red de caminos que articula el espacio, donde se mezclan con un eclecticismo no exento de elegancia y rigor terrazas con parterres *de broderie* y vistas al río y al lago, praderas que se pierden en lontananza, salpicadas de árboles y arbustos y zonas boscosas en las que no penetra el sol. Otro tanto cabría decir de las variopintas construcciones diseminadas por el parque, que, pese a pertenecer en teoría a estilos y tradiciones dispares, en la práctica conforman una unidad orgánica y fluida. El exotismo de una *orangerie* o un embarcadero con góndolas se conjuga con el pintoresquismo paisajista de una ermita de inspiración gótica, una fortaleza medieval, un romántico *cottage* inglés o un puente palladiano. No faltan tampoco instalaciones características del cientifismo decimonónico como invernaderos, pajareras o un *arboretum*, junto a estructuras más funcionales como pabellones, quioscos o cenadores. Se podría decir del parque Muskau lo mismo que lord Byron dijo de la *Divina Comedia*: "No falta nada, no sobra nada". Su naturalidad es el resultado de una modificación profunda del territorio y de una elaborada planificación. Su aparente falta de artificio tal vez sea la más sofisticada forma de artificio. Esta frase extraída de su tratado, bellamente ilustrado, *Consideraciones sobre el jardín paisajista* (1834), revela claramente sus intenciones: "Crear de la totalidad del paisaje natural un cuadro concentrado y hacer de la naturaleza un ideal poético…, una gran obra de arte delimitada solo por el horizonte". Se vale incluso de abrigos móviles y otros ingeniosos artilugios para lograr vencer los rigores del clima y conservar artificialmente magnolias, azaleas, adelfas, ciruelos y otras plantaciones características de los jardines ingleses.

A tal punto llegó la jardinomanía del príncipe Muskau que propuso a su esposa, la condesa Lucie von Hardenberg, hija del canciller de Prusia, divorciarse "proforma", es decir, nominalmente, pero sin separarse de hecho, a fin de poder contraer nupcias con una rica heredera y emplear su dote para enjuagar las deudas que había ido contrayendo y poder seguir así sufragando sus ambiciosos proyectos jardinísticos sin cortapisas ni limitaciones. Con esa idea en la cabeza viajó a las islas británicas, donde pasó casi dos años buscando infructuosamente una candidata idónea. Por más que lo intentó, no consiguió con sus encantos persuadir a ninguna acaudalada dama. Fruto de esa singular experiencia como cazafortunas *verdólatra* escribió un libro titulado *Tour of a German Prince (1831-32)*, que metió mucho ruido en su época.

En vista de que no encontró un alma caritativa que financiara sus planes y la sangría económica tampoco cesaba, se vio en la disyuntiva de tener que deshacerse de su arcadia particular. Corría 1845 cuando con sesenta años cumplidos liquidó sus propiedades de Muskau, vendió su baronía y se mudó al castillo de Branitz donde, sin reparar en gastos, transformó las setenta hectáreas de terreno plano y más bien monótono que acababa de adquirir en otro suntuoso parque paisajista. Seguramente se hubiera arruinado de nuevo llevando a cabo ese proyecto si la muerte no hubiera puesto fin antes a su excesiva vida. Poco antes de rendir su último aliento con ochenta y seis años, el viejo príncipe, en un gesto muy suyo, había intentado alistarse para combatir en la guerra franco-prusiana. Sus restos mortales reposan, siguiendo sus precisas instrucciones, bajo una pirámide de tierra de veinte metros de altura, que hizo erigir en Branitz y que es conocida como el Túmulo. Esa pintoresca tumba en un parque ya de por sí pintoresco representa la última extravagancia de un príncipe con vida de opereta.

El parque Muskau fue escenario de encarnizados combates durante la Segunda Guerra Mundial, a resultas de los cuales resultó horrorosamente desfigurado. Para frenar la ofensiva soviética sobre Berlín, los cuatro puentes sobre el río Neisse fueron destruidos, y otro tanto sucedió con el castillo nuevo y el viejo. Al finalizar la contienda, se trazó la nueva frontera germano-polaca siguiendo el cauce del río, por lo que dos terceras partes de su superficie quedaron en el lado polaco y el resto en suelo alemán. Cuando cayó el muro de Berlín y se dio por acabada la Guerra Fría, las autoridades decidieron también reunificar el parque como símbolo de la reconciliación entre ambos países. Esa ejemplar demostración de colaboración política obtuvo el reconocimiento de la Unesco que, en el año 2004, incluyó Muskau en la lista de monumentos Patrimonio de la Humanidad. Los trabajos de restauración, que todavía continúan, han sido respetuosos con la estructura original del parque y la gramática paisajista de su creador, quien ha ejercido una notable influencia en el urbanismo moderno, especialmente en Estados Unidos.

ASSING, Ludmilla (2013): *Fürst Hermann von Puckler-Muskau. Eine Biografie (1873)*, Nordersted, Vero Verlag.

BROWN, Jane (1999): *The Pursuit of Paradise. A Social History of Gardens and Gardening*, Londres, HarperCollins.

BUTTLAR, Adrian von (1993): *Jardines del Clasicismo y el Romanticismo*, José Luis Aristu (trad.), Madrid, Nerea.

HUSSEY, Cristopher (2013): *Lo pintoresco. Estudios desde un punto de vista*, Javier Maderuelo (ed), Maysi Veuthey (trad.), Madrid, Biblioteca Nueva, Paisaje y Teoría.

KLUCKERT, Ehrefried (2011): *Grandes jardines de Europa. Desde la Antigüedad hasta nuestros días*, Rolf Toman (trad.), Barcelona, H.F. Ullmann.

PÜCKLER-MUSKAU, Hermann von (2013): *Hints on Landscape Gardening*, John Hargraves (trad.), Birkhäuser.

— (2014): *Aperçus sur l'art du jardin paysager (1861)*, Eryck de Rubercy (trad.), París, Klincksieck, L'esprit et les formes.

— (2014): *Petite revue des parcs anglais* (1843), París, Klincksieck, L'esprit et les formes.

SIMMEL, Georg (2013): *Filosofía del paisaje*, Mathias Andlau (trad.), Madrid, Casimiro.

32

NO ENTRE AQUÍ QUIEN NO AME LOS JARDINES
(LA VOLUNTAD)

> En el campo del universo recoges lo que
> siembras.
>
> PROVERBIO PERSA

UNA DERROTA GLORIOSA

*T*odo empieza en otra época y bajo otros cielos cuando el heredero al trono de Francia, Carlos VIII, que a la sazón contaba trece años, se dirigió hacia Italia a la cabeza de un ejército con el propósito de imponer los derechos dinásticos de la casa de Anjou sobre el reino de Nápoles. El joven monarca no logró su objetivo, pues hubo de doblegarse ante la alianza formada por el papa Alejandro VI, el emperador de la casa de los Austrias, Maximiliano I y el duque de Milán, Ludovico Sforza el Moro. Al retirarse sin gloria ni honor de las tierras italianas, incorporó a su séquito a jardineros, fontaneros, botánicos y eruditos humanistas. Esa variopinta e insólita tropa sería la encargada de reproducir en su castillo de Amboise un jardín como el de Poggio Reale y otras villas napolitanas, cuya métrica precisa, audacia formal y encanto sin parangón habían seducido al joven soberano. En una carta que dirige a su hermano, el duque de Borbón, deja un vivido testimonio del deslumbramiento que estos le habían causado: "No podéis imaginar los bellos jardines que he visto en esta ciudad, porque, a fe mía, parece que solo falten Adán y Eva para hacer de ellos un paraíso terrenal, hasta ese grado son bellos y están llenos de toda clase de cosas buenas y singulares, como espero contaros cuando os vea".

Nápoles había conquistado a su conquistador y cuando este cruce los Alpes portará un botín más valioso que todas las riquezas del reino: la simiente del jardín renacentista. La idea de un espacio ordenado geométricamente y abierto al paisaje exterior cobrará en suelo galo un nuevo significado. Los parterres, los canales, las estatuas, los laberintos y los pabellones, entre otros elementos de la tradición italiana, se pondrán al servicio de una gramática del paisaje revolucionaria. La original puesta en escena de estas islas de verdor anticipa ya las suntuosas escenografías de los jardines formales franceses del siglo posterior.

El rey morirá antes de cumplir los veintiocho años por culpa de un accidente de caza, lo que le impedirá disfrutar de su sueño napolitano trasplantado al valle del Loira. Su sucesor Luis XII completará las obras del castillo de Amboise. Los grabados de Jacques Androuet Du Cerceau nos permiten hacernos una idea del esplendor de sus jardines. Por lo mismo que existen victorias pírricas hay derrotas que, vistas desde la perspectiva de los años, resultan gloriosas.

UNA BELLEZA QUE ALIMENTA

La distinción entre plantas ornamentales y comestibles no es solo arbitraria sino también confusa. Algunas de las hortalizas y frutas que más consumismos fueron consideradas antaño decorativas. Sin ir más lejos, el melón, la sandía o el tomate no se empezaron a ingerir como alimentos hasta finales del siglo XVIII, siendo más apreciados hasta entonces por su color y forma que por su sabor y valor nutritivo. Productos hortofrutícolas muy populares en la actualidad se tuvieron en otro tiempo por exóticos. La patata era tan rara en las vísperas de la revolución francesa que Luis XVI se ponía su flor en el ojal de la levita.

El maíz, el girasol, el tabaco, el tomate o el pimiento, entre otras plantas amerindias, o la berenjena, de procedencia asiática, suscitaban curiosidad y desconfianza a partes iguales entre los europeos del Renacimiento, que fantaseaban sobre sus propiedades curativas y mágicas. Estas maravillas o prodigios de la naturaleza, convertidos en piezas de colección, se aclimataron en los jardines botánicos antes de abrirse paso hasta nuestras mesas. Por lo demás, nos sorprendería saber cuántas de las especies que creemos autóctonas y representativas de nuestros territorios son oriundas de lugares remotos. Baste recordar que naranjos, limoneros y mandarinos fueron traídos desde el extremo oriente por los árabes, que el ciprés es originario de Persia y el eucalipto de Australia.

Y por lo que se refiere a sus cualidades estéticas, no hay razón alguna para pensar que el vivo follaje de los acantos es más precioso que el de las lechugas, que las flores de la alcaparra o el cebollino son menos delicadas que las caléndulas o los tulipanes, que las alubias desmerecen como trepadoras de los jazmines, por no hablar de las exuberantes formas y vistosos colores de la calabaza, el girasol o la zanahoria, cuyas cualidades plásticas no tienen nada que envidiar a los más primorosos arbustos. Las fronteras entre lo productivo y lo ornamental, entre lo funcional y lo artístico, entre lo comestible y lo decorativo no son ni claras ni inamovibles, como sucede en el jardín de Villandry, donde se pinta con verduras un paisaje excepcional. Su propietario, Joaquín Carvallo, desacreditó esa artificiosa distinción entre plantas de avituallamiento o despensa y de ornato o contemplación con estas palabras: "Un verdadero jardinero debe poseer los ojos de un pintor y de un decorador. No basta con cultivar hortalizas con cuidado. Se las debe ordenar según los colores y encuadrar con flores. Nada más simple ni más bello que un huerto".

IRONÍAS DEL DESTINO

Según la mitología griega, las Parcas trenzaban los destinos humanos. Podemos suponer que, en algunas raras ocasiones, sus hilos se enmarañan formando nudos difíciles de separar. Tal vez sea este el caso. Cómo explicar si no que alguien nacido en un pueblo de Extremadura en 1869 acabaría contrayendo matrimonio con una rica heredera norteamericana, para después convertirse junto a su flamante esposa en propietario del por muchos considerado el más hermoso jardín de un país conocido por la belleza de sus jardines. Joaquín Carvallo, o Joachim como lo llamaron en Francia, llegó a París con poco más de treinta años, la carrera de medicina recién acabada en la universidad Complutense de Madrid y más ambición que recursos para ampliar estudios junto al eminente profesor Charles Richet, quien en 1913 obtendría el premio Nobel de Medicina por sus investigaciones sobre la anafilaxia. Se había convertido en uno de sus más prometedores alumnos cuando conoció en el laboratorio de su protector a una becaria llamada Ann Coleman, proveniente de Lebanon (Pensilvania) que, como él, había llegado a la Sorbona a especializarse en fisiología.

Joaquín, huérfano desde la adolescencia, había estudiado merced a su tesón y a una modesta renta, proveniente de la venta de una fábrica de harinas propiedad de sus padres y que compartía con sus tres hermanos. Ella, por el contrario, era la menor de trece hijos de un magnate de la siderurgia, que acababa de morir y del que había heredado una nada despreciable fortuna. Pese a sus diferentes trayectorias vitales, se cayeron en gracia y pronto cristalizó entre ellos un tierno afecto. Pero a las diferencias de clase y posición se añadían otros impedimentos no menos arduos de superar, pues ambos pertenecían a naciones enemigas. En 1898 Estados Unidos había declarado la guerra a España so pretexto del hundimiento del buque Maine en las costas de Cuba. Mientras se enzarzaban en acaloradas discusiones sobre el conflicto armado que enfrentaba desde hacía unos meses a sus países, no podían dejar de mirarse. Sin casi darse cuenta, pasaron de discutir a cortejarse. Esa incipiente relación sentimental probablemente no hubiera acabado en boda sin la mediación del doctor Richet, pues la resistencia de la familia de la novia a emparentar con un español era notoria. Por fortuna, las buenas artes de su protector y el rápido desenlace de la contienda permitieron que la ceremonia se llevase a cabo.

El destino de Joaquín Carvallo siguió un rumbo inverso al de su país. Mientras este se hundía en la crisis tras la pérdida de Cuba, aquel salía de pobre y adquiría un estatus social inimaginable hacía bien poco. Esos esponsales de campanillas le reportaron de pronto fortuna y posición, lo que hubiera convertido a otra persona menos dotada y cabal en un ocioso engreído o un indolente nuevo rico. En su caso, liberarse del yugo del trabajo y nadar en la abundancia le permitió refundar su vida, hacer suya la causa del jardín renacentista y, como si hasta entonces hubiera estado esperando esa ocasión, dejar huella de su paso por este mundo como paisajista.

A su vuelta a Europa tras la boda la pareja se instaló en París, donde nacieron los tres primeros hijos de los seis que tuvieron. Muy pronto su residencia se reveló insuficiente para acoger a una familia que crecía rápidamente y a una colección de pintura española del siglo XVII en expansión. Buscando una casa más grande, barajaron la posibilidad de mudarse al campo. En esas estaban cuando descubrieron Villandry. En 1906 el matrimonio Carvallo-Coleman adquirió ese castillo, erigido en 1536 por Jean le Breton, ministro de finanzas de Francisco I, sobre una fortaleza del siglo XII conocida como Colombiers, por la suma de ciento veinte mil francos, a un anciano farmacéutico de la región que, ironías del destino, moriría dos días después de firmar la escritura.

Aunque el *château* amenazaba ruina y los jardines no eran ni sombra de lo que habían sido, Villandry conservaba un aura poética y un encanto intemporal, que sedujo a sus nuevos propietarios. Antes de que la familia Carvallo entrara a formar parte de su leyenda, este dominio había pasado por varias manos y había tenido una historia no menos azarosa que sus nuevos propietarios. Los descendientes de Jean le Breton conservaron en su poder Villandry hasta 1754, año en que adquirió la propiedad el marqués de Castellane, embajador del rey y miembro de una muy ilustre familia provenzal. Su nuevo dueño remodeló el interior del castillo para adaptarlo a las exigencias de la nobleza del siglo XVIII, y construyó las dependencias de estilo clásico a ambos lados del patio de entrada. Ya en el siglo XIX, y tras pertenecer durante un tiempo a Napoleón, el jardín renacentista se transformó en un parque paisajista, menos costoso de mantener y más acorde con los gustos estéticos de la época.

Dejando de lado una prometedora carrera como investigadores, Joaquín Carvallo y Ann Coleman consagraron todas sus energías vitales y su fortuna a devolver a Villandry su pasado esplendor. Lo que muchos juzgaron un pasajero capricho romántico pronto se convirtió en una misión. Durante dieciocho años, de 1906 a 1924, dedicaron una ingente cantidad de recursos a restaurar el castillo, del que no se conservaban más que los cimientos y la torre del homenaje, y a reconstruir con un celo científico los jardines.

UN HUERTO ORNAMENTAL

La guerra volvió a inmiscuirse en la vida de los Carvallo-Coleman. Si la disputa entre España y Estados Unidos por Cuba había torcido el rumbo de sus destinos y los había unido, la Primera Guerra Mundial marcará el futuro del castillo de Villandry. Este se convertirá en un hospital militar para atender a los heridos que llegaban del frente y sus propietarios volverán a ejercer la medicina por última vez. Para dar de comer al creciente número de pacientes y al personal sanitario, optarán por sustituir las plantas ornamentales por otras comestibles y crear un huerto improvisado donde antes había habido un jardín de recreo. Al acabar la contienda, en lugar de retornar a su estado anterior las tierras de cultivo, construirán en la parte baja de la propiedad un *jardin potager*. Y sus parterres en *broderie* serán plantados con acelgas, coles, zanahorias, lombardas, puerros, remolachas, achicorias y hasta cuarenta variedades de hortalizas de vivos colores. A pesar de los prosaicos elementos que siguen componiendo ese cuadro vivo o tal vez por eso mismo, resulta imposible no rendirse a su anacrónico encanto. Villandry es lo más cerca del cielo que se puede estar en esta tierra. Si es que este existe, no debe ser muy diferente de ese huerto humildemente señorial. Contemplar esos arriates de verduras ordenados con mano sabia no deja indiferente a nadie y explica a la perfección por qué muchas personas descreídas aún conservan la fe.

INVENTANDO EL JARDÍN TAL Y COMO ERA

Más que una restauración, los jardines son una recreación de los existentes en su día en el dominio de Villandry. Los Carvallo tuvieron la inteligencia y la sensibilidad para interpretar con rigor científico los escasos vestigios de su trazado original (los muros semienterrados de las terrazas, las rampas de las escaleras y el rastro desdibujado de los tres ejes) y reinventar, a partir de unas pocas pruebas documentales, un jardín que respira autenticidad. Para remediar los estragos del tiempo y que Villandry renaciera sin traicionar su pasado, se inspiraron en la obra de Jacques Androuet du Cerceau. Este arquitecto y teórico del jardín francés es autor de *Le Plus Excellents Bâtiments de la France* (1576), un documento excepcional para conocer las construcciones de su tiempo. Las planchas del libro recogen con todo lujo de detalles los planos de los castillos de Gallois, Amboise, Blois, Villandry y tantos otros dominios del Renacimiento francés, cuyos jardines fueron diseñados por el monje napolitano Pacello da Marcogliano. También consultaron los grabados de abadías benedictinas reunidos en el *Monasticon Gallicanum*. Tomando como guía esas ilustraciones y los tratados clásicos sobre el jardín francés de Olivier de Serres, Claude Mollet y Jacques Boyceau de la Barauderie inventaron los jardines de Villandry tal y como fueron.

Estos comprenden cinco hectáreas repartidas en cuatro espacios diferenciados: el jardín ornamental consagrado a las diferentes manifestaciones del amor, el de agua alrededor de un estanque cuadrangular en el que desemboca el canal, el de la música con arriates podados en forma de liras, arpas y candelabros, el de simples con plantas medicinales y aromáticas y el huerto ornamental con reminiscencias monacales, rodeado de un muro perimetral, que alberga nueve cuadros o arriates regulares en forma de cruz. Villandry es, tras Versalles, el jardín más visitado de Francia. Muy pocos de los cientos de miles de visitantes que recibe cada año sabe que en su rehabilitación intervinieron dos paisajistas españoles, para más señas andaluces: Antonio Lozano y Javier Winthuysen, que dejaron su impronta en sus arriates de sabor morisco.

Esa ejemplar restauración marcará época y establecerá las directrices a seguir en futuras intervenciones de recuperación de jardines históricos. Tal vez porque Joaquín Carvallo había sabido reinventarse a sí mismo como paisajista, fue capaz de reproducir el encanto de los jardines originales creando algo nuevo. Buena prueba de que había asumido conscientemente su nueva vida es que en 1924 fundó la

Demeure Historique, la primera asociación que agrupaba a propietarios de ilustres residencias señoriales y que sirvió de germen para la creación de una de las más famosas rutas turísticas europeas: *Les châteaux de la Loire*.

REFERENCIAS BIBLIÓGRÁFICAS

DE BOTTON, Alain (2008): *La arquitectura de la felicidad*, Barcelona, Lumen.

CARVALLO, Robert (1990): *Joachim Carvallo et Villandry. Ecrits et témoignages*, Château de Villandry.

CARVALLO, Inés (2008): *Joachim Carvallo, Ann Coleman et l'œvre accomplie*, Château de Villandry.

COLLOMBET, François (2006): *La route des châteaux de la Loire, La vallée des reines*, París, Les Éditions du Huitième Jour.

CONAN, Michel (1997): *Dictionnaire historique de l'art des jardins*, París, Hazan.

HANSMANN, Wilfried (1989): *Jardines del Renacimiento y el Barroco*, José Luis Gil Aristu (trad.), Madrid, Nerea.

JONES, Louisa (2008): *L'art de visiter un jardin*, Arlés, Actes Sud.

RACINE, Michel (dir.) (2001): *Créateurs de jardins et de paysages en France de la Renaissance au début du XIXe siècle*, tomo I, París, Actes Sud y École Nationale Supérieure du Paysage.

– (2007): *Guide des jardins en France*, tomos I y II, París, Eugen Ulmer.

LE DANTEC, Jean-Pierre (2003): *Jardins et paysages. Une anthologie*, París, Villette, Penser l'espace.

– (2011): *Poétique des jardins*, Arlés, Actes Sud.

33
EROTOMAQUIA VEGETAL
(EL SEXO)

> Huerto cerrado eres, hermana mía,
> huerto cerrado, fuente sellada. [...] Ven-
> ga, pues, mi amado a su huerto y coma
> del fruto de sus manzanas.
>
> CANTAR DE LOS CANTARES

*L*a palabra jardín ha encerrado desde siempre connotaciones eróticas, y no solo porque este represente un festín para la vista y un regalo para el olfato, sino también porque las flores, conviene recordarlo, son los órganos sexuales de las plantas. Cuesta resistirse a sus solicitaciones sensoriales y no solazarse con sus sensuales formas. Nadie permanece insensible a sus encantos a menos que padezca una honda pena o haya sufrido una grave pérdida. Los especialistas en enfermedades mentales consideran la frialdad emocional y la apatía ante las flores un síntoma inequívoco de depresión clínica y la prueba de un corazón abrumado por la tristeza y la falta de ganas de seguir viviendo. Ese síndrome ha sido bautizado poéticamente por Michael Pollan como "tedio floral". Por otro lado, muchos de los más potentes estimulantes de la libido y afrodisíacos son de origen vegetal.

El deseo carnal está ligado a las plantas desde el mismo *Génesis*. En el relato bíblico la manzana simboliza el fruto prohibido. Bastó que lo probase Eva para que adquiriese repentina conciencia de su desnudez y se apresurase a coser unas hojas de parra con las que cubrir su cuerpo y el de Adán. Desde entonces sus descendientes hemos sentido la necesidad imperiosa de tapar nuestra piel, no tanto para abrigarnos como por pudor. A pesar de haber sido el escenario del pecado original y la Caída, o tal vez por eso mismo, los jardines han constituido a lo largo de los siglos uno de los lugares preferidos por Eros para tender sus emboscadas a los mortales y hacerles perder la cabeza para ganar su corazón. No por nada una de las fantasías

sexuales más universales consiste en mantener un encuentro carnal en plena naturaleza, en hacer el amor en un jardín. Muchos estarán de acuerdo en que así comienza la odisea de la humanidad, que, de hecho, ese es su mito fundacional.

Quién sabe si porque hieren menos los oídos de las personas virtuosas o porque resultan más excitantes, los nombres de las flores y las frutas se han utilizado en todas las épocas y culturas para referirse metafórica o eufemísticamente a los órganos sexuales u otras partes del cuerpo de las mujeres y los hombres, quienes han camuflado así sus intenciones indecorosas, lascivas o impúdicas. Estas asociaciones se producen en ocasiones por semejanza o analogía (peras, higos, granadas, capullo, rosas, ciruelo) y otras por asociación (sembrar, empinar, empalmar, regar, plantar). Se diría que las obscenidades suenan menos obscenas, o más finas, si se utiliza el léxico de la naturaleza con un sentido equívoco. Podríamos citar aquí infinidad de ejemplos, pero nos contentaremos con recordar unos ilustrativos versos de David Herbert Lawrence (1885-1930), extraído de su poema "Higos", cuyas apenas veladas connotaciones eróticas no hace falta ser un filólogo para entender:

> Higo, fruto del misterio femenino, recubierto e íntimo,
> fruto mediterráneo, con tu recubierta desnudez
> donde todo sucede invisiblemente, florecimiento
> y fertilización y fructificación
> en lo íntimo de tu ser que jamás verá ojo alguno
> hasta que esté terminado, y tú estés más que maduro
> y estalles para liberar tu alma.

Las metáforas vegetales no solo son del agrado de los literatos sino también de los científicos. Un buen ejemplo lo constituye Carl Linné (1707-1778), quien elaboró a mediados del siglo XVIII un sistema de clasificación de todos los seres vivos, aún vigente en nuestros días, utilizando la nomenclatura binomial, lo que facilitaba la identificación de las especies y su ordenación en un modelo coherente del mundo natural. Ese esfuerzo por dar nombre a todas las criaturas del reino animal y vegetal le valió entre sus admiradores el apodo de Príncipe de los Botánicos y Segundo Adán, y entre sus detractores la acusación de botánico pornógrafo, ya que fundamentaba su clasificación de las plantas en las características sexuales. Si bien esto mismo contribuyó decisivamente a la aceptación y popularización de su método por su sencillez y claridad, le granjeó una fama entre sus más recatados contemporáneos de obsceno, impúdico y licencioso. Lo cierto es que, en ocasiones, llevó demasiado lejos la analogía entre la sexualidad de las flores y los humanos, como cuando identificó los estambres con los maridos y los pistilos con las esposas. Unas líneas de su temprana obra *Sponsalia Plantarum* (1729) nos pueden ayudar a entender por qué sus comentarios suscitaban tanta polémica:

> Los verdaderos pétalos de la flor no contribuyen en nada a la generación, sirven solo como lecho nupcial que el Creador ha preparado, a su mayor gloria, con preciosas cortinas y fragantes aromas, para que el novio y la novia puedan celebrar allí dentro sus nupcias con la mayor solemnidad. Cuando el lecho está preparado, entonces es el momento de que el novio abrace a su amada y se entregue a ella.

Las siguientes páginas ofrecen un recorrido imaginario, pero no por ello exento de veracidad, por la historia clandestina del jardín. Los lectores deben saber que tanto los nombres de los personajes como los episodios que se cuentan son inventados, y cualquier parecido de estos con la realidad mera coincidencia.

ARDOR Y VERDOR

Aquilino de Tours, Ambrosio el Docto, Diodoro Nepomuceno, Epifanio y una larga lista de santos padres de la Iglesia abordaron en los primeros siglos, con una voluntad más edificante que censora, asuntos tan peliagudos y espinosos doctrinalmente hablando como si era inmoral domesticar y vallar la naturaleza para deleite humano, si extraviarse en la contemplación de las plantas podía descarriar el alma por los vericuetos del vicio y la disipación, e incluso si era posible llegar al clímax paseándose por un vergel. En sus escritos se alude no pocas veces al caso de Calpurnia, de la familia Julia, esposa del cónsul romano Lucio Cornelio Balbo, una señora que, al parecer, experimentaba un goce perverso en presencia de las flores. Sus aromas despertaban los apetitos venéreos de aquella noble patricia, según cuenta Plinio el Joven en una de sus epístolas, muchas veces citada por los santos padres en apoyo de sus argumentos.

Si hemos de creer al escritor romano, durante una improvisada visita que realizó a su villa de Isquia presenció la siguiente indecorosa escena. Mientras aguardaba a ser recibido, sentado en un banco del jardín, llegó a sus oídos lo que, en un primer momento, tomó por los trinos y gorjeos de los pájaros encerrados en un cercano *aviarium*, pero que resultaron ser los gemidos de placer de la dueña de la casa que deambulaba entre los floreados arbustos de lilas. Observó a hurtadillas con una mezcla de estupor y diversión cómo esa mujer, a la que describe como una matrona otoñal, atractiva sin ser guapa, de anchas caderas, con un cabello negro ensortijado y una voz aflautada, se estremecía presa de una gran excitación y, con la respiración acelerada, alcanzaba un volcánico orgasmo mientras se paseaba bajo una pérgola cubierta de rosas trepadoras. Pese a ser un hombre aplomado, de amplio entendimiento y viva imaginación, reconoce que no supo si atribuir el *furor hortensis* de Calpurnia a su natural falta de recato, a su exacerbada sensibilidad o a un rito esotérico celebrado en honor de Flora, la diosa de los jardines, pero que, tras ese desahogo, se la veía radiante, pletórica, casi borracha de felicidad. Le chispeaban los ojos, le brillaba la piel y una sonrisa impúdica, llena de recovecos, se dibujaba en sus labios.

MESTER DE JARDINERÍA

Cuesta creer que en la Baja Edad Media hubiera monjes que abandonaron el cultivo de sus humildes huertos y jardines para no sucumbir a la tentación de la sensualidad vegetal y enviciarse con la fragancia de las flores. Refiere san Jerónimo en su obra *De viris illustribus* cómo muchos siervos de Cristo desertaron de la azada y el rastrillo durante los siglos IV y V para no poner en peligro su alma inmortal y comprometer su salvación. Y, parapetándose de las asechanzas del pecado entre los desnudos muros de su celda, renunciaron a plantar para no ser traicionados por sus sentidos y evitar que zozobrase su fe.

Es también conocida la historia de la priora de la abadía de Santa Engracia, en la Apulia italiana, que prohibió a las novicias trabajar la tierra, porque al parecer, volvían del huerto suspirando, con un destello extraño en las pupilas y las mejillas arreboladas de deseo. Antes de que acariciaran con una mirada lúbrica, cargada de fogosas intenciones, los puerros, los pepinos, las zanahorias y otras hortalizas necesarias para el sustento de la comunidad y, arrepintiéndose de sus votos, se dejasen arrebatar por fantasías voluptuosas, la madre superiora optó por asignar las pesadas labores de recolección, desoyendo el buen juicio y la compasión cristiana, a las hermanas de más edad.

Varios siglos antes, San Agustín, el doctor de la gracia, ya había prevenido contra la *concupiscentia occulorum* y el riesgo de dejarse prender por las bellezas terrenales y solazarse con las sensuales formas vegetales. Así y todo, en las obras de los padres de la Iglesia nunca acaba de estar claro si en un jardín uno se encuentra más cerca del corazón de Dios o de caer en las sensuales tretas del Maligno, si esa naturaleza embellecida anticipa las promesas celestiales o pone a prueba la firmeza de la virtud y aboca a los suplicios del infierno. Sea como fuere, cada vez que los teólogos cristianos intentaban describir en sus sermones y homilías las maravillas que aguardaban a los justos en la otra vida, acababan irremediablemente engalanando su relato con la descripción de praderas de ensueño, campos alfombrados de flores y frondosos árboles, como si resultara imposible imaginar la gloria eterna sin el verdor de las plantas.

EN POS DEL EDÉN

De entre todas las herejías apocalípticas que conmocionaron a la cristiandad durante la Baja Edad Media, la de los *jardinistas* tal vez sea una de las más desconocidas, pero no por ello una de las menos influyentes. Su líder, del que ignoramos a ciencia cierta cuándo y por qué decidió convertirse en predicador errante, se llamaba Aquilino. Mientras deambulaba de villa en villa por la región de Tours con el hato a cuestas, se fueron congregando a su alrededor para escuchar sus incendiarios sermones y sus descripciones turbadoras del final de los tiempos un número creciente de enfervorizados seguidores, que no tardaron en considerarlo un santo viviente y en constituirse en una milicia espiritual. Predicaba la inminente llegada de la Jerusalén Celeste, como tantos otros mesías antes y después de él. Su doctrina, heredera de la larga tradición milenarista que veía por doquier señales que anunciaban "el tiempo último de las tribulaciones" (sequías, hambrunas, guerras, pestes y demás calamidades), no tenía nada de novedoso a no ser por la descripción que, siempre según las declaraciones de los inquisidores, hacía de ese Reino de los Santos, engalanado con frondosos jardines de recreo y feraces huertos a rebosar de todo tipo de frutas y hortalizas.

Convencido de que el sexo es incompatible con la vida piadosa, de que envilece el alma y disipa las fuerzas vitales, Aquilino de Tours animaba a desriñonarse trabajando la tierra para disipar los ardores de la carne y expiar los pecados. La idea de mortificar el cuerpo para purificar el pensamiento y liberar el alma no era, desde luego, nueva, pero sí la forma en que proponía honrar al creador, el divino hortelano. Esa doctrina se abrió paso entre los desheredados y desposeídos que, animados por la creencia en una pronta salvación colectiva, cayeron presos del *furor hortensis*. Sus prosélitos pasaban los días cavando y arando con un fervor misionero. Mientras perfeccionaban ese ascético modo de vivir, creaban huertos y jardines de incomparable belleza. Esos fragmentos del paraíso eran el principal argumento a favor de las doctrinas de Aquilino de Tours, cuyo carisma no cesaba de crecer. Todo su credo espiritual se resumía en esta consigna, convertida en un grito de guerra por sus adeptos: "¡Plantad el cielo!"

Cuidar de sus huertos y jardines era su manera de retornar a la pureza de los orígenes previos a la caída y el pecado, al tiempo anterior al tiempo, cuando la tierra ofrecía generosamente sus frutos a Adán y

Eva sin necesidad de herirla con el arado ni de golpearla con la azada. Su fanatismo les indujo a creer que podrían reconstruir el Paraíso Terrenal. En esas estaban cuando las huestes papales tendieron una emboscada a esos devotos destripaterrones y los aniquilaron a sangre y fuego. El resplandor de las llamas, que consumían las ciudades y los pueblos de la fraternidad *jardinística*, iluminó las noches durante todo el otoño y el invierno de 1214. Ese *jardinocausto* acabó con los seguidores de Aquilino de Tours, pero no con sus enseñanzas prácticas que, como las malas hierbas, rebrotaron con las primeras lluvias primaverales. Aún hoy, en ningún lugar de la Tierra se está más cerca del Edén que en aquella región de fértiles huertos y maravillosos jardines.

CRÓNICA ABRUPTA DE AMOR CORTÉS

Al final de Medievo, los torneos fueron cediendo el terreno a las justas poéticas y los cantares de gesta, llenos de metáforas guerreras, dieron paso a la lírica provenzal trufada de simbolismos florales y alegorías jardineras. Los impetuosos, aguerridos y rudos caballeros perdieron su ascendiente sobre las damas en beneficio de los trovadores de maneras obsequiosas y verbo lisonjero. Mientras aquellos intentaban conquistar la fortaleza de su corazón haciendo marciales alardes de bravura y varonil hombría en una batalla sin cuartel, estos procuraban desarmar sus defensas con finura, ternezas y palabras arrebatadas. Las asediaban con sus atenciones y su devoción incondicional, e intentaban granjearse su favor convirtiéndose en sus vasallos y rindiéndoles pleitesía como a su verdadero y único señor feudal.

El escenario de aquella revolución sentimental fueron los *hortus deliciarum*, o jardines de las delicias, cultivados entre los muros almenados de los castillos y los palacios. En esos salones al aire libre, nobles y refinadas damas de letras presidían el tribunal de las llamadas cortes de amor, en las que se sometían a examen con un rigor no exento de sensualidad, discordias sentimentales, y se sostenían vigorosos duelos verbales sobre los lances del corazón. Por más que se tratase únicamente de un juego de salón, se invertía el orden establecido y el poder recaía, siquiera momentánea e ilusoriamente, en manos de la mujer, convertida en dueña de sus rendidos admiradores. La arrogancia del deseo varonil quedaba subyugada al sagaz ingenio femenino, y el jardín se convertía en el poético escenario de una utópica ginecocracia.

En esas discusiones galantes, como en los poemas de los trovadores, cultivar el terreno, abrir surcos, sembrar la simiente, cosechar el fruto, retoñar, germinar y un sinfín de términos tomados prestados del arte de los jardines y la horticultura se impregnaban de un sutil erotismo, se cargaban de sobreentendidos, resabios y segundas intenciones, se enriquecían con nuevos e impúdicos significados, que se prestaban a equívocos y permitían hablar, pudorosa y desinhibidamente a la vez, de las pasiones carnales. Esa sofisticada ambigüedad fue el motivo de no pocos malentendidos, algunos con terribles secuelas. Uno de los episodios más sonados tuvo lugar en la corte de Leonor de Aquitania, cuando el amor de la reina y su protegido anduvo en romances de casa en casa. Corría por las villas una historia maliciosa acerca del verdadero significado de aquellos versos que hablaban de "un mullido lecho de flores donde yacer", "del verdor de la dulce estación que calienta la sangre" y "de abrir la puerta de ese vergel delicioso".

A nadie se le escapaban las intenciones apenas veladas tras esos improcedentes ripios, que acabaron costándole caro a su autor. Alguien más comedido o menos indiscreto no hubiera llevado tan lejos su arrebato lírico, ni dejado transparentar tan ingenua como maliciosamente sus sentimientos. El imprudente rimador contravino las leyes no escritas del amor cortes, mancilló sin pretenderlo el honor de su señora, una perfecta casada, y de paso ultrajó a su marido, un perfecto caballero. Acaso porque solo podía ver por los ojos de su dama, no supo percibir la afrenta que había cometido, ni prever sus consecuencias. De nada le sirvió esgrimir sus armas oratorias, templadas en las cortes de amor, cuando el filo de la espada real le cercenó el pescuezo. La vanidad es la serpiente en el jardín de los enamorados, según enseñan las escrituras, y repitieron hasta la saciedad los trovadores en sus composiciones.

Los jardines barrocos guardan el secreto de muchas citas galantes, encuentros amorosos furtivos, líos de faldas y pasiones prohibidas. Reyes y princesas, nobles y lacayos, militares y cortesanas se escondían de las miradas indiscretas en el interior de los pabellones de caza, las *orangeries*, los ninfeos, los bosquetes y las *chambres de verdure* para mantener relaciones íntimas. Esos escenarios casi teatrales parecían hechos a propósito para la coquetería, el flirteo y la frivolidad. Según cuentan las malas lenguas, el marqués de Condé sedujo en el parque de Chantilly a madame de Sevigné durante un paseo en carruaje. Es sabido también que, so pretexto del miedo que pasaban, no pocas cortesanas se echaron en brazos de Luis XIV mientras este las guiaba por el laberinto de Versalles. Se cuenta que la marquesa de Rambouillet tenía dada la orden al jardinero jefe del parque de Sceaux de que pusiera en funcionamiento las fuentes cada vez que, en compañía de su palafrenero, se perdía en la espesura de los bosquetes, a fin de que el murmullo del agua ahogase sus jadeos de placer. El disoluto vizconde de Valmont sentía un goce perverso en desarmar a sus víctimas, poniéndoles ojos tiernos y engatusándolas con pamemas y carantoñas, mientras las llevaba a dar un paseo por la rosaleda de su palacio. También era muy difícil resistirse a los encantos de la redomada robacorazones madame de Stäel, sobre todo en su exuberante jardín donde, según dicen las malas lenguas, cayeron en sus redes no pocos jóvenes. Es también conocida la historia de cómo el barón de Duby sorprendió en una gruta consagrada a las ninfas del parque de Saint-Cloud a su malcasada esposa en brazos de un embaucador conde, que le calentaba las orejas con ternezas y lisonjas mientras con las manos exploraba su nacarada piel e intentaba liberar sus pechos del corpiño. Un libelo salido de la pluma del autor de *Las amistades peligrosas*, Choderlos de Laclos, cuenta cómo el señor de Neuilly se internó por las veredas de un dédalo vegetal siguiendo el tintineo de los pendientes y el frufrú de las enaguas de la despampanante madame Lafayette, por la que sentía debilidad; ella negaba habérselo encontrado pese a que el temblor de su voz, el desorden su ropa y su mirada retozona desmentían sus palabras.

Los jardines a la francesa no solo fueron el marco privilegiado de pasajeras aventuras y juegos de seducción con que huir del tedio de vivir e intentar resolver matemáticamente las incógnitas del amor, sino que también sirvieron de desencadenante de afectos duraderos y nobles pasiones del alma. Así sucedió con madame du Deffand, una mujer escarmentada de los hombres y todavía atractiva, y el caballero inglés Horace Walpole, quien creía estar vacunado contra el matrimonio. Durante un paseo por los jardines de las Tullerías se sintieron atraídos el uno por el otro e intimaron. Y muy poco tiempo después emprendieron una feliz vida en común. El amor de la princesa de Clèves por el barón de Holch también cristalizó durante una caminata por el parque de Vaux-le-Vicomte, en la que les sorprendió una tormenta y se refugiaron en las caballerizas. Mientras charlaban aguardando que escampase, se estableció una corriente de simpatía y complicidad entre ellos, que duraría la vida entera. Otro tanto le sucedió a Madeleine de Scudéry, quien vio por primera vez al que sería el amor de su vida, el barón de la Barre, en el curso de una recepción en el Petit Trianon. Bastó que intercambiaran una fugitiva mirada en medio de la concurrencia para que una súbita descarga de deseo les sacudiera por dentro y, presos de una gran excitación, retiraran la vista sabiendo que su destino estaba ya escrito.

EL FOGOSO GENIO DEL LUGAR

Los jardines paisajistas despiertan los más sublimes sentimientos e invitan a perderse en fantasías románticas y vagabundeos mentales. La visión de la bella campiña inglesa, perfeccionada por la mano invisible del jardinero, no deja insensible a nadie. Hace que el corazón del paseante solitario o acompañado se esponje y, tocado en lo más profundo por el espectáculo de la naturaleza, comience a latir de otro modo. Compartir la emoción del paisaje genera, qué duda cabe, una intensa sensación de intimidad. Esa vívida afinidad espiritual predispone a menudo a otros arrebatos no menos excelsos. Cuántas pasiones torrenciales y amores desbocados cristalizaron en los parques paisajistas con el telón de fondo de ruinas boscosas, ermitas pintorescas y desiertos templos consagrados a la filosofía o al amor.

A la vista de semejantes escenografías, que parecían sacadas de una ópera italiana, a los amantes de la poesía y la pintura les entraban tentaciones de rechazar las exigencias del decoro y la prudencia, desoír las convenciones sociales y, dando rienda suelta a sus impulsos, calmar sus ardores. Tal vez necesitasen creer que eran víctimas de los dardos de Cupido o de la maldición de un destino trágico para convencerse de que no podían hacer nada contra el deseo que derretía su alma y los atraía con un vigor más fuerte que ellos mismos. Y, en un estado de febril excitación, se revolcaban sobre la hojarasca que alfombraba el bosque.

Las raíces de los árboles crujían como los muelles de una cama y sus hojas se estremecían con los gemidos que salían de sus entrañas. La sombra de las nubes, que surcaban el cielo arrastradas por el viento, los cubría con una invisible sábana. Y el parque entero los envolvía como una segunda piel. Se vaciaba tanto la Tierra que solo se oía su respiración entrelazada. Embadurnados de barro, se acercaban más y más en el vacío del placer. Nunca habían estado menos solos. La fatiga del amor se apoderaba de ellos y les iba ganando el sueño, sin que deshicieran aquel abrazo que parecía no ir a acabar nunca.

FLORA INTESTINAL DEL LEVIATÁN URBANO

A mediados del siglo XIX surgirá la necesidad de crear los primeros pulmones verdes en las urbes occidentales para servir de solaz y esparcimiento de la pujante clase trabajadora. Cuando se ponía el sol y se levantaba el telón de la noche, los parques públicos se llenaban de personajes que parecían salidos de las páginas de sucesos de los periódicos de la época, y comenzaba otra representación que nada tenía que ver con la del día. Ese abigarrado y sórdido elenco de busconas, sodomitas, travestis, mendigos, borrachos, prófugos de la justicia, trasnochadores sin oficio ni beneficio y gente de mal vivir interpretaba a la pálida luz de la luna las fantasías inconscientes, las perversiones latentes y las pesadillas eróticas de la sociedad industrial. No es ningún secreto que, durante la época victoriana, proliferaron las denuncias por actividades impúdicas y comportamientos obscenos en los jardines. En Hyde, Kensington, Regent's, St James's, Victoria, Green y otros parques londinenses, los guardias notificaron a la policía casos de "tocamientos en bancos", "encuentros de pervertidos detrás de los macizos de flores", "vergonzosas conductas exhibicionistas", "impropias muestras de afecto al amparo de los setos", "felaciones en grado de tentativa en el quiosco de música", "mujeres con maquillaje excesivo y escasa ropa en actitudes procaces", "onanistas merodeando por los invernaderos" y toda clase de atentados contra la moral, el pudor y la decencia. La cúspide del vicio y la depravación la encarnó una pareja detenida en repetidas ocasiones por copular en las ramas de los árboles. En su declaración ante el juez esos reincidentes fornicadores reconocieron estar unidos por el sagrado vínculo del matrimonio y poseer una casa de su propiedad en el exclusivo barrio residencial de Chelsea.

No bastó con vallar los parques con altas verjas de hierro forjado, coronadas por afiladas puntas de lanza, instalar alumbrado público, ni siquiera imponer la costumbre de cerrarlos unas horas por las noches para acabar con las prácticas aberrantes y los delitos sexuales. Buena prueba de ello es que, en 1912, en el Central Park de Nueva York se detuvo a un individuo desfogándose sexualmente con un olmo, al que abrazaba como si se estuviera ahogando mientras le decía procacidades que hubieran hecho enrojecer a cualquiera. Aunque por razones evidentes fue ingresado en una casa de reposo para enfermos mentales, los psiquiatras no se pusieron de acuerdo sobre el diagnóstico y, menos aún, el tratamiento. Según algunos especialistas, el sentir atracción física por los árboles era una conducta poco habitual pero inofensiva, que podía encuadrarse dentro de las parafilias (la llamada "dendrofilia"). Otros, por el contrario, creyeron ver en su pertinaz inclinación a copular con troncos un rasgo de psicosis.

Corría el año 2345 cuando en el jardín de aclimatación de plantas extraterrestres de la universidad de Singapur sucedió algo que lo cambiaría todo y para siempre. En ese *hortus botanicus intergalacticus*, como también se conocía aquel conglomerado de laboratorios, búnkeres-invernadero, viveros estancos y otros pabellones con un aire entre militar y científico, se recreaban los diferentes hábitats y las variopintas condiciones bioclimáticas de los especímenes vegetales traídos desde los rincones más apartados del cosmos a lo largo de varios siglos de misiones espaciales, con el propósito de estudiar sus características biológicas y sus propiedades utilitarias. En aquellas instalaciones, que recordaban vagamente a un parque de atracciones, se podían contemplar plantas que no se parecían a ninguna otra, de colores para los que no existían palabras en el diccionario, y que desafiaban todas nuestras ideas preconcebidas sobre esas inmóviles y silenciosas criaturas. Las había con una habilidad excepcional para hacer la fotosíntesis en condiciones extremas, sobrevivir sin tierra, agua, aire o siquiera luz, capaces de parasitar o manipular a otros seres vivos, incluso a distancia, que dormían enroscadas sobre sí mismas como animales y que emitían agudos chillidos parecidos a los sollozos de un niño.

Algunos de esos extraños organismos, a los que solo tras un detenido examen se les podría encuadrar dentro del reino vegetal, ofrecían un aspecto engañosamente inofensivo. Los jardineros que cultivaban esos ejemplares solían seguir los más estrictos protocolos de seguridad e interponer infranqueables barreras de protección para no arriesgarse a sufrir los efectos narcóticos, hipnóticos o alucinógenos de los compuestos volátiles que expelían al aire, caer fulminados por sus esporas asesinas o contraer enfermedades para las que todavía no había nombre. Todos las precauciones eran pocas cuando se trataba de formas de vida vegetal venidas del espacio exterior, inteligentes como ellas solas, con complejos comportamientos, a menudo por encima de la comprensión de los botánicos más preparados, y extraordinarias habilidades, imposibles de imaginar a simple vista, como las de la cactácea *Epiantropa* (del griego, *epí*, "sobre", y *anthropos*, "humano").

La poseedora de ese nombre era una planta o, mejor sería decir, familia de plantas, que alguien con poca imaginación hubiera tomado por una especie poco común de cactus, con pelo en lugar de púas y de color violeta en vez de verde. Ninguna de sus características visibles llamaba la atención si exceptuamos su sistema reproductor. Por más extraño que pueda parecer, atraía a sus polinizadores de forma telepática, manipulándolos mentalmente a distancia, y no como suele ser lo habitual con el aliciente de un nutritivo y sabroso néctar, el reclamo de un encuentro sexual con una supuesta hembra de su especie o cualquier otra treta mimética o camaleónico ardid. Para facilitar la tarea de esparcir su simiente, la *Epiantropa* interfería las ondas cerebrales de sus víctimas, trastocaba sus neurotransmisores, colonizaba su psique y las transformaba en rehenes de sus deseos sin que se diesen cuenta. Ese comportamiento, al que solo cabía calificar de invasivo, no disparaba las alertas, ni activaba las defensas de los individuos afectados, que eran presa de un estado de placentera euforia, semejante al de las primeras fases del enamoramiento. Sus arrobados admiradores no podían dejar de mirarlas embobados y tributarles todo tipo de atenciones.

Cuando algunos seres humanos se dieron cuenta del enorme error que había sido tomar a aquellas plantas por lo que no eran, resultó demasiado tarde. Nada podía impedir ya que los indefensos *sapiens* cayesen en un trance vegetativo inducido por sus nuevos amos que, con la sabiduría acumulada de muchos mundos, se fueron extendiendo sin encontrar oposición por toda la faz de la Tierra. Así acaba esta historia y la Historia con mayúscula, como empezó hace millones de años en la noche verde de los tiempos.

REFERENCIAS BIBLIOGRÁFICAS

AÑÓN, Carmen *et al.* (1999): *Jardins en Espagne*, Arlés, Actes Sud.
– (2003): *Jardines de España*, Madrid, SEEI y Lunwerg Editores.
BARBU, Daniel *et al.* (ed.) (2003): *Mondes Clos. Cultures et Jardins*, Gollion, Infolio.

BARATON, Alain (2012): *Petit dictionnaire amoureux des jardins*, París, Plon.

BARIDON, Michel (2000): *Le jardin paysager anglais au dix-huitième siècle*, Dijón, Éditions Universitaires de Dijón, U21.

— (2004): *Los jardines, paisajistas, jardineros, poetas. Antigüedad- Extremo Oriente*, Juan Calatrava (trad.), Madrid, Abada Editores.

— (2005): *Los jardines, paisajistas, jardineros, poetas. Islam, Edad Media, Renacimiento, Barroco*, Juan Calatrava (trad.), Madrid, Abada Editores.

— (2008): *Los jardines, paisajistas, jardineros, poetas. Siglos XVIII-XX*, Juan Calatrava (trad.), Madrid, Abada Editores.

BAROZZI, Jacques (ed.) (2006): *Le goût des jardins*, París, Mercure de France.

BARZUN, Jacques (2001): *Del amanecer a la decadencia. Quinientos años de vida cultural en Occidente. De 1500 a nuestros días*, Jesús Cuéllar y Eva Rodríguez (trad.), Madrid, Taurus, Historia.

BLOM, Philipp (2012): *Gente peligrosa. El radicalismo olvidado de la Ilustración Europea*, Daniel Najmías (trad.), Barcelona, Anagrama, Argumentos, n.º 438.

GONZÁLEZ BUENO, Antonio (2008): *El príncipe de los botánicos*, Madrid, Nivola, Científicos para la Historia n.º 6.

BUSS, David M. (1996): *La evolución del deseo*, Celina González (trad.), Madrid, Alianza Editorial, El Libro de Bolsillo, n.º 1821.

CARROLL, Maureen (2003): *Earthly Paradises. Ancient Gardens in History and Archaeology*, Londres, The British Museum Press.

CONAN, Michel (2004): *Essais de poétique des jardins*, Città di Castello, Leo S. Olschki.

— (1999): *Perspectives on Garden Histories*, Harvard University, Washington, Dumbarton Oaks Colloquium on the History of Landscape Architecture XXI.

CRAVERI, Benedetta (1992): *Madame du Deffand y su mundo*, Esther Benítez (trad.), Madrid, Siruela.

CRISP, Frank (1979): *Mediaeval Gardens*, Nueva York, Hacker Art Books.

DE LORRIS, Guillaume y DE MEUN, Jean (1987): *Roman de la rose*, Juan Victorio (ed.), Madrid, Cátedra, Letras Universales, n.º 87.

DUBY, Georges (1982): *El caballero, la mujer y el cura*, Mauro Armiño (trad.), Madrid, Taurus, Ensayistas n.º 206.

GIESECKE, Annette y JACOBS, Naomi (2015): *The Good Gardener? Nature, Humanity, and the Garden*, Londres, Artifice, Books of Architecture.

GRIMAL, Pierre (1969): *Les jardins romains*, Paris, PUF.

HANSMANN, Wilfred (1989): *Jardines del Renacimiento y el Barroco*, José Luis Gil Aristu (trad.), Madrid, Nerea.

JELLICOE, Geoffrey y JELLICOE, Susan (1995): *El paisaje del hombre. La conformación del entorno desde la prehistoria hasta nuestros días*, Barcelona, Gustavo Gili.

LACARRIÈRE, Jacques (1964): *Los hombres ebrios de Dios*, Antonio Valiente (trad.), Barcelona, Ayma.

LAWRENCE, David Herbert (1982): *Poemas escogidos*, Marcelo Covián (trad.), Madrid, Visor.

MANGON, Marion *et al.* (2002): *Sur la terre comme au ciel. Jardins d'Occident à la fin de Moyen Âge*, París, Réunions des musées nationaux, Exposition Musée national du Moyen Âge- thermes de Cluny.

MARTÍN SALVÁN, Paula (2006): *El espíritu del lugar. Jardín y paisaje en la Inglaterra moderna*, Madrid, Abada Editores.

McDANNELL, Colleen y LANG, Bernhard (1990): *Historia del cielo*, Juan Alberto Moreno (trad.), Madrid, Taurus, Humanidades.

PALMER, José Simón (1999): *Historias bizantinas de locura y santidad. El prado de Juan Mosco, Vida de Simeón el Loco de Leoncio de Neápolis*, José Simón Palmer (pról. y trad.), Madrid, Siruela.

PRÉVÔT, Philippe (2006): *Histoire des jardins*, Luçon, Sud Ouest.

DE SCUDÉRY, Madeleine (1999): *La Promenade de Versailles*, París, Mercure de France, Le petit Mercure.

SATZ, Mario (2017): *Pequeños paraísos. El espíritu de los jardines*, Barcelona, El Acantilado, Cuadernos del Acantilado n.º 81.

SEGURA MUNGÍA, Santiago (2005): *Los jardines en la antigüedad*, Javier Torres Ripa (ed.), Bilbao, Universidad de Deusto.

– (2011): *Las plantas en la Biblia*, Bilbao y Madrid, Consejo Superior de Investigaciones Científicas y Universidad de Deusto.

SENNET, Richard (2007): *Piedra y carne. El cuerpo y la ciudad en la civilización occidental*, César Vidal (trad.), Madrid, Alianza.

SINCLAIR, Andrew (2000): *Jardins de gloire, de délices et de Paradis*, Florianne Vidal (trad.), París, J.-C. Lattès.

THOMPSON, Ian (2006): *Los jardines del rey sol. Luis XIV, André Le Nôtre y la creación de los jardines de Versailles*, Juan Luis Trejo Álvarez (trad.), Barcelona, Editorial Belacqva, El ojo de la historia.

VALLCORBA, Jaume (2013): *De la primavera al Paraíso. El amor, de los trovadores a Dante*, Barcelona, El Acantilado, Barcelona.

VON BUTTLAR, Adrian (1993): *Jardines. Del Clasicismo y el Romanticismo*, Madrid, Nerea.

BRUNON, Hervé (dir.) (1999): *Le jardin, notre double. Sagesse et déraison*, París, Autrement, Mutations n.º184.

34

'JARDINAUTAS' DEL AIRE
(EL HÁBITO)

> Caminar contemplando el paisaje, desde
> la Antigüedad, es uno de los más loables
> proyectos de la vida estética.
>
> RAFFAELE MILANI, *El arte del paisaje*

> La carne sedentaria es el auténtico peca-
> do contra el espíritu.
>
> FRIEDRICH NIETZSCHE, *Ecce Homo*

*P*ocas actividades hay más gozosas que caminar y, para colmo de bienes, no cuesta dinero y tampoco requiere planificación alguna. No tiene, por tanto, nada de extraño que algunos artistas y pensadores hayan apreciado la dimensión subversiva de moverse a pie, sin propósito ni meta, a la aventura, huyendo tanto de la aceleración como del sedentarismo, únicamente por el puro y simple placer de desentumecer el cuerpo y oxigenar la mente. Dar un paso detrás de otro puede parecer un gesto vulgar, casi mecánico y sin mayor trascendencia, pero tiene algo de insumisión a la velocidad impuesta por el mercado, de resistencia contra el imperativo capitalista de aprovechar el tiempo a toda costa y la repulsa consumista hacia la ociosa despreocupación y la sobriedad voluntaria. Siempre puedes levantarte de donde estés, meter las manos en los bolsillos del pantalón y echar a andar sin más. La frase anterior, que inmortalizó el director de cine John Ford, condensa la épica del nomadismo. En algunas ocasiones la mejor respuesta consiste en dejarse llevar por los pies. Así fue como los miembros de nuestra especie se extendieron por el planeta y, siguiendo la llamada del horizonte, colonizaron todos los nichos ecológicos. Y una vez asentados en el territorio, continuaron explorando los caminos del conocimiento y las rutas de la imaginación.

Aunque el *sapiens* moderno se haya convertido en sedentario, es por vocación y por naturaleza un vagabundo. Porque se deja arrastrar por la curiosidad o porque se pierde en ensoñaciones, vive bajo una estrella errante. Ni siquiera cuando duerme se queda quieto. Y confinarlo entre cuatro paredes tampoco impide que eche a volar la fantasía o sueñe con tierras lejanas. "Podéis encerrarme en una celda, que yo inventaré el mundo", escribió el poeta portugués Fernando Pessoa a través de uno de sus más célebres heterónimos: Álvaro de Campos. Mudar de personalidad o yo es, sin duda, una de las más sofisticadas maneras de moverse sin cambiar de sitio. Como quiera que sea, es muy larga la nómina de viajeros sedentarios que corrieron mundo sin salir de casa ni ir más allá de las tapias de su jardín.

Una forma de narrar la historia de este último es precisamente describirlo como un artefacto que permite pasearse por la naturaleza sin temer sus amenazas, sintiéndose a salvo de asechanzas y libre de sorpresas desagradables. En la época medieval, por no remontarnos más atrás, los monasterios y las abadías contaban con un claustro o deambulatorio, siguiendo el modelo del peristilo de la casa romana, por el que se paseaban los monjes y monjas mientras se extasiaban en la contemplación del *hortus conclusus*, tanto un recordatorio del paraíso terrenal como un anticipo del cielo. Esas caminatas sin principio ni fin les aproximaban a la experiencia de la infinitud y les permitían formarse una vívida idea de la gloria eterna.

Al llegar el Renacimiento se descubrirá el paisaje como una fuente de gozo sensorial e intelectual, y el jardín se abrirá al horizonte e incorporará las vistas de la campiña como una cuarta pared o un telón de fondo. Mientras los paseantes se deleitaban en la contemplación de las bellezas naturales, el arte de pensar con los pies adquirirá en las villas italianas un nuevo significado. Aunque este no contó con la protección de ninguna de las nueve musas clásicas, poetas, pintores, músicos y humanistas del *Quatrocentto* y el *Cinquencento* las cortejaron deambulando por las veredas de ese *locus amoenus*, en el que tenían su sede las academias creadas a imitación y semejanza de las primeras escuelas filosóficas. Durante el Barroco los jardines dejarán de ser un lugar de retiro y meditación y se convertirán en el escenario de una representación teatral, en la que los actores participaban también como espectadores. Los figurantes en esas coreografías cortesanas no andaban, algo propio de plebeyos, sino que lucían sus galas por las avenidas, paseaban sus sombras por las orillas de los estanques, se adentraban sigilosamente en los laberintos y perseguían los suspiros de las damas hasta el interior de los bosquetes.

Será a finales del siglo XVIII y bajo los cielos ingleses cuando los parques se concebirían como una sucesión de cuadros de paisaje. Pasearse por esa pinacoteca al aire libre se convirtió para el hombre sensible en un *jeu d'esprit* y en una actividad artística. Mientras deshacía un bucólico y sinuoso sendero, jalonado de escenas pintorescas, el paseante recorría un itinerario también mental. Se trataba de una experiencia a la vez estética y moral.

Los románticos descubrieron la poesía del camino y nosotros los beneficios cardiovasculares de ese saludable ejercicio, fuente de relajación y bienestar. Sin entrar a considerar por qué mover el esqueleto puede ayudarnos a controlar el peso y a conciliar mejor el sueño o a vaciar la mente y conectar con nosotros mismos, lo cierto es que nunca ha habido tantos *jardinautas* como ahora. Son incontables los actuales herederos de esa gran tradición que inauguraron los pensadores peripatéticos de la Grecia clásica. Puede que filosofar andando no sea lo mismo que orar dando vueltas por un claustro; tal vez darse un garbeo por un jardín tenga poco que ver con vagabundear creativamente por la naturaleza, salvo por dos poderosas razones: las piernas, y la dulce sensación de fatiga que nos embarga tras una larga caminata. Cada época redescubre el paseo por la naturaleza y lo reviste de un nuevo significado acorde con sus anhelos y preocupaciones.

En los países desarrollados nació a finales del siglo XX en los países desarrollados un arte de los jardines, que incorporaba a modo de escenografías neopintorescas las monumentales ruinas industriales a su diseño. Esas obsoletas estructuras fabriles y sus herrumbrosas maquinarias en desuso desempeñan el mismo papel que los templos clásicos semiderruidos, las ermitas góticas, las cabañas de troncos, los obeliscos conmemorativos, ninfeos y otras edificaciones cargadas de reminiscencias filosóficas y resonancias literarias en los jardines románticos. Las nuevas *folies* o caprichos, no menos que los de antaño, invitan al visitante a mirar las construcciones del pasado con estética melancolía y a reflexionar sobre la callada labor del tiempo con más ironía que amargura.

Un ejemplo ilustrativo de la actual tendencia neopintoresca es la reconversión de antiguas líneas férreas, en algunos casos elevadas, en jardines de recreo. Esa genealogía de vías verdes se inició en 1988 con la transformación del antiguo trayecto del tren que, desde 1853 hasta 1969, unía la parisiense plaza de la Bastilla con la localidad de Varenne-Saint-Main en un paseo plantado (*la promenade plantée*) con vegetación salvaje típica de los taludes ferroviarios, además de arbustos en flor, trepadoras, rosales, tilos, avellanos y una amplia variedad de especies vegetales. Ese jardín lineal de cuatro kilómetros y medio, que atraviesa el 12ème *arrondissement* de París es conocido actualmente con el nombre de La Coulée Verte (El corredor verde) de René Dumont, en honor del primer candidato ecologista y agrónomo de profesión que participó en unas elecciones presidenciales el año 1974. El arquitecto Philippe Mathieux y el paisajista Jacques Vergely tienen motivos para sentirse orgullosos del linaje que han contribuido a forjar. El ejemplo de La Coulée Verte ha cundido hoy en muchas otras ciudades: San Luis, Filadelfia, Rotterdam, Chicago, Jersey City... El más famoso de todos esos parques alados (*parks in the sky*) es, sin duda, el High Line neoyorkino, construido sobre la línea elevada del ferrocarril por la que, desde 1934 hasta 1980, circularon día y noche convoyes de mercancías. Esa plataforma cuidadosamente ajardinada de algo más de dos kilómetros de longitud corre paralela al río Hudson a diez metros de altura sobre el tráfico rodado en el oeste de Manhattan, atravesando los barrios de West Village, Meatpacking District y West Chelsea, desde Gansevoort Street hasta la calle 34, entre las avenidas 9 y 12.

El proyecto fue ejecutado por un equipo multidisciplinar, que incluía al arquitecto paisajista James Corner Field, a los profesionales del estudio de arquitectura Diller Seofidio + Rendro y al horticultor holandés Piet Oudolf, a instancias de la Asociación de Amigos del High Line, que concibió el plan para salvar de la recalificación urbanística ese emblemático enclave que amenazaba ruina. Sus visionarios integrantes demostraron una perseverancia a prueba de negativas y una habilidad fuera de lo común para persuadir a las autoridades competentes y ganar para su causa a personalidades públicas e inversores privados.

The High Line y La Coulée Verte comparten y quintaesencian una estética que, además de posindustrial, se podría calificar de *retrofuturista*. Ambos jardines aéreos son, por una parte, herederos de la tradición de los paseos urbanos y los parques públicos y su ideario democrático e higienista; y por la otra, de las visionarias escenografías de la ciencia ficción y el urbanismo utópico. Conectan con el ayer de Nueva York y París, y permiten vislumbrar su mañana. Aunque The High Line se inspire en el modelo galo y haga eco a su modernidad *vintage* posee, justo es reconocerlo, una personalidad propia y un marcado carácter escénico. Su rasgo distintivo lo constituyen unas imponentes vistas panorámicas sobre la ciudad de los rascacielos y el río Hudson. Más que un claro en la jungla de asfalto, esa pasarela elevada constituye un belvedere o una logia kilométrica, desde la que gozar de las espectaculares perspectivas de la metrópoli que ruge a su alrededor.

The High Line y otros parques construidos en viaductos, pasarelas suspendidas y plataformas ferroviarias ofrecen al peatón la atractiva posibilidad de zafarse de la aceleración ambiente, distanciarse rápidamente y sin mayor dificultad del frenético trajín de las calles y tomarse un respiro de uno mismo entre las plantas. Basta ascender unos pocos peldaños para salir del caos urbano y entrar en una naturaleza ordenada para solaz y disfrute del paseante. Recorrer a pie esa trinchera verde, abierta en medio del omnipresente gris de la pétrea masa de edificios, las turbias aguas del río y el asfalto, permite sentirse a un mismo tiempo dentro y fuera de la maraña urbana y asistir al desfile de la muchedumbre desde la barandilla.

Se diría que The High Line y otras creaciones análogas han reducido la compleja trama y las múltiples perspectivas de un parque a un solo itinerario y un único eje visual. Su trazado, rígidamente estructurado, no permite deambular, perderse por el camino o dar tumbos. Los pasos del caminante siguen necesariamente una línea recta, sin bifurcaciones ni rodeos, a través de una sucesión de jardines engarzados uno al otro como los vagones de un tren. No es ajeno a la fascinación que despiertan esos *slow parks* el hecho de haber dado una nueva vida y significado a uno de los símbolos por excelencia de la industrialización. Lo cierto es que el tiempo comenzó a acelerarse y las distancias a acortarse con la aparición, primero, del ferrocarril, luego del automóvil y el avión y, por último, de las tecnologías digitales y la telepresencia. En nuestro cada vez más vertiginoso y pequeño mundo global ya no existe la lejanía, ni la parsimonia, sino únicamente la inmediatez y la prisa.

Caminar a lo largo de las antiguas vías que, de tanto en tanto, reaparecen como un vestigio del pasado entre las plantaciones se asemeja más a una peregrinación que a un vagabundeo. Esa secuencia de jardines en altura, jalonados de bancos, fuentes, esculturas, un anfiteatro, una pérgola y un amplio repertorio de dispositivos visuales, a cada cual más innovador, narra una historia, cuya línea argumental sigue la cadencia de los pasos de los viandantes. Sería tentador esbozar una teoría sobre qué gracias esperan obtener los nuevos peregrinos que se pasean por ese limbo situado entre las nubes y el suelo, pero nos limitaremos a señalar que The High Line, como otros jardines de su especie, simboliza el anhelo de retornar a la naturaleza sin abandonar el camino del progreso.

Hablando de peregrinaciones laicas, es casi irremediable acordarse de Hamish Fulton, quien ha hecho del andar su singular medio de expresión artística. Desde hace décadas organiza caminatas multitudinarias por entornos naturales inspiradores. Los participantes siguen parsimoniosamente los pasos del creador británico en rigurosa fila india y sin decir palabra. La lentitud de la marcha se conjuga con el clamoroso silencio reinante, ahondado por el monótono ritmo de las pisadas, para despertar la conciencia de los ocasionales peregrinos e intensificar su vivencia del presente. Esas procesiones profanas están destinadas no solo a celebrar el sentimiento de pertenencia a un todo y recuperar el diálogo con uno mismo, sino también a traducir al lenguaje del movimiento nociones abstractas y vincular ideas con sensaciones corporales.

Fulton no es, desde luego, el único creador para quien dar una pisada detrás de otra representa una forma de peregrinar hacia territorios desconocidos en el interior de uno mismo, pero sí el que encabeza, junto a Richard Long, Andy Goldsworthy y otros *landartistas*, la larga marcha de una parte de la humanidad de vuelta a sus orígenes nómadas, en pos de una vida más auténtica y simple, a la búsqueda de la esquiva felicidad agazapada tras las vocales de la palabra futuro.

REFERENCIAS BIBLIOGRÁFICAS

BERNER, Nancy y LOWRY, Susan (2010): *Garden Guide. New York City*, Nueva York, W. W. Norton & Company.

BRUNON, Hervé y MOSSER, Monique (2006): *Le jardin contemporain*, París, Scala.

CARERI, Francesco (2013): *Walkscapes. El andar como práctica estética*, Maurici Pla (trad.), Barcelona, Gustavo Gili.

GOTTLOB, Karl (1996): *L'Art de se promener*, París, Payot & Rivales, Petite Bibliothèque.

GROS, Frédéric (2014): *Andar. Una filosofía*, Isabel González Gallarza (trad.), Madrid, Taurus, Pensamiento.

HONORÉ, Carl (2005): *Elogio de la lentitud. Un movimiento mundial desafía el culto a la velocidad*, Jordi Fibla (trad.), Barcelona, RBA.

LA FARGE, Annik (2017): *On the Hig Line. Exploring America's Most Original Urban Park*, Nueva York, Thames & Hudson.

LE BRETON, David (2011): *Elogio del caminar*, Hugo Castignani (trad.), Madrid, Siruela, La Biblioteca Azul, serie Mínima, n.º 31.

LOPATE, Phillip (2004): *Waterfront. A Walk Around Manhattan*, Nueva York, Anchor Books.

MAFFESOLI, Miche (2004): *El nomadismo. Vagabundeos iniciáticos*, México, Fondo de Cultura Económica, Breviarios n.º 382.

ROUSSEAU, Jean-Jacques (1986): *Las ensoñaciones del paseante solitario (1789)*, Francisco Javier Hernández (trad.), Madrid, Cátedra.

SOLNIT, Rebecca (2002): *L'art de marcher*, Oristelle Bonis (trad.), Arlés, Actes Sud.

SORIANO, Federico (2016): *Un viaje con las miradas. La Arquitectura como relato*, Madrid, Abada Editores.

THOREAU, Henry David (1999): *Pasear*, Silvia Komet (trad.), José J. de Olañeta (ed.), Palma de Mallorca, Los pequeños Libros de la Sabiduría n.º 29.

35

VERDOGRAFÍO, LUEGO EXISTO
(EL LENGUAJE)

> La originalidad es la antítesis de la novedad.
>
> GEORGE STEINER

> Los que escriben con claridad tienen lectores; los que escriben oscuramente tienen comentaristas.
>
> ALBERT CAMUS

*M*uchas veces hemos oído que una inagotable curiosidad constituye uno de los rasgos distintivos del animal humano. Pero si bien es cierto que a este le encantan las sorpresas, no lo es menos que le cuesta mucho vivir en la incertidumbre. El que no soporte la disonancia cognitiva no impide, sin embargo, que se halle siempre dispuesto a dejarse seducir por lo nuevo, romper la monotonía y ceder a la tentación de lo desconocido. Nada le resulta más irresistible que lo inusual. Está debatiéndose permanentemente entre su aversión al cambio y el placer de la variedad, entre la necesidad de confirmar su visión del mundo y sus prejuicios y su deseo de saber más y aventurarse más lejos.

Ese irresoluble conflicto entre su vocación de libre pensador y su ciega fe de creyente, entre su voluntad de ser el protagonista de su propia historia y su añoranza del calor de la tribu, late tras los dramas de la libertad e inspira la mayoría de las tramas literarias y de los argumentos filosóficos. Se podría decir sin exagerar que la insatisfacción con la realidad suministra el carburante a la imaginación creativa e, indirectamente, constituye el tema de todas las grandes obras artísticas. Las contradicciones definen al ser humano, pero su segunda naturaleza es, sin duda, narrativa. Necesitamos contarnos historias para hacer más soportable nuestra existencia y dotar de sentido nuestras andanzas y desventuras en este azaroso mundo. De ahí también que no tengamos inconveniente en suspender la incredulidad si el argumento o los argumentos satisfacen nuestros anhelos más profundos y alivian nuestros atávicos temores. Y, por el contrario, tendemos a desconfiar de los que no se ajustan a nuestros moldes mentales, contradicen nuestra versión de los hechos y ponen en tela de juicio nuestras convicciones más arraigadas. Pese a no ser complacientes con el lector o tal vez por eso mismo, esos relatos ejercen un irresistible atractivo sobre él, pues le seducen con el gozo del descubrimiento y la promesa de conciliar sus íntimas contradicciones.

Mientras que la escritura se aborda como un acto de comunicación con un destinatario anónimo, la lectura se parece sobre todo a un trueque ritualizado. Como la relación de dos amantes o dos amigos, la que mantiene el lector con el autor se fundamenta en la confianza mutua y la empatía recíproca. Umberto Eco formuló este principio de corresponsabilidad en estos términos: "Todo texto es una máquina perezosa que le pide al lector que haga parte de su trabajo". Desde esa perspectiva, la elipsis es algo más que un recurso literario. Escribir consiste en gran medida en prescindir; y la literatura, en un juego de reticencias y sobreentendidos. No debemos olvidar tampoco que, según Voltaire, la mejor manera de ser aburrido es decirlo todo.

La diversión es la recompensa que el lector obtiene a cambio de su complicidad. Cuanto más involucrado se sienta, más se le pegará el libro a las manos. La táctica más segura para conducirlo a ese punto de no retorno, en el que no pueda resistirse a la fuerza que le atrae a continuar leyendo, estriba en incomodarle placenteramente, en descolocar sus esquemas, bien sea retando su inteligencia, bien sea picando su curiosidad. Si queremos captar la atención del lector y que este acepte embarcarse en la aventura que le proponemos, debemos ser capaces de expresar con claridad y precisión nuestras intenciones. Ambas cualidades son casi una obligación moral para quien aspira a decir algo que no se había dicho antes.

Quien esto escribe está convencido de que un narrador debe estar comprometido con la verdad. En esa búsqueda sin término, los caminos de la ficción pueden llegar más lejos que los de la ciencia, acercarse a los límites de la razón y atisbar el reverso de la objetividad. Pero de la misma manera que se puede engañar con la verdad, se puede ser honrado contando mentiras, siempre que estas amplíen nuestra comprensión de los hechos y escapen de las convenciones hacia la realidad. No se me ocurre un propósito más noble que hablar de forma accesible y amena, con una profundidad no desprovista de poesía y una narrativa respetuosa con la inteligencia del lector de temas que nos preocupan a todos. Además, las ideas que no se hacen entender tal vez no merezcan ser escuchadas. Hay una falsa hondura intelectual que, como denunció Nietzsche, consiste en remover el fango del fondo para producir una engañosa sensación de profundidad. El hermetismo, no menos que la pedantería o el didactismo, empaña la transparencia de la comunicación con el vaho del narcisismo. Nada más alejado del ideal de una prosa orgánica, respirable y artesanal. A fin de cuentas, la elegancia literaria radica en la adecuación entre el fondo y la forma, entre lo que se dice y cómo se dice, en la coherencia entre fines y medios.

Hay algo que el lector debería saber también respecto al libro que tiene delante: es un experimento filosófico. Ha sido concebido no tanto para instruir deleitando como para hacerle pensar creativamente, para llevar a quien se pasea por las páginas de este texto-jardín a recapacitar sobre asuntos que, de otro modo, no se hubiera atrevido a considerar, a asomarse al vacío verde que hay detrás de todo y a replantease las ficciones que hacen más llevadera su existencia. El sustantivo inventado "verdolatría", que da título a esta obra con un metabolismo vegetal, recoge muchos de estos significados y los integra en un nuevo concepto. Decididamente mirarnos en el espejo de las plantas resulta revelador, porque nos ayuda a descifrar las contradicciones que nos constituyen como individuos y como especie, sin desenterrar "momias conceptuales" ni quedar atrapados en las redes del lenguaje filosófico o recluirnos en el pensamiento zoocéntrico. Si damos crédito a las palabras de Sócrates y aceptamos que "una vida sin reflexión no merece la pena ser vivida", "verdografiar" sería nuestro modo de estar en el mundo, de ser más humanos.

En días como hoy esta vieja mesa de escritorio
añora a su castaño natal. Sus vetas
recuerdan las inadvertidas anillas concéntricas del tiempo,
los años tallados con mano furtiva en la madera.
Algo de ese íntimo calor perdura en esta hoja de papel.
Su savia amordazada fluye sigilosamente
a través de los jeroglíficos de la escritura.
Su eco resuena en los armarios,
que sueñan con sus días de ramas.
El rumor de sus hojas agitadas por el viento
se prolonga en los crujidos de la tarima del suelo.
De pronto, el batir de las alas de los pájaros rompe el silencio
Y su canto echa raíces en la brisa de la tarde.
Levanto la vista y los veo alejarse en bandada
por la ventana abierta. Al aire dubitativo de su vuelo
se desprende esta hoja de mi mesa árbol
sin llegar a tocar nunca el suelo.

REFERENCIAS BIBLIOGRÁFICAS

BACHELARD, Gaston (1965): *La poética del espacio*, Ernestina de Champourcin (trad.), México, Fondo de Cultura Económica.

BORGES, Jorge Luis (2017): *Borges esencial*, Madrid, Real Academia Española, Asociación de Academias de la Lengua Española.

BLOOM, Harold (2005): *Cómo leer y por qué*, Marcelo Cohen (trad.), Barcelona, Anagrama, Argumentos.

CALVINO, Italo (1989): *Seis propuestas para el próximo milenio*, Aurora Bernárdez (trad.), Madrid, Siruela.

ECO, Umberto (1997): *Seis paseos por los bosques narrativos*, Helena Lozano (trad.), Barcelona, Lumen.

ELIADE, Mircea (2001): *Diario. 1945-1969*, Joaquín Garrigós (trad.) Barcelona, Kairós.

JUNG, Carl Gustav (1964): *Recuerdo, sueños, pensamientos*, María Rosa Borrás (trad.), Barcelona, Seix Barral.

NABOKOV, Vladimir (2012): *Curso de literatura europea*, Francisco Torres (trad.), Barcelona, RBA.

SACKS, Oliver (2004): *El hombre que confundió a su mujer con un sombrero*, Juan Manuel Álvarez Flórez (trad.), Barcelona, Anagrama, Argumentos.

VILA MATAS, Enrique (2007): *Exploradores del abismo*, Barcelona, Anagrama, Narrativas Hispánicas.

ZAMBRANO, María (1986): *Claros del bosque*, Barcelona, Seix Barral, Biblioteca de Bolsillo.

AGRADECIMIENTOS

El amor por el conocimiento se encuentra grabado en el código genético de la filosofía y su raíz etimológica (*filo*, "amor" y *sofia*, "sabiduría"). Esta búsqueda del saber por el saber resulta indisociable, por lo demás, de la aspiración a la verdad o, por decirlo de una forma más modesta, de la voluntad de aproximarse a la realidad interrogándose acerca de los hechos. Desde esa perspectiva, parece acertado definir la filosofía como una ética del diálogo. El caso es que muchos de estos escritos brotaron al calor de la conversación. Entre esos valiosos interlocutores quiero destacar a mi hermano Fermín, quien leyó por primera vez el original de *Verdolatría* y me hizo numerosas sugerencias, la mayoría de las cuales incorporé al texto enriqueciéndolo. También deseo dar las gracias a Cristina de Asenjo por su aliento y apoyo continuado y sus consejos prácticos, así como por haber puesto música a los jardines y hecho de guía india en tierras salvajes. Este libro tampoco habría sido posible sin la generosa complicidad de Montse Pongiluppi, compañera de fatigas y alegrías en el viaje de la vida. Entre las numerosas personas con las que, a lo largo de estos años, he sostenido un fructífero diálogo me gustaría mencionar a Virginia Yoldi, Sandra Pani, Carmen Casi, Quino Álvarez, Francesc Reus y Teresa Bisquert. Sus opiniones, comentarios y sugerencias aportaron el humus fertilizante para que germinasen muchas de las ideas contenidas en estas páginas. Y para acabar quisiera expresar mi gratitud a Pilar Álvarez, quien confió en la posibilidad de una escritura jardinosófica, así como a Lola Martín, que ayudó a propagar esa simiente, a mi editora Fernanda Febres-Cordero, sin la que esta fotosíntesis filosófica no hubiera sido posible, y al resto de los miembros de la Casa Turner.

CRÉDITOS DE LAS IMÁGENES

Se ha hecho el mayor esfuerzo para acreditar correctamente las imágenes que ilustran este libro. Cualquier omisión será debidamente corregida en las siguientes reimpresiones.

INTRODUCCIÓN, p. 10: "Olivo pensante", de Michele Grecucci. © Michele Grecucci 2018.

CAPÍTULO 1, p. 16: "Time Curves", de Cogdogblog. Fuente: https://commons. wikimedia.org/wiki/File:2013-465-24_Time_Curves_(8411659737).jpg

CAPÍTULO 2, p. 24: "Vertumnus", de Giuseppe Arcimboldo. Fotografía de Erik Lernestål. Fuente: https://commons.wikimedia.org/w/index. php?curid= 36888586

CAPÍTULO 3, p. 32: Puente románico. Fotografía de Xlibber. Fuente: https:// commons.wikimedia.org/wiki/File:Romanesque_Bridge_(8349706463). jpg

CAPÍTULO 4, p. 40: "Tres raíces y troncos", de Vincent van Gogh. Fotografía de Google Cultural Institute. Fuente: https://commons.wikimedia.org/wiki/ File:Vincent_van_Gogh_-_Tree-roots_-_Google_Art_Project.jpg

CAPÍTULO 5, p. 46: Parque de Bomarzo. Fotografía de Ben Skála, 2013. Fuente: https://commons.wikimedia.org/wiki/File:Bomarzo2013parco21.jpg

CAPÍTULO 6, p. 54: Ilustración de los elementos de un naranjo (*citrus vulgaris*), extraída de *Köhler's Medizinal-Pflanzen*, de Wilhelm Brandt, M. Gürke, F. E. Köhler, G. Pabst, G. Schellenberg y Max Vogtherr. Fuente: https:// www.biodiversitylibrary.org/page/2897585

CAPÍTULO 7, p. 60: Ilustración de una mandrágora en el códice *Tacuinum Sanitatis* (*ca.* 1390). Autor desconocido. Fuente: https://commons.wikimedia. org/wiki/File:Tacuinum_Sanitatis_Mandrake_Dog.jpg

CAPÍTULO 8, p. 68: "Eco Ego"

CAPÍTULO 9, p. 74: Ilustración de una *Ansellia africana*, de Walter Hood Fitch. Fuente: *Curtis's Botanical Magazine* vol. 83, http://botanicus.org/ page/438542

CAPÍTULO 10, p. 84: Jardín vertical en la Universidad del Claustro de Sor Juana, México D.F. Fotografía de Diego Delso. Fuente: https://commons. wikimedia.org/wiki/File:Jard%C3%ADn_vertical_en_la_Universidad_del_Claustro_de_Sor_Juana,_calle_Regina,_M%C3%A9xico_D.F.,_M%C3%A9xico,_2013-10-16,_DD_01.JPG

CAPÍTULO 11, p. 92: Mapa del jardín del Museo Albert-Kahn, de Philippe Planchon. Fotografía de Liné1. Fuente: https://commons.wikimedia.org/wiki/File:Jardin_du_Mus%C3%A9e_Albert-Kahn.Plan_02_by_Line1.JPG

CAPÍTULO 12, p. 106: "Hey, Babe, Take a Walk on the Wild Side", de Sandrine Estrade Boulet. Fuente: sandrine-estrade-boulet.com

CAPÍTULO 13, p. 112: "The Gardener", de Fintan Magee. Fuente: www.fintanmagee.com

CAPÍTULO 14, p. 118: Jardín zen en Skyo-ku, prefectura de Kyoto. Fotografía de Josef Knecht. Fuente: https://commons.wikimedia.org/wiki/File:Nanzenji,_ZEN-Garden,_Saky%C5%8D-ku,_Pr%C3%A4fektur_Ky%C5%8Dto,_Japan_-_panoramio.jpg

CAPÍTULO 15, p. 128: © Photo RMN, René-Gabriel Ojéda.

CAPÍTULO 16, p. 134: Vista aérea de la aldea de la reina (Pequeño Trianón, palacio de Versalles). Fotografía de ToucanWings. Fuente: https://commons.wikimedia.org/wiki/File:Vue_a%C3%A9rienne_du_Hameau_de_la_Reine_-_ToucanWings.jpg

CAPÍTULO 17, p. 140: "Trolley Hunters", de Banksy, 2006. Fuente: http://www.banksy.co.uk/

CAPÍTULO 18, p. 144: Arte callejero en Fort de France, Martinica, de Nuxuno Xän.

CAPÍTULO 19, p. 152: "Tête de Bouddha dans les racines". Fotografía de Albanet. Fuente: https://commons.wikimedia.org/wiki/File:T%C3%AAte_de_Bouddha_dans_les_racines,_Ayutthaya.JPG

CAPÍTULO 20, p. 162: Aokigahara, bosque de los suicidios, Japón. Fotografía de Soumen Maity. Fuente: Pexels. https://www.pexels.com/photo/japan-suicide-forest-634770/

CAPÍTULO 21, p. 172: Subasta de flores en Aalsmer. Fotografía de Orangée. Fuente: https://commons.wikimedia.org/wiki/File:Aalsmeer_marche_aux_fleurs4.jpg

CAPÍTULO 22, p. 182: Museo The Cloisters. Fotografía de Gautier Paupeau. Fuente: https://commons.wikimedia.org/wiki/File:Clo%C3%AEtre_de_Saint-Michel_de_Cuxa_(4849228431).jpg

CAPÍTULO 23, p. 196: Granja de azotea en el astillero de Brooklyn. Fotografía de Ian Bartlett. Fuente: https://commons.wikimedia.org/wiki/File:Brooklyn_Grange_Rooftop_at_Brooklyn_Navy_Yard_with_View_of_Manhattan.jpg

CAPÍTULO 24, p. 204: Fotografía de Funnyangel. Fuente: Shutterstock.

CAPÍTULO 25, pp. 210: Fotografía de Blutgruppen. Fuente: Gettyimages.

CAPÍTULO 26, p. 222: "Landscapes, Flowers and Birds: Narcissus", de Luo Ping. Fuente: https://commons.wikimedia.org/wiki/File:Luo_Ping_-_Landscapes,_Flowers_and_Birds-_Narcissus_-_Google_Art_Project.jpg

CAPÍTULO 27, p. 230: "Bush", de Banksy, 2012. Fuente: http://banksy.co.uk/

CAPÍTULO 28, p. 250: "Humboldtia stelis superbiens lindl (Orchidaceae)". Fuente: Archivo del Real Jardín Botánico, CSIC, Madrid.

CAPÍTULO 29, p. 264: Huerto en la azotea del Hotel Wellington, Madrid. Fuente: cortesía del Hotel Wellington.

CAPÍTULO 30, p. 280: "The Legend of Giants", de Natalia Rak. Fuente:

CAPÍTULO 31, p. 292: Palacio Nuevo del parque de Muskau. Fotografía de Rolf Krahl (Rotkraut). Fuente: https://commons.wikimedia.org/wiki/File:Bad_Muskau_Neues_Schloss.jpg

CAPÍTULO 32, p. 298: Jardines de Villandry. Fotografía de KimonBerlin. Fuente: https://www.flickr.com/photos/kimon/165360544/

CAPÍTULO 33, p. 308: "The sons of Venus", de Cristoforo de Predis en el libro de astrología *De Sphaera*, manuscrito en latín 209, página 11, *ca.* 1470. Fuente: DeAgostini / A. Dagli Orti.

CAPÍTULO 34, p. 324: High Line de Nueva York. Fuente: Egolandscape.vn.

CAPÍTULO 35, p. 332: Jardín de la Especulación Cósmica. Fotografía de John Lord. Fuente: https://www.flickr.com/photos/yellowbookltd/4574245758/

Edición gráfica, selección de imágenes y gestión de derechos: María Luisa Fruns.